城市红色记忆丛书

广州

我的1949

刘未鸣　韩淑芳／主编

中国文史出版社

CHINA CULTURAL AND HISTORICAL PRESS

**图书在版编目（CIP）数据**

广州：我的 1949 / 刘未鸣，韩淑芳主编 .—北京：
中国文史出版社，2020.7
（"城市红色记忆"丛书）
ISBN 978-7-5205-2095-9

Ⅰ.①广… Ⅱ.①刘… ②韩… Ⅲ.①革命史—史料
—广州—1949 Ⅳ.① K296.51

中国版本图书馆 CIP 数据核字（2020）第 112934 号

责任编辑：牛梦岳

出版发行：**中国文史出版社**

社　　址：北京市海淀区西八里庄路 69 号院　邮编：100142
电　　话：010-81136606　81136602　81136603（发行部）
传　　真：010-811366553
印　　装：廊坊市海涛印刷有限公司
开　　本：787mm×1092mm　　1/16
印　　张：19
字　　数：277 千字
版　　次：2021 年 3 月北京第 1 版
印　　次：2022 年 7 月第 2 次印刷
定　　价：59.80 元

# 编辑说明
## EDITORIAL

（一）本套丛书旨在纪念中华人民共和国成立70周年及重要城市解放70周年，将视线重点投向新中国成立前后八个具有代表性的大城市的解放过程，通过亲历者的回忆，再现中国共产党领导下的伟大的人民解放战争，赞颂为建立新中国牺牲奉献的无数英雄儿女。

（二）丛书秉持"亲历、亲见、亲闻"原则，依托全国各级政协文史资料及有关党史、军史的亲历者回忆文章，全景呈现了70多年前城市解放重获新生的历史场景。

（三）鉴于原始资料来源纷杂，为增强丛书的可读性与连贯性，并统一全书体例，在编辑过程中对部分选文的标题、内容作了删减和修改，均在文中以注释方式作了说明。

（四）城市解放主题图书涉及内容广泛而复杂，由于编者水平、资料掌握情况和时间所限，难免存在不足之处，还望广大读者多批评指正。

编　者

2019年9月

# 目 录
## CONTENTS

# 第三章　潜伏：暗夜中的生死较量

# 第五章　重生：广州城的接管与重建

# 第 一 章

# 交锋：三路大军下羊城

# 陈赓*：回忆广东作战

1949年五六月间，中国人民解放军不仅已经夺取了国民党反动统治的都城南京，并且已经解放了上海、杭州、南昌、武汉、西安等主要城市。我党中央一方面筹备召开新的政治协商会议，将要成立中华人民共和国，一方面指示第一、第二、第三、第四野战军，在1949年下半年，继续向西北、西南、东南、华南进军，全部歼灭祖国大陆上的国民党残余军队。

当时在祖国大陆上的国民党残余军队，绝大部分猬集在华南和西南。据守广东的是余汉谋集团，据守湖南、广西的是白崇禧集团，据守西南的是胡宗南集团和川、云、贵等省的地方军阀。这几个集团的军队总数还在100万以上，并且互相勾结，组织所谓湘粤联防和西南防线，企图建都广州、重庆，进行顽抗。

## 大迂回、大包围、大歼灭

必须迅速地歼灭这些残余的敌人。但是怎样去歼灭这些敌人呢？毛主席在进军的指示中指出，必须采取大迂回动作，插至敌后，先完成包围然后再回打之方针。对西南的作战，又强调地指出：非从南面进军，断其退路不可。这是一个大

---

* 作者时任中国人民解放军第二野战军第四兵团司令员兼政治委员。

迁回、大包围、大歼灭的作战方针，是一个极为英明的决策。这个方针，和那种赶着敌人，放走敌人，使敌人逃至海外或云贵地区得以负隅顽抗的办法完全不同。因为，这些残余的敌人虽然还有 100 万以上，但是，整个国民党的统治已经土崩瓦解，他们是抵抗不了强大的人民解放军的进攻的。在强大的人民解放军的进攻下，他们很可能逃往海南岛或猬集云、贵。这样，就会增加以后解放海南岛和云贵地区的困难。采取大迁回的作战方针，先切断敌人的逃路，才能全部彻底地消灭这些敌人，免遗后患。

怎样来实现这个作战方针呢？毛主席还精心地规划了整个的作战计划。根据我们当时接到的一些电报来看，毛主席所规划的这个作战计划的概要是：首先以第二野战军第四兵团和第四野战军第十五兵团等部，由江西出广东，争取于 10 月下半月占领广州，歼灭敌余汉谋集团。然后，在 11 月，第四兵团由广东进入广西南部，迁回白崇禧集团的右侧背，第四野战军主力则进至柳州、桂林地区，形成对白崇禧集团的大包围。同时，第二野战军主力进入贵州，占领贵阳，既切断白崇禧集团和胡宗南集团的联系，防止两敌逃入云、贵，又和在陕南的十八兵团形成对胡宗南集团的大包围。最后，在 12 月，第四野战军的主力在第四兵团的配合下，歼灭白崇禧集团，第二野战军主力由贵州迁回川南，在第十八兵团的配合下，歼灭胡宗南集团，而第四兵团则在歼灭白崇禧集团以后，再由广西进军云南，解放云南。

毛主席所规划的这个作战计划，是一个非常英明的、周密的大迁回、大包围、大歼灭的作战计划。以后战争的发展完全是按照这个计划的顺序、时间和预想进行的。

## 将革命进行到底

在毛主席的大迁回、大包围、大歼灭的作战计划中，第四兵团担负了由江西到广东，到广西，再到云南的大迁回的任务。兵团和各军、师负责同志在知道了这个任务以后，都非常高兴，都认为担负这个任务是很光荣的。同时，也认识到了责任重大，并且估计到行动一开始就很紧张，必须在行动开始以前做好充分准备。

准备的最重要的一环是贯彻毛主席关于"将革命进行到底"的号召，学习毛主席在党的七届二中全会的报告，克服骄傲情绪，以功臣自居的情绪，停顿下来不求进步的情绪，贪图享乐不愿再过艰苦生活的情绪，使全体指战员真正认识夺取全国胜利只是万里长征走完了第一步，保持谦虚、谨慎、不骄、不躁的作风，艰苦奋斗的作风。为此，各军又一次学习了毛主席在党的七届二中全会的报告，并且以"将革命进行到底"为中心展开了大讨论。经过了这样的学习和讨论，指战员们的政治觉悟大大提高，以实现社会主义、共产主义的远大目标要求自己，自觉地进行思想检查。大家都觉得自己在战争中出的力还很少，在最后几仗中一定要加倍努力，为党为人民立功。党员们都纷纷表示决心，一定要发扬英勇顽强的战斗精神，带领群众完成任务；成批的非党战士提出了请党组织在最后几仗中考验自己，争取入党的要求。这样就形成了一个越到最后越要努力，争取在最后几仗中立功、入党的高潮。

在渡江以后，各军对从江防溃退的敌人都曾进行了猛烈的追击，取得了很大的胜利。但是，也有某些部队，由于战术上的缺点，遭受过一些损失。而某些干部也就因此对于是否应当进行那样猛烈的追击产生怀疑。各军又就这个问题展开了广泛的讨论。讨论的结果明确了：在国民党统治已被推翻，其残余部队的士气极为低落的情况下，在敌人的防线又被突破了以后，一定要勇猛追击才能歼灭敌人；某些部队所以遭受一些损失，不是勇猛追击不对，而是战术上有缺点。这样，就进一步地提高了指战员猛烈追歼敌人的思想。同时，也加强了对战术技术的重视，展开了轰轰烈烈的练兵高潮。在这个练兵高潮中，兵团和各军又根据长距离追歼敌人的要求，专门召开了通信工作会议，特别加强了通信联络工作。全兵团还展开了人马健康运动，做到了人强马壮。

深入的政治动员，贯彻了毛主席关于"将革命进行到底"的思想；轰轰烈烈的练兵运动，提高了指战员对毛主席军事思想的体会，提高了战术技术水平；加上人马健康运动，这就使部队的士气越来越高，执行大迁回作战的精神、物质准备越来越充分，为胜利地完成任务奠定了坚实的基础。

## 向广东进军

第四兵团的大迁回任务的第一步是协同兄弟部队，进军广东，歼灭敌余汉谋集团。

余汉谋集团在残余的国民党军队中是较小的一个集团。其正规军有十二、十三、二十一等三个兵团，共约 12 万人。在我们进军前，这个敌人和白崇禧集团组成了所谓湘粤联防，就是以湘南衡阳、粤北韶关等为重点布防，以保障两广。我第四野战军根据毛主席所拟定的作战计划，决定以十二兵团、十三兵团等部在湘南衡阳、宝庆地区发起衡宝战役，寻歼白崇禧集团一部。同时，以四兵团、十五兵团等部攻占韶关等地，然后直下广州，歼灭余汉谋集团，以便下一步全歼白崇禧集团。

9 月上旬，我兵团各部先后开进到江西南部。7 日，华南分局书记叶剑英同志在赣州召开了作战会议，作了重要指示。10 月 1 日，毛主席在天安门庄严地宣布中华人民共和国成立。我兵团各部就在这个伟大的节日，万众欢腾地由江西南部开始向广东进军。

这时，四野主力已开始衡宝战役，正在围歼白崇禧集团的一部，原在湘粤赣边布防的白崇禧的另一部被迫北调增援。这样，粤北余汉谋的部队就孤立了，其所谓湘粤联防就破碎了。因此，当四兵团和十五兵团跨过五岭出现在粤北时，韶关等地的敌人即弃城南逃。

敌人弃守韶关等地，广东的门户洞开，四兵团和十五兵团即分路追击，直向广州前进。

这次追击作战，两个兵团齐头竞进，各部队每天行程都在 130 里以上。在我这种猛烈的追击下，敌人虽已在许多重要桥梁上安放了炸药，准备破坏桥梁，迟滞我军前进，但是大部分来不及爆炸，我们的追兵即到，准备炸桥的敌军不是当了俘虏就是仓皇逃散。为了抵抗我军的猛烈进击，敌人还企图在清远、源潭一线布置防守广州的最后防线，但这种部署尚未完成，又为我分路追击的部队所击破，部署防御的敌人转而溃逃，广州的敌人也不得不仓皇逃走。10月14日早，李宗仁乘飞机逃走，14日晚，我两个兵团就进抵广州，十五兵团的部队进入广州市区，提前完成了毛主席争取于10月下半月占领广州的计划。

## 乘胜直追，歼灭逃敌

迅速占领广州，对于下一步作战和尽快恢复国民经济都有重要的意义，但是还必须歼灭逃跑的敌人，免遗后患。当时，余汉谋的三个兵团，除十二、十三两兵团已为我歼灭一部外，其主力二十一兵团还未遭受打击。必须迅速地判明这些敌人的逃向，加以歼灭。

还在解放广州以前，我们即估计广州敌人逃跑的方向有两个：一是沿西江向西，逃入广西；一是沿广东海岸，逃向雷州半岛，逃向海南岛。因此，当我军各部冲破敌人在清远、源潭一线的防御后，我兵团一个军的主力就果敢地在两岸还有敌人的情况下，顺北江乘船南下，一夜行进160里，直插广州西面的三水、高要等处。这一着非常重要。由于这一着，我们就卡住了北江、西江的汇合点，控制了由广州到广西的要道，并且在占领三水、高要的战斗中，歼灭了敌人的两个师，查明了敌二十一兵团等部是在向雷州半岛逃跑。这样，我们既取得了追歼逃敌的有利地位，又查明了逃敌的去向。

10月17日，毛主席亲自来电指示我们要乘胜直追，歼灭逃敌，既便于以后解放海南岛，又为进入广西歼灭白崇禧集团创造条件。

四兵团各军从江西南部出发，已经连续进行了半个月的作战，部队相当疲劳。但是传达了毛主席的乘胜直追的指示以后，士气十分昂扬，又以惊人的顽强精神，继续以一天 150 里以上的行程，进行了五天的大追击，终于在 24 日，在广东南海边上的阳江、阳春地区追上了逃敌。

逃敌二十一兵团等部共 4 万余人，当发现我已追及以后，即将大批辎重和汽车焚毁，向西夺路逃跑。我追击的先头部队，人数不多，但是他们毫不犹豫地抢占要点，阻敌逃跑。经 24 日的激烈战斗，击退了敌人的多次进攻，而我追击的后续部队都已赶到。25 日，我调整部署，组织对被围敌人的进攻。敌人为了逃命，在这一天又以三个师的兵力，向西发动了八次绝望的进攻，都在我指战员英勇坚决地阻击下，横尸遍野。于是敌人乃转而向南，企图在海滨乘船逃跑，我即就势分割包围。又经过一天的激烈战斗，到 26 日，全部歼灭了敌人，胜利地结束了广东作战。

广东作战，以勇猛的进击、追击开始，以大围歼告终，是我们协同兄弟部队执行毛主席大迂回、大包围、大歼灭作战计划的第一个胜利。在作战中，指战员接受了毛主席大迂回、大包围、大歼灭的作战思想，又受到了毛主席乘胜直追的指示的鼓舞，因而能够克服一切困难，顽强地进行了连续 26 天的作战，终于歼灭敌余汉谋集团的主力。这个胜利，不仅摧毁了国民党匪帮残酷压榨华南人民借以苟延残喘的海滨巢穴，关死了美帝国主义从海上援助国民党残匪的一条通路，歼灭了余汉谋集团主力，而且完成了对白崇禧集团东南面的包围，对于解放海南岛和解放广西都有重大意义。

（本文节选自《在祖国南部边疆的三次追歼战》，《陈赓军事文选》，解放军出版社 2007 年版，标题为本书编者加。）

# 秦基伟*：第十五军参加广东战役略记

1949 年 8 月下旬，赣南地区全部解放，华南之敌正处于我军的直接攻击之下。但蒋介石仍企图以白崇禧、余汉谋部组成"湘粤联合防线"来阻止我军南下，借以苟延残喘。

9 月 7 日，叶剑英同志带着中央军委的指示到达赣州，主持召开进军广东的作战会议。军委指示：解放广东问题，应首先消灭北江、东江之敌，进占曲江、惠阳，创造和平解放的条件，争取全面和平解决，同时准备对付敌人在广州的顽抗。

9 月 9 日，十五军由安福出发，沿遂川向粤北进军。在赣州同第四野战军会合。

这是我军第一次同四野老大哥见面。四野装备好，部队军事素质好，战斗力强，是早就听说了的。我特别重视这次会合，主要是想借此机会学习老大哥部队的战斗作风和先进经验，学习他们的城市管理经验和群众工作经验。会师之前，我派人提前去四野了解情况，连待人接物、礼节礼貌方面都列入取经范围。

23 日晚，我第四十五师急行军 65 公里，奔袭南雄城。在追歼南雄逃敌战斗中，又顺手攻克始兴城。四十五师两天之内连克两座县城，共歼敌 1500 余人，

---

\* 作者时任中国人民解放军第二野战军第十五军军长。

打开了进入广东的大门。

10月1日，中华人民共和国成立。我们当时正在南雄召开军党委扩大会议，总结南、始作战经验，讨论向广东进军部署。从收音机里听到开国大典盛况，万众欢腾，军心大振，决心尽快解放广州，向伟大祖国献礼。

10月6日12时，四十五师主力经70公里急行军进至曲江城东。17时，我四十三师和十四军四十一师从东、南两面包围曲江，守敌第六十三军一五二师四五四团惧歼，将曲江南边铁路桥破坏后渡北江逃窜，曲江遂告解放。

10月14日，第四兵团首长令我军不进广州，转向西南方向沿北江东岸追击残敌。

14日19时，第四野战军第十五兵团解放广州。之后，军主力进至佛山地区集结待机。

10月17日，军奉命以第四十三师、四十四师归第十四军军长指挥，向阳江方向追击敌二十一兵团，第四十五师留佛山及其以南地区清剿残敌，军部位于佛山城。

广东战役的胜利，是我军遵循毛主席的大迂回、大包围、大歼灭的英明战略决策所取得的第一个胜利。在广东战役取得胜利的同时，第四野战军主力在衡宝战役中歼灭白崇禧集团一部，陈兵湘桂边境；第四兵团和十五兵团在广东作战中，歼灭了余汉谋集团的主力；第四兵团威逼广东西部，这就形成了南北合击白崇禧集团的有利态势。

（本文节选自《秦基伟回忆录》，解放军出版社2007年版，标题为本书编者加。）

# 向守志[*]：广东战役中的四十五师

## 余汉谋的广东防线

进入（1949 年）8 月，赣南地区已全部解放，广东的敌军已暴露于我军直接攻击之下。蒋介石急令白崇禧位于湖南衡阳、宝庆（邵阳）、郴县的五个军，与广东余汉谋部组织所谓"湘粤联合防线"，企图阻滞我军南下。

为粉碎敌人这一阴谋，第四野战军主力于湘南发起衡宝战役。10 月初，白崇禧将位于湘粤边的部队北调，所谓"湘粤联合防线"已告破产。湘敌、粤敌已被割裂为两个孤立集团，更有利于我军各个歼灭。

国民党广州绥靖公署主任兼广东省省长余汉谋，在国防部"巩固粤北，确保广州"的命令下，纠集从江西、福建逃入广东的方天、胡琏等残部，手中共有正规军三个兵团（第十二、十三、二十一兵团）10 个军 28 个师计 12 万余人，另有广东保安队等地方武装 2 万余人，在广东境内组织防御。其兵力部署是：在以曲江（韶关）为中心的粤北地区，以其主力第三十九军、六十三军布防，先头部队前出到南雄（六十三军）、乐昌（三十九军），为第一道防线。由十三兵团（司

---

[*] 作者时任中国人民解放军第二野战军第十五军四十四师师长兼政委。

令方天）指挥的二十三军、七十军，以英德为中心，沿铁路线及其以东的翁源地区布置第二道防线。由二十一兵团（司令刘安祺）指挥的第三十二军、五十军集结于广州以北铁路沿线和以东的从化地区，布置第三道防线。十二兵团（司令胡琏，辖第十军、十八军）集结于潮安、汕头地区，准备策应方天兵团作战。敌第一○九军及绥靖公署警卫团，宪兵第十七、二十六团等守护广州。第六十二军驻湛江市，维护雷州半岛和海南岛的联系。

## 我方军事部署

中央军委决定我第四兵团和四野第十五兵团争取于 10 月下旬占领广州。第一步先占领曲江、翁源地区；第二步直取广州；第三步十五兵团留粤，四兵团入桂，包抄白崇禧集团后路。具体任务是：四兵团为右路军，先夺取曲江，而后沿铁路南下，进逼广州。十五兵团为左路军，先奔袭翁源之敌，而后向广州前进。中共华南分局以两广纵队和林平纵队从南面实施对广州的包围，封锁敌军的海上逃路，配合我军作战，并号召华南人民及人民武装全力以赴，支援人民解放军。

第四兵团首长决心以第十三、十四、十五军各一个师首先夺取曲江，再向广州发起进攻，并以第十四军主力沿北江西岸取捷径直插三水，断敌西逃退路。

## 广东战役与广州解放

1949 年 9 月 10 日，我师奉命为军的第二梯队参加广东战役。师以第一三二团、师直、第一三一团、第一三○团序列，从安福地区出发，沿吉安、泰和、遂川、赣县、南康一线向广东南雄、曲江挺进。由于部队经过临川、安福地区三个月的休整，恢复了体力，加上出发前我师根据华南地形、气候、交通等情况，召开了专门会议，研究了进军中的管理和物资保障工作。在进军中，各部队以支部为核心，党员为骨干，开展了思想、体力互助，广泛开展文娱活动和群众性的立功运动。行军途中，又受到与四野兄弟部队会师的鼓舞，部队情绪高涨，顺利地完成了开进任务。

军第一梯队第四十五师于9月24日攻占了南雄，25日解放了始兴，歼敌第六十三军一个团的大部，余敌退守曲江。9月28日，我师进抵广东南雄、韶关，在圹东地区集结。10月1日，毛主席在北京天安门城楼上向全世界庄严宣告中华人民共和国成立。喜讯传来，部队欢欣鼓舞，群情振奋，我师全体指战员纷纷表示，决心迅速歼灭当面之敌，解放广州，向党中央、毛主席和新生的人民共和国献礼。

10月7日，第四十五师解放了曲江。敌军整个部署顿时一片混乱，其第一线的六十三军沿北江西岸、三十九军沿铁路向南逃窜。我第十四军盯着敌六十三军穷追不放，我十五军沿铁路东侧奋起直追敌三十九军。9日，第四十五师在攻占英德车站以后，接着于11日占领黎洞，歼敌第三十九军一个团。13日突破滃江，直逼广州城郊。14日，第十五兵团解放广州。此时，敌六十三军、一〇九军已向粤桂边境流窜。敌第十三兵团沿高要向阳春、三十九军沿高明向阳江，二十一兵团沿佛山、恩平向阳江方向逃窜，余汉谋也于13日逃往湛江市。种种迹象表明，粤敌主力是企图逃往雷州半岛和海南岛。此时，敌已远离我100公里以外。

## 粤西追歼

兵团首长根据敌人的动向，决定以第十三军主力向粤西追歼。第十四军并指挥第四十三、四十四、三十八师分路立即行动，向阳春地区追击。

我四十四师和四十三师奉命为左路军，与我党领导的东江纵队密切配合，沿高鹤、开平，向阳江追击逃敌。东江纵队吴司令与我们一起行军作战，他不会讲普通话，我们也听不懂他的广东话，相互交流，只能用写字的办法。我向他了解情况，要先写在纸上，他接着用笔写下来给我看。就这样，我们密切配合，在战斗中结下了深厚的友谊。10月17日，我师进抵官窑圩，由三水南渡北江，再由河清南渡西江，连克高鹤、开平两城，歼敌一部。这时，残敌已逃至阳江、阳春之间。

在追击途中，陈赓司令员亲自打电话给我，说阳江之敌正在登船，企图逃往海南岛，命令我师"尽一切努力，不畏艰苦，追上敌人，坚决完成毛主席交给我们的任务"。我当即命令各团除了携带武器弹药、干粮外，一律轻装，以急行军昼夜猛进，追上敌人就是胜利。第二天，我师一举攻克恩平县城后，日强行军 75 公里（内有 45 公里跑步），向阳江疾进。由于一路上一直不停地在追击，部队人困马乏。人饿了，还可以一边行军，一边吃点干粮喝口水，而战马则不能停下来喂草料饮水，累到极点的马匹一路奔跑一路出汗，马身上就像水洗过一样湿漉漉的。后来，指挥员下马和战士们一起赶路，由警卫员牵着马跑，一大半战马还是跑坏累垮了。我们硬是靠一双铁脚板和"飞毛腿"追上了敌人。此时，我右路军已占领阳春及程村圩，切断了敌人西逃之路；中路军也从东北方向向阳江逼近。敌第十三、二十一兵团等 5 个军共 4 万余人，被我包围于阳江以西的白沙圩、平岗圩，纵横 5—6 公里的狭小地区内。25 日晨，敌军一部向我西面友邻部队反击，掩护主力向南移动。8 时许，我师以第一三一团乘船前进，迅速控制漠阳江口和北津港，断敌海上逃路；师主力西渡漠阳江，向敌实施突击。当一三二团进占端逢渡口（阳江西 4.5 公里）后，遇敌第五十军一〇七师一个营的兵力依河顽强抵抗。我第一三二团主力经下华龙（阳江西北 4 公里），迂回敌之侧背，歼敌一部，占领了滩头阵地，保证了师主力渡江。此时，友邻部队第四十师一二〇团正从西向东攻击。为取得密切协同，我第一三二团沿河向敌攻击，连克王屋寨、关村屋（阳江西南 7 公里），并占领朝东、良村一线阵地；第一三〇团攻占莫屋后，迅速向朝东以西攻击前进，占领有利地形，我师从南面完成了对敌人的包围。

当天夜里，我师全线向敌人发起总攻击。26 日 2 时许，第一三二团经一小时战斗，攻占了 382 高地及名扬村（阳江西南 10 公里）；第一三〇团在击退敌人数次反击后，占领山头村、达良、帮六、412 高地及鸭掌寨诸要点，并向 462 高地守敌突击。此时，我四十师从西向东，第三十八师从北向南逼近。四十三师归我指挥，在四十四师左翼向保安方向追击。敌在我军四面攻击下，分路向平岗圩、九江埠突围，我师立即展开追击和截击。敌第五十军残部经刘屋寨、黄屋寨（阳江南10公里），企图向北津港逃窜。我第一三一团迅即由北津港西渡漠阳江，26日11时占领扒沙，截击歼灭逃敌2000余人。在审问俘虏时，我们才知道，这股敌人是从山东战场溃逃下来的。他们想不到跑了数千里路，最终还是难逃覆灭的下场。

广东战役历时一个月，共歼敌6.2万余人，解放了除雷州半岛和海南岛以外的广东全省。

我师在上级党委的正确领导和人民群众及当地人民武装的支援下，部队连续行军作战，特别是向阳江追击作战中，日行百里以上，克服了大雨带来的不便，战胜了重重困难，发扬了我军英勇机智、艰苦顽强的战斗精神，取得了战役的胜利。我们共经历大小战斗八次，生俘敌军一〇七师及三十六师副师长谷彬、李成忠等以下3600余人，毙伤300余人，缴获各种火炮39门、各种枪1700余枝（挺）、各种弹药11万余发。我伤亡339人，第一三〇团一营营长毕海旺同志在26日战斗中光荣牺牲。广东战役的节节胜利，为歼灭白崇禧集团、解放广西和海南岛，创造了有利条件。

（本文节选自《向守志回忆录》，解放军出版社2006年版，标题为本书编者加。）

# 王东保 *：势若惊雷　轻取广州

## 宜春休整，剑指华南

1949 年元月和平解放北平后，我四十三军即奉命同四十军作为南下先遣部队，并肩作战，携手前进，强渡长江，追歼敌军。经过长途行军，边走边打，于1949 年 7 月中旬进入江西省宜春地区。根据上级指示，我一二七师驻宜春以东的浦沙江街一带休整待命。

此时正值夏秋三伏季节，天气炎热，空气潮湿，部队指战员绝大多数来自北方，由冰天雪地的东北来到江西，不适应南方气候和水土，许多人患了疾病如疟疾和肠胃病；加之军旅劳顿，对南下作战没有充分的思想准备。针对上述情况，我一二七师党委决定，利用部队休整时间，抓紧进行战前的军事和政治训练。一是召开各种会议，对渡江前后的行军作战进行战评，总结经验，吸取教训；二是开展三查活动（查思想、查工作、查作风）激发干部战士斗志，树立将革命进行到底的思想；三是结合敌情、气候等条件、集训干部、补充兵员、精简骡马、进行适应性的训练。通过近两个月的休息，部队的政治思想、阶级觉悟明显提高，

---

* 作者时任中国人民解放军第四野战军四十三军一二七师师长。

人员马匹体力有所恢复和增强，基本消除了对南方气候不适应的畏难心理、增强了战斗意志，坚定了打到华南去，解放全中国的信心和决心。

在此基础上，师党委召开了士兵代表大会，表彰和奖励了一批作战先进单位和功臣模范、传达了上级指示，发出了向广东进军的动员令，全师上下群情激奋、热血沸腾、战斗情绪空前高涨，纷纷表决心上请战书，表示要奋勇作战，为祖国为人民再立新功，使这次大会成了立功创模的誓师大会，全师上下斗志旺盛、齐装满员、兵强马壮，昂首阔步地作为四十三军的前卫师，奉命于 1949 年 9 月 10日由宜春地区出发，于当月 26 日进到南康地区待命。

## 赣州会议，明确方针

部队到达指定地区后，我和政委刘锦屏提前由吉安赶到赣州，参加十五兵团司令员邓华、政委赖传珠召开的赣州作战会议。这次会议，传达了中央军事委员会关于向广东进军的作战方针，部署了我军的行动计划。邓、赖首长指示：我第四野战军进军中南、消灭反动派、解放全中国，对全局有着十分重要的战略意义。当前必须充分利用湖南省程潜、陈明仁宣布起义的有利时机，消灭敌人有生力量，进而歼灭广东之敌，夺取广州，当时的作战原则是：先解放韶关、广州，而后对广西进行战役迂回。

兵团首长根据敌情通报指出：蒋介石军队在宝庆、衡阳、韶关、广州之线，部署约 20 万兵力，正在构筑弧形防御工事，企图阻止我军前进，美帝国主义亦将大批援蒋的军事物资源源不断地运往广东、广西，以达长期盘踞中南的目的。当时广东省共有敌军 3 个兵团、13 个军、31 个正规师、5 个保安师，共约 15 万余人[①]，重点在曲江、始兴、翁源、广州之线。据此，四野首长决心同时发动广东和衡宝战役。以十五兵团四十三军和四十四军，配合二野四兵团和两广纵队，全

---

① 据查，确切人数应为 12.5 万多人。

歼广东境内之敌，解放全广东。四兵团陈赓司令员分析判断，估计敌在曲江、广州与我军决战的可能性不大，而坚守广州或西撤广西的可能性较大。四十三军根据以上作战原则提出：敌三十九军驻马坝、大坑口、新江墟、始兴各有一个师；敌五十军驻英德、大镇、桥头、新丰各有一个师。估计敌在我大军压境之下，可能向广州方向逃跑。因此，我军必须实行精简骡马，轻装前进，采取长途奔袭合围、集中优势兵力各个歼灭敌人的方针，四兵团于 10 月 8 日围攻曲江。四十四军亦于 8 日进至三华镇，向英德、广州方向推进，四十三军在四兵团围攻曲江的同时，完成对始兴、新江墟敌两个师的奔袭合围，歼敌后向广州进军，各部队均于 9 月 30 日由南康出发，以急行军经梅岭关（广东的门户）、始兴、翁源、花县向广州攻击前进。

## 长途跋涉，斗志高扬

我师接受任务后，立即着手向广东进军的一切准备，并于 9 月 30 日仍作为四十三军的前卫师，由南康出发跨越广东门户——梅岭关、南雄、始兴、翁源，长途跋涉在大庾岭和滑石山脉里，日行军 100 余里。行军中贯彻了军提出的爱兵、爱民、爱马的"三爱"活动。全师部队意气风发、斗志昂扬，坚决响应师党委提出的"为解放华南最后一个大城市——广州而奋勇前进"的号召，始终以饱满的情绪，发扬"一不怕苦，二不怕死"、团结互助、勇敢战斗的精神。部队在行进途中，不仅受到了赣粤边界老苏区人民的热烈欢迎。而且传达了中华人民共和国成立、毛泽东同志当选为中央人民政府主席的特大喜讯！全师指战员都忘记了长途跋涉的疲劳，欢呼雀跃，口号震天，纷纷表示：要克服一切困难，坚决勇敢地打到广州去，消灭一切敢于抵抗之敌，埋葬蒋家王朝，以实际行动庆祝新中国的诞生！

10 月 9 日，经过一昼夜的行军，部队正路过翁源县时，突然看到迎面从前方赶回来的侦察连长李世印，带着骑兵班和地下党员，押着两名刚捉到的俘虏来向我报告：据侦察，前面佛冈县、花县有敌人据点，是敌三十九军一〇三师的三〇七团（号称钢铁团），全副美械装备，共2000余人（包括地主武装百余人），已占领佛冈河（潖江支流之一）两岸山地，并构筑了较坚固的工事和地堡，准备死守。我师根据以上情况立即决定：一面将情况及时报告军部，一面命令部队跑步向佛冈前进，尽量接近敌人，迅速查明情况，首先分割包围歼灭该敌，而后继续向广州进攻。

## 歼灭守敌，夺取佛冈

部队10月9日夜到10日下午4时，急行军140多里，进到距县城十余里的岗江下、龙水井地区，因有敌情顾不得休息，只限在一小时内喝水、吃干粮和做战前的动员准备工作。这时，师团主要指挥员都集中在警卫连及骑兵侦察排抢先占领的251.6高地，进一步了解敌情，查看地形，并继续审问俘虏，令其手指现地，如实报告所知敌情，通过察看，判断敌三〇七团主力在佛冈河的196、139.8高地地域，小坑东北194.1和125高地可能是敌二营。此时敌也发现我军主力逼近，但天已黑，未敢轻举妄动。

佛冈县是去潖江口火车站、花县、从化、广州的必经之地，是广州外围的重要掩护据点之一，是兵家必争之地，因此，我师必须歼灭该敌，夺取佛冈。师决心：各部队要利用夜暗，发挥我军近战夜战之特长，迅速对敌实施分割包围，力求全歼当面之敌。具体任务是：

三七九团经大田、小坑直插城西南，首先切断敌人向花县、广州方向的退路。

三八一团以主力两个营从左侧经何屋村、大琴脑，直往南穿插至石角老城，并求得与三七九团部队取得联系，协同作战，将敌全面包围。

三八〇团从敌正面进攻，首先歼灭196高地之敌，然后向张田坑、139.8高地敌主阵地压缩。

师指挥所在佛冈以北的185高地。三八一团的一个营和师警卫营，作为师的预备队，在师指南沟隐蔽待命。

潖江地区少数游击队员在地方党带领下，分别到各团做向导并参加战斗。

师命令各团在完成包围后，要积极向敌进攻，防敌突围。

11日上午9时，师指陆续接到电话报告：各团均按时到达指定位置，三七九团已歼敌一个加强连，三八一团已占领老城并歼敌一部。三八〇团已占领196高地歼敌一个排。各团都有俘获，自己也有伤亡。敌被我包围在各制高点上，利用既设阵地进行顽抗，而我师部队经山间泥泞小道远距离奔袭作战，相当疲劳，加之师山炮营及炮队的山野炮团尚未赶到。据此，师命令各部队继续做好总攻前的一切准备，特别要选好突破口和炮兵发射阵地。同日，师指挥所往前转移到139.8高地以北千余米的无名高地。

上午10时过后，我们在指挥所阵地上，远远地望到了我们的炮兵指战员，正赶着骡马连推带拉地拼命往前赶，骑着马走在最前面的是我师炮兵营营长徐万友和炮纵某师副师长黄登宝（现已去世），他们快马加鞭地跑向师指阵地。我们彼此问好，互祝胜利！并在现场当面介绍了敌情、地形等情况，请他们选择炮兵射击阵地和需要准备的时间。炮兵的具体部署是：师山炮营主力两个连归三七九团指挥；另一个连（连长李占标）归三八〇团直接指挥；炮纵的野榴营一时赶不上来，山炮营很快跟上来之后在185高地展开。同时商定了步炮协同动作和发起总攻的时间。

10月11日15时，我师在佛冈地区向敌发起了总攻。当炮纵副师长黄登宝准时发出了红色信号弹后，在我强大的炮火支援下，经半小时激战，迅速突破了敌139.8主阵地，然后部队向敌地堡发起冲锋。由于种种原因，第一次冲锋未能奏效。在两门山炮的抵近射击的火力支援下，又组织了第二次冲锋，很快地攻克了敌人的核心地堡，顿时敌人全线向152和194.1高地溃退，我部队对残敌跟踪追击，与三八一团主力配合，一举攻克了县城和城南的佛冈村。三八一团主力和三七九团部队，在我炮纵山炮营转移到139.8新阵地时，集中所有火炮支援下，攻克了敌194.1和125两高地的外围阵地，歼敌二营一个连之后，正组织对两高地进攻时，我野炮营赶上来了，在炮火的全力支援下，三七九团迅速突破了敌二营阵地。该团二连连长白云生率领的突击队，首先夺取了敌一号碉堡，七、八连反复两次与敌人拼刺刀手榴弹，白刃格斗，终于攻克了敌二、三号碉堡。至此，当日 17 时，全歼敌三〇七团，佛冈战斗胜利结束！

此次战斗使用了两个小时，毙伤敌团长以下官兵 500 多人，俘敌副团长以下官兵 1000 余人；缴获各种枪炮千余支（门、挺）及大量的弹药和大批军用物资。这次战斗的胜利，是我师各级指战员坚决贯彻执行了毛主席的不打无准备之仗，不打无把握之仗，集中优势兵力各个歼灭敌人等一系列作战原则，做到了情况明、决心大。也是全体指战员英勇善战，不怕牺牲，前仆后继，勇敢杀敌，充分发挥了我军猛打猛冲猛追和不怕疲劳、连续作战精神所取得的。同时也是与炮兵部队强大火力的有力支援以及地方党和人民、游击队的直接支援和配合分不开的。

## 乘胜追击，解放广州

在佛冈战斗刚要结束时，我们又奉军部命令，继续向花县、广州急进。部队迅速集结，师决定按三八一团、师直、三八〇团的序列，沿花县、从化之间的公路继续追剿溃散之敌，直插广州市。三七九团带领各团留下的收容队，负责收容伤员，掩埋烈士，押解俘虏，打扫战场，而后追赶师后尾跟进。

在我师与佛冈之敌激战同时，一二八师从佛冈城以东向花县、广州方向前进了。10 月 13 日，该师夺取了高塘铁路桥及仁和墟的公路桥，歼敌两个营。这一胜利消息使我师指战员受到极大的鼓舞！同时接到上级通报，得知敌人决定 14 日放弃广州，留敌五十军掩护政府人员于 12 日开始乘飞机逃往台湾。部队在前进途中能微微地听到广州白云山机场方向有爆炸声。当时我们令作战参谋刘瑞龙在从化公路等候三七九团，令其向白云山地区继续肃清残敌后，沿花、广公路向沙河镇、市内，海珠桥急进。师率主力进到白云山机场附近，与一二八师会师了。军首长令我师为右翼，一二八师为左翼，并肩向沙面、海珠桥市中心追歼逃敌。此时我们与四十四军先头部，一二八师三支兄弟部队相遇，会师后各自向指定的街区跑步分割穿插寻找残敌。一二八师先占领了临时总统府，并与我师同时拼命地向海珠桥（该桥被敌炸毁）、珠江北岸沙面进攻，正好堵住了向南逃跑还未来得及上船的两三千敌人，被我全部歼灭，并缴获大批军用物资。至此，1949 年 10 月 14 日 19 时，我国南方第一个大城市——广州市宣告解放了！

广州解放后，除三八〇团、三八一团撤到城外白云山机场休整待命外，三七九团和师直属队分别驻沙河镇和沙面，负责保护公共设施，维持社会秩序，昼夜巡逻警戒，防止残敌破坏。全体指战员坚决遵守三大纪律、八项注意，爱护城市的一草一木，不拿群众一针一线，充分表现了我军是仁义之师、胜利之师。受到了广州各界人士和群众的赞扬。

11 月 6 日，师党委在沙河镇召开了我师进军广州、解放广州的庆功大会，传达了上级对我部的鼓励，表彰奖励了一批作战勇敢、战功卓著的英雄单位和功臣模范以及当地参战支前的有功人员。炮兵营营长徐万友，副营长葛尹元、连长苗长寿、魏学明、白云生等一大批英模人物，都荣立了战功，受到表彰。同时，这次大会还正式动员和部署了全师指战员做好参加广州入城仪式的各项准备工作。

11 月 11 日清晨，一大早全师部队按规定集结在沙河镇外的广场，首先受到了师领导的检查，然后于上午 8 时半，按照步兵、骡马和炮兵的序列，分四路纵队，队伍成班横队、营方队形前进，军容整齐，步伐坚定，精神抖擞，雄赳赳气昂昂地通过市府大门前，受到了叶剑英等首长的检阅。这是我们这支在作战中英勇顽强的英雄部队终生难忘的时刻！

11 月 15 日，我们这支参加过南昌起义、具有光荣历史的英雄部队，又接受了配合兄弟部队横扫粤桂边区残敌的新任务，还接受了准备渡海作战，解放祖国宝岛——海南岛的光荣使命，前进在祖国的大道上！

（本文选自《广州的解放》，广东人民出版社 1989 年版，标题为本书编者加。）

# 张秉林*：四十四军进入广州亲历记

1947年，我还是个中学生的时候，便自愿参加了东北民主联军骑兵师当兵。不久整编入联军第七纵队（军级），被分配到纵队直属汽车队任文化教员，其间参与了支援部队四次攻打东北腹地交通枢纽战略重镇四平街战斗。战斗十分残酷，我军主动撤出了战斗。随后不久我又随部队参与了辽沈战役、天津战役，入关后纵队已改成第四野战军四十四军。我调入军后勤部参谋处任见习参谋，负责处理文墨、军事地图、统计、印鉴及文件的上呈下达的具体事宜。

## 一路南下，解放全国

1949年4月20日，根据中央军委毛主席、朱总司令向各野战军发布解放全国的进军命令，第四野战军各部队分多路向南方开进，我四十四军属十五兵团进军中的东路，当日我军从天津不同驻地出发，我本人随前方指挥所行动。在行进中没有战斗任务的话，不论风吹雨打，每天一般徒步行军50华里左右，走多走少还要视当天的设营地村庄的大小、远近、道路、联络等具体情况而定，也可能多走些路也可能少走些路。途经河北、山东、安徽、河南、湖北五省边界地

---

* 作者时任中国人民解放军第四野战军四十四军后勤部参谋处见习参谋。

区，到达长江北岸的小池口镇，在此组织横渡长江，过江后解放了江西省的九江市、南昌市，稍作休整后继续南下。我军在南下路经一些省市地区人民群众都高举"欢迎四打四平第四十四军的标语"横幅。由于部队的长途跋涉加上不适应南方的阴湿、炎热的气候，水土不服，使一部分的同志患了拉肚子、打摆子（疟疾）等南方性的疾病，我也未能幸免，发病的时候时冷时热，令人痛苦不堪，体质都有不同程度的下降。还好，部队当时没有新的战斗任务，上级决定在江西省新余县境内原地休整。在休整期间每人发了个小册子，内容印有广东话发音与普通话发音对照表，要求大家自学广东话。当时还不清楚是何因，后来才明白部队整训后还要向广东进军。在经江西的吉安、赣州、樟树，跨越了粤赣两省边界的 650米高的九连山，进入广东省境内。我军先后解放了连平附近的县城，入翁源（已被我党南方游击队解放），在从化附近与国民党残军打了一小战斗外，部队直逼广州，于 10 月 14 日进入广州市内。我本人于 16 日进入沙河，17 日入住百子路100 号。

## 行军路上，苦中作乐

算来部队从 4 月 20 日从天津出发，途经七省界至 10 月 14 日广州解放，在行军路上克服了天气、饥饿、疾病多种困难，行程约半年，170 多天、3000 多里。也算个小小的长征吧！

讲讲在行军路上发生的故事。"行军"这个词在现代年轻人的眼里已经是陌生的名词了。行军就是部队成员列队身背枪支、弹药、粮食（米袋子）、水、被服等40 多斤重的物品，靠两条腿搬运。在那个年代，部队还是处于小米加步枪的战争环境里，在行进中穿山越岭战胜敌人，不是靠四个"轮子"，而是靠战士们的两条硬腿，部队在行进的路上要按预定计划走下去，本人就是其中的一员。路上所见和亲身体验是很深刻的。如部队第一天行程，是由天津市出发到达杨柳青小镇，约 60 里，那个季节的华北大地田里的禾苗刚刚出土，天气晴朗，但风沙很大，眼睛基本睁不开，风吹沙粒打在脸上很痛，遇到这种天气部队无法前进，在当地休整三天，补充物品，每人发一副防风沙的风镜、口罩然后继续前进。在这里讲个小笑话，在杨柳青期间，我们几个年轻人还被年长者开涮了一次，对我们说，杨柳青出"美女"，我们信以为真，忙里偷闲上街逛了一番，结果大失所望，他们哈哈大笑点破了所谓美女的"机密"，杨柳青出美女主要是指历史上当地每家妇女都会画仕女图（工笔画）。我们几个人被他们忽悠（戏弄）了。华北大平原由于连年战争，人民生活异常艰苦，缺衣少粮难以糊口，连路旁榆树叶子都吃光了。干巴巴的树枝孤独地在风雨中不断地摇摆。一天下午，在一个宿营地的村庄，我刚从炊事班打来一盆面食转眼间就不见了，大家只能无奈地叹气！群众生活太苦了。

当部队进入河南省境内，雨后道路非常泥泞，每走一步都很吃力，行进速度很慢，每天也就是二三十里路。一天，我们到了黄河边，正如人们所说，它的雄姿是那么雄伟壮丽，滚滚的黄沙水不断向东流逝，流速很快，可谓激流勇进。想起人们常常把自身的某些说不清道不明的事情用黄河来作比喻，所谓"跳进黄河也洗不清"，我们几人都很"较真"，要亲身体验一下，纷纷跳进了黄河，洗一阵之后身上的水确实还是黄的，结果印证了它的含义。部队是这样渡过黄河的：由当地政府和人民群众在黄河上把多艘木船连接起来，用绳索固定，作为临时搭建的浮桥，载重量不大，徒步在桥上通过是没有问题的。车辆则是一辆过后才过另一辆，时间拖得长些，但毕竟比无桥可行好多了。在河南省境内还遇到过一些麻烦事，有些地区封建势力还很强，反动会道门、大小刀会都有，喝了酒后嘴里喊着"刀枪不入"，时而对部队实施骚扰，加上散兵游勇、地主反动武装不时捣乱，为了非一线战斗分队的安全，我们一般设营时是不进村庄的，而且与一线作战部队保持着较短的距离（10公里左右），便于联络和得到他们的支援。当部队进入湖北省境内后比较平静和顺利，部队在行军路上鼓动工作也很活跃，唱歌、说快板、讲故事，一路有说有笑的，一天天就很轻松地过去了。进入长江的部队多为乘坐大小的木船过江，我因有特殊任务单独乘小船过江，在江北小池口镇为了找船，足足在岸上等了一夜，天亮后才有只小船过江。那天风平浪静，小船在江中划不到一个小时就到了对岸的九江码头，付了钱我顺利登岸。可就在刚刚登岸数分钟后，数架敌机凌空向江中投弹，把刚从南京驶来的一艘数百吨轮船（给解放军运输粮食、被服）炸沉了，船沉了人员没有伤亡，都安全上了岸。在九江短暂地准备后继续前进，当我们走到庐山脚下，敌机数架对我们进行扫射。听到防空号后我们早已隐蔽好，敌机打了一阵机枪后走了。不久解放了南昌，我们就住在南昌旅行社（大革命时南昌八一起义指挥部），数日后向江西的新余地区进发，部队到了南方后，蚊虫较多，受到了叮咬，那时都没有蚊帐，当地群众又吃水塘的水，一塘多用，饮水洗衣、小孩戏水，都在塘里进行。部队虽然把水净化后使用，但仍不习惯。同时国民党在撤退前实施"坚壁清野"的政策，胡说共产党实行"共产共妻"，进行反动宣传，强迫群众进山，把粮食掩埋，生猪带走，留下一座空城，给解放军制造困难。上级决定在此地休整一段时期，派人进山动员说服群众回家，当群众了解了解放军的政策后陆陆续续都回来了。在江西的初期供应困难，缺粮、缺盐，买来的猪杀了，做熟后香气逼人，可吃不下，没有胃口，为什么？因为没有盐，再香的东西也吃不下。生活虽苦但苦中有乐，事务长是个高度近视眼，平时戴着眼镜。如在伸手不见五指的夜行军中，他几乎是个瞎子，有一天夜里他想抽烟，可没有火柴，说来也巧，飞来了一个萤火虫，他喜出望外地大声叫"同志"借个火，可萤火虫哪听他的叫唤，继续在他眼前飞来飞去，他也快步跟着萤火虫打转转叫喊着，当萤火虫飞走时，他泄气地埋怨着说："你不借火就算了，你跑什么？"逗得大家哈哈大笑！部队进入广东境内前要翻越粤赣两省交界的650米高的九连山，人们常说上山容易下山难，我深有体会，上山时走羊肠小道，由于坡陡，队伍只能成单列跟进，有时你推我拉往上爬，队伍拉得很长，先行者走到了山腰往下看，队伍的尾巴还在山下运动。到了山顶以后就宿营了。夜间山上阴冷，还要顶着蚊虫的叮咬，受皮肉之苦。待天亮后下山时羊肠小道也没了，都是梯坎，每梯之间一二米之高，怎么办？领导决定队伍成横列跳坎下山，体力消耗较大，弄不好还摔跟头，重者摔伤，下山后人人都叫腰酸腿痛，满身大汗，连军衣都湿透了，但是对每个人也是一种意志锻炼。

## 整顿治安，市区所见

解放初期的广州治安较差，个别敌伪组织机构的招牌以改头换面的形式明目张胆地挂着，潜伏下来的军警特人员则利用电台和其他的方法与敌方情报部门不断地联络，随时随地地准备搞破坏活动，那时每当夜晚来临时敌机不时地来骚扰，他们发信号、打信号弹与敌机联络指示目标，这时的天空上不时地看到红色的信号弹。我记得海珠广场北侧的五仙电厂就是在敌特指挥目标下被炸毁。另外，社会渣滓、地痞流氓、赌徒娼妓、"大天二"等各种黑社会势力也进行着各种破坏活动，为及时铲除这些社会垃圾，根据形势的需要，尽快地建立社会新秩序，我军直属机关及所属一部分部队担当起广州市的治安警备任务，成立了警备司令部（广卫路民政厅大院）。我处住百子路 100 号即现在的中山二路烈士陵园东侧，那时这一带还很荒凉，多为墓地，还有零星的香蕉树和贫困居民。

解放后广州城市面积不大，东至大东门、西至西门口、北至中山纪念堂、南至河南（现在的海珠区）的纺织路与洪德路。唯一连接珠江两岸的海珠桥，还被敌军在撤退前炸毁了，要过江只能靠轮渡。经济不算繁荣，市内没有较大的商业网点，小店铺比较普遍，都集中在中山五路、上下九路、西濠口路、长堤路一带，以销售小商品居多。我们称广州市场为"三多"，药店多、杂铺（现在叫士多店）多、小吃店多。从表面上看群众的日常生活水平并不富裕，居住条件很差，房屋狭小，穿戴很随意，不很讲究，脚下都穿木屐，尤其是女人在街上行走时，脚下发出踢踏的声音，很不协调。城内人口不多，据说不到 200 万，马路不宽，弯道不少，高低不平，与外省城市马路相比相差甚远。在市里路面为柏油路，倒也清洁。公交车有限，都属于老式车，1—9 路车吧，郊外的路面都是沙土路，汽车一过尘土飞扬，过往行人都要掩面捂鼻。市内除了爱群大厦为高层建筑外，基本没什么大楼，它可谓是鹤立鸡群的高大形象。那时的南方大厦虽然高些，但它还是空壳子、骨架子，据说它建于解放前的抗日时期，在日寇入侵广州前期就被敌机轰炸起火烧了，人民政府成立后有关部门重新装修了它，它的开业带动了后来广州商业的繁荣。解放初期广州城建多为骑楼，下面为店铺，第二层以上为住宅，这种建筑风格与福建省厦门市相似，我想这种建筑很适合南方雨多日照强的特点，既能避雨又能防晒乘凉。广州人的生活习惯很重视喝早茶，在饮茶过程中不在乎吃多吃少，而是大家坐在一起聊天叙事，天南海北、家事国事、内外大事都是调侃的内容，一般都要泡一个上午。广州那时小吃也不少，都很有特色，如粥店里的各种粥品繁多，小艇上有艇仔粥，走街串巷叫卖的猪手汤粉、云吞面味道十分鲜美，物美价廉，现在就吃不到那种味道了。文化娱乐设施不多，主要是看电影，如西关的金声、永汉路的永汉、西濠口影院、河南的光明等都是看电影的好去处。我也去欣赏过一次粤剧，虽然听不懂唱腔，但从演员的表演动作上也能大概了解些剧情的内涵，广东戏的舞台背景较逼真，立体感强，演员服饰华丽，音乐优美动听……

（本文选自《广州文史》第 71 辑，广州出版社 2009 年版，标题为本书编者加。）

# 曾生*：两广纵队进军华南解放广东纪实

## 赣州决策，接受任务

1949 年 4 月下旬，我军胜利地发动了渡江战役，4 月 23 日解放南京，国民党反动统治宣告覆没。但国民党的残余军队尚有 150 万人，分散盘踞在台湾和中南、西北和西南若干省份内。在中南地区，敌白崇禧集团据守湖南、广西，敌余汉谋集团据守广东。中央军委决定，第四野战军在第二野战军一部的协同下，歼灭中南地区的残敌。

7 月上旬，我们纵队奉命渡江南下，参加解放两广的作战。7 月 24 日，我们在襄城召开了南下进军誓师大会。25 日，部队开始分批出发，向南进军。部队沿平汉路经漯河、信阳，转罗山，越大别山进入湖北省，再经河口、新洲、浠水，于黄石港横渡长江，进入江西省，然后翻越紫荆山，过南昌、樟树，于 9 月 27 日进抵赣州以北待命。当时纵队领导分工，部队行军由王作尧副司令员和杨康华主任率领，我和雷经天政治委员、姜茂生参谋长则乘汽车到武汉，向叶剑英同志和第四野战军首长汇报工作和参加会议。然后我和雷经天政治委员由武汉乘小轮船

---

* 作者时任中国人民解放军两广纵队司令员。

经九江、鄱阳湖到南昌，改乘汽车于 9 月 8 日到达赣州，参加华南分局召开的扩大会议。

在赣州，我们住在省立师范学校。9 月 11 日，会议正式开始。会议由叶剑英同志主持，讨论和决定了解放华南的作战计划；党政军各级领导机构的组成和干部配备；支前工作以及接管城市的政策、外交方针和对付帝国主义的封锁等问题。

在会上，我见到了方方同志。他于 1946 年 6 月在沙鱼涌送我们登船北撤后，留在广东坚持斗争，担任中共香港分局（后改为华南分局）书记，和林平同志（分局副书记）一起领导华南各地的武装斗争，三年来取得很大的成绩。先后建立了粤赣湘、闽粤赣、粤桂边区党委和琼崖、粤中及西江区党委，下辖 24 个地委、98 个县委；建立了粤赣湘边纵队、闽粤赣边纵队、粤桂边纵队、琼崖纵队和粤中纵队及西江两个支队，共有武装近 10 万人；解放了数十个县的广大地区，解放区人口约 1350 万人，等于当时广东全省人口 3200 万人的 40% 以上，并在 1/3 以上的地区，初步建立了人民政权和民兵、农会组织，青年团和妇女的组织工作也正在开展，并开始进行经济建设和文化教育事业的建设。会议通过的《关于过去华南及广东工作的决议》，充分肯定了方方等同志领导的华南分局和各地党委，自 1946 年以来领导广东及华南各省人民在开展武装斗争及其他各项工作中所取得的巨大成绩，指出由于取得这些成绩"就使得华南敌后人民战争得以坚持下来，配合了三年来全国解放战争的胜利，同时又给人民解放军主力进入华南及广东作战，最后完成解放华南及广东全省的任务提供了有利的条件"。

会议结束后，叶剑英同志接见了我，和执行入粤先遣组任务的何维、卢克华、曾小芳三位同志，方方同志也在座。叶剑英同志首先详细地询问了先遣组三位同志的经历和工作情况，并亲自做了记录。然后口头交代任务。他指出：百年来我们中国受帝国主义的侵略欺侮，广东人民对帝国主义是很仇恨的。但我们当前的主要敌人是国民党反动派而不是帝国主义，告诉广东的同志不要把对象搞错了。他还传达了毛泽东、周恩来同志的指示，规定我们的部队不能越过樟木头一线。最后叶剑英同志口述了赋予粤赣湘边纵队的任务，要求先遣组的同志牢牢记在脑子里，见到林平同志后口头传达。先遣组的任务交代完毕后，叶剑英同志问我，两广纵队回到广东后有什么打算？我说："遵照党的指示办。"他说："广东解放后，你们可以一部分集中驻守珠江三角洲，一部分干部和部队分散到各区去，加强各区的工作。你们驻守珠江三角洲，面对香港、澳门，对内要搞好治安，对外要加强监视，但要避免发生涉外事件。这个问题很重要，一定要抓好。"

9月28日，广东战役联合指挥部正、副司令员叶剑英、陈赓签发了广东战役"战联字第一号作战命令"，规定第二野战军第四兵团为右路军；第四野战军第十五兵团为左路军；两广纵队和粤赣湘边纵队、粤中纵队为南路军，指定由我和雷经天、林平统一指挥。任务是于10月20日进至广州、虎门之间地区，截断敌人南逃的退路。

## 南路大军势如破竹

9月30日，我们纵队从赣州附近驻地出发，取道信丰、龙南进入广东。南下进军以来，我今天是第一次和部队一起行军，看到指战员军容整齐，迈着雄健的步伐行进，心中无限喜悦。北撤的同志们，和参加我们纵队的两广籍解放战士们，都怀着"打回老家去，解放乡亲父老"的兴奋心情，大踏步地前进；参加我们纵队的山东、河北、江苏籍的同志们，也不甘落后，他们怀着解放全中国的雄心壮志，怀着解放两广籍战友们故乡的心情，与两广籍的同志们并肩前进。在进军途中，欣闻中华人民共和国宣告成立的特大喜讯，指战员们倍感振奋，决心加快前进步伐，出色地完成作战任务，来庆祝人民当家做主的新中国的诞生。10月8日，进到了广东省和平县地区，我们终于又回到了离别三年的广东革命老根据地，回到了哺育我们成长的故乡，回到了母亲的怀抱。从进入和平县开始，我们进军经过的集镇，群众搭起牌楼，站立在路旁欢迎子弟兵的归来，部队还未到达宿营地，群众已做好饭菜等待着。

10月9日，我和雷经天同志率纵队司令部部分人员到达龙川，与粤赣湘边纵队领导机关会合。会合前，入粤先遣组已与他们取得了联系，我们的电台已沟通了联络。当我们从老隆通往龙川城的大路上行进时，林平、左洪涛等粤赣湘边纵队的领导同志，在大路上等着迎接我们，我连走带跑前去，大家又是握手又是拥抱，兴奋、喜悦的心情难以形容。抗日战争中，我和林平等同志共同带领东江纵队的同志们进行了艰苦的游击战争。抗日战争胜利了，我们分了手，我带领北撤的同志们到了山东，林平同志带领留下来坚持斗争的同志们，组成粤赣湘边纵队，奋战在华南敌后战场。现在粤赣湘边纵队已发展到八个支队、五个主力团、三个县独立团，共3.8万余人的大部队，解放了湘南、赣南、粤北、漓江和东江的江北、江南、江东及珠江三角洲的大部分地区。

今天在华南战场上，我们这两支兄弟部队的会师，两个纵队领导机关的会合，就意味着广东即将解放，华南即将解放，我军即将取得全国性的最后胜利。进入粤赣湘边纵队司令部驻地后，我们立即召开了南路军前委（雷经天同志任前委书记）扩大会议。会议决定以两广纵队司令部作为南路军指挥部，并确定了作战部署：第一方案，如潮汕之敌胡琏兵团西撤增援广州，两广纵队于惠阳平山地区阻击该敌；粤赣湘边纵队挺进东莞太平地区，截断广州敌人南逃退路。第二方案，如敌胡琏兵团不向西撤，两广纵队则挺进东莞太平地区，粤赣湘边纵队则迅速进入番禺以南地区，截断广州敌人南逃退路。晚上，粤赣湘边纵队司令部设便宴为我们洗尘，林平同志知道我爱吃狗肉，吩咐伙房杀狗来宴请我们。在华东，为了执行群众纪律，我们纵队下了禁令，不许吃狗肉，因此已经三年没有尝到狗肉味了。在筵席上，战友们频频举杯，为我们别后重逢，为我军即将到来的胜利，为广东、华南即将获得解放而干杯。

10月10日，南路军指挥部根据前委的决议，发布了"战字第一号作战命令"。命令由雷经天、林平和我签署，并先行电告两个纵队的各师、团立即执行。从此，我又和林平同志在一起工作，指挥南路军参加解放广东之战了。

10月13日，南路军指挥部进抵河源。15日，第一师直取博罗，指挥部和第二师进驻惠州城。17日，获悉国民党军第一〇九军第一五四师在博罗县的龙华墟一带，当即命令已渡过东江向樟木头前进的第一师和粤赣湘边纵队第六团回师北上，从南面和东面包围该敌，同时命令第二师第四团、第五团和纵队炮兵团，在第一师统一指挥下，从北面和西南对该师加以包围。部队开进中，第一五四师少将副师长郑荫桐派员前来联系，声称该师已向华南分局联系起义事宜。我们当时因情况不明，即令该师收缩于龙华墟，停止一切军事行动，以待上级命令。而我各师、团仍继续执行原作战计划，于18日黄昏前完成了包围部署。20日，广东战役联合指挥部来电指示，由我们纵队按和平解放方式接管该师，随后改编为独立师，仍由郑荫桐任副师长，我们派曾源同志去担任政治委员，叶基同志去任参谋长，归两广纵队指挥。

10月19日，第二师占领虎门要塞。至此，敌人沿珠江南逃的通路被我截断，战役联合指挥部赋予南路军的任务胜利完成。

10月21日，指挥部和第一师进驻石龙。根据华南分局指示，雷经天政治委员、姜茂生参谋长和第一师政治部主任江平秋、第四团团长黄明金等一批广西籍的干部，率领第二师第四团第一营调离两广纵队，进军广西，参加广西省的解放和建设工作。

在我南下大军的迅猛进击下，原驻东江地区的敌军，除第一五四师于龙华墟和平解放外，其余均逃往中山县境。查悉，敌第一〇九军军部率第一九六师集结于唐家湾，第三二一师、保安第三师和第五师集结于前山、南屏、三灶等地。

这时，我们纵队奉命与粤赣湘边纵队组成珠江三角洲作战指挥部，我为司令员、林平为政治委员、王作尧为副司令员、严尚民为参谋长、邬强为副参谋长、杨康华为政治部主任、刘田夫为政治部副主任，并根据华南分局决定，由上述七人组成前委，我被指定为书记，统一指挥两广纵队、粤赣湘边纵队和珠江三角洲地方部队，担负歼灭珠江三角洲残敌，肃清土匪，协助地方建立人民政权，并征筹粮食，接济广州市和支援西进部队。

10月30日，我们纵队及粤赣湘边纵队第四支队，从东莞县太平镇乘船西渡珠江，11月1日抵中山县石岐镇。2日晨，第一、第二师在邬强副参谋长统一指挥下，向南挺进追歼残敌。3日晨，我完全控制前山、坦州一线，敌第一〇九军等部已于我进入中山县以前乘船逃走。4日，我全歼南屏、湾仔敌保安第三师未及逃走的一个多营，击沉、击伤敌舰船联益号、清远号等三艘。13日，攻占横琴岛，歼敌一部，缴敌运输船海宁号及一船武器弹药。6日，留驻宝安县的炮兵团攻占大铲岛全歼守敌。粤赣湘边纵队独立第一、第三、第四团在严尚民参谋长统一指挥下，从容奇经江门南进，3日攻占斗门，全歼守敌；11日进占三灶岛，敌人逃走，缴轻型轰炸机一架。至此，我们进军珠江三角洲，消灭残敌的任务基本结束。回顾这一阶段的作战，虽然解放了珠江三角洲广大地区，但战果不大，未能抓住敌人，被它跑掉了。主要原因是我们纵队在完成作为广东战役南路军的作战任务后，奉命调整指挥机构，在东莞县停留了一旬。如果在和平接管第一五四师后，立即挺进中山县，就有可能抓住敌人第一〇九军的个把师。

## 珠江沿海岛屿作战

1950年，我们纵队继续参加珠江地区沿海岛屿的作战。1月6日，我第二师第四团并指挥粤赣湘边纵队东江第一支队新编独立第三营，在炮兵团的支援下，对宝安县的三门岛进行登陆作战，全歼守敌国民党"人民革命军"挺进第一纵队。这是我军第二次解放三门岛。第一次是1945年8月12日，东江纵队海上独立大队从日本侵略军手上解放的，并一直坚守到北撤。从5月下旬到8月上旬，我们纵队炮兵团协同江防舰艇部队，支援第四十四军第一三一师，进行了解放万山群岛之战。12月7日，炮兵团在江防舰艇的配合下，以警卫连和工兵连为突击部队，一举攻占敌人在广东沿海残存的最后的一个小岛——蚊尾洲，全歼守敌。至此广东沿海岛屿全部解放。

我们纵队自1949年7月25日，于黄河之滨的河南襄城誓师南征，参加广东战役，挺进珠江三角洲而达南海之滨，行程近万里。进入广东以后，与兄弟的粤赣湘边纵队并肩战斗，截断了广州敌人南逃退路，解放了东江流域和珠江三角洲广大地区，共歼敌 5135 人，缴各种炮 86 门、轻重机枪 345 挺、各种枪 3253 支，完成了上级赋予的作战任务。我们这支队伍中，原来东江、珠江、粤中等抗日纵队的同志们，在离别了三年多之后，随着战斗的胜利发展，又回到了可爱的家乡，会见了过去长期斗争中艰苦与共的人民群众和老战友，共享胜利的喜悦，感慨万分。

## 解放战争中的两广纵队

中国人民解放战争，从 1946 年 7 月至 1950 年 6 月，经过了四年艰苦卓绝的斗争，解放了除台湾省以外的全部国土，彻底摧毁了蒋家王朝的反动统治。在解放战争期间，党组织赋予我们的主要任务是：率领以东江纵队为主的华南各抗日纵队的骨干北撤山东解放区；在山东组建华南人民武装的主力部队——两广纵队，并在华东战场锻炼提高，然后率领两广纵队南下，参加解放华南的作战。因而我在解放战争时期的经历，是和两广纵队的斗争密不可分的。

两广纵队是遵照党中央解放华南，解放全中国的战略意图，在解放战争期间，于华东战场建立的部队，是为中国人民解放事业做出贡献的革命队伍。它是两广人民的子弟兵，它又是中国人民解放军的一支野战部队。两广纵队成立后，在中央军委、华东野战军（第三野战军）、第四野战军和华南分局的领导和指挥下，参加了华东战场的内外线作战，参加了豫东战役、济南战役和伟大的淮海战役，以后渡江南征，参加了广东战役和挺进珠江三角洲消灭残敌及解放沿海岛屿，英勇顽强地完成了各项战斗任务，共歼敌 19547 人，缴获坦克 8 辆、大小炮 279 门、轻重机枪 1128 挺、各种枪 32176 支。两广纵队的建立和发展，经历了由南到北，由北到南；由游击队到正规部队；由游击战到运动战、阵地战；由小部队作战到大兵团作战的过程。

两广纵队所以能在比较短的时间内得到这样大的进步，我深刻地认识到：首先是由于党中央、中央军委和华东局、华东野战军、第四野战军及华南分局首长的亲切关怀和正确领导。党中央和华东局为了组建两广纵队进行了一系列的组织准备工作。安排北撤指战员进入华东军政大学和华东党校学习提高，并由华东军区培训了机关的参谋和专业人员，为组建两广纵队打下了基础。从八路军、新四军调来一批团以上军政干部，加强两广纵队的领导力量。补充了解放区参军的翻身农民和两广籍解放战士，组建了作战部队。确定了艰苦奋斗，靠自己的努力，在战斗中发展壮大的原则，为我们指明了方向。毛泽东、刘少奇、周恩来、朱德等中央领导同志，先后接见了我们纵队的主要领导干部，给予重要指示。晋察冀军区和晋冀鲁豫军区的领导同志给予热忱的帮助，华东野战军首长对我们纵队的成长和发展更是倾注了心血。两广纵队进军华南后，又得到第四野战军，特别是华南分局首长的关怀和指导。正是由于有了领导上这样亲切的关怀和正确领导，两广纵队才得以较快地顺利地发展成长起来。

其次，是我们纵队注意坚持党的领导，发扬了党支部的战斗堡垒作用和党员的模范带头作用。我们纵队各级党委，都是坚强的领导核心，各个连队的党支部，富有在抗日战争中独立作战的经验，在战役、战斗的重要关节，都能发挥坚强的战斗堡垒作用，带领指战员去战胜困难，战胜敌人。党员都能吃苦在前，享受在后；冲锋在前，退却在后；哪里战斗最激烈，情况最危急，哪里就有党员带领战士们英勇战斗。

再次，我们有坚强有力的政治思想工作作保证。华南各抗日纵队在坚持敌后的斗争中，就有优良的政治思想工作传统。纵队成立后，经过学习和实战锻炼，部队的政治思想工作又有了发展提高，各级政工干部通过深入细致的思想工作和教育工作，使北撤的指战员、新参军的农民战士、解放战士，树立正确的思想信念，为打倒国民党反动政府，解放全中国而奋斗。

最后，广大人民群众和地方政府对我们纵队的大力支持。山东解放区的人民群众像爱护自己亲子弟一样爱护我们这些来自南方的指战员，华东地区各级政府对我们给予了热情的爱护和关怀。如果没有地方政府和人民群众的大力支持，我们要完成作战任务是不可想象的。

坚决服从党的正确领导；取得各级政府和人民群众的支持；全体同志团结一致；艰苦奋斗和勇于为革命献身的精神，这就是我们两广纵队能够较快地成长发展和取得胜利的最根本的经验教训。

（本文节选自《曾生回忆录》，解放军出版社 1992 年版，标题为本书编者加。）

# 黄业\*：广州解放前后

1949 年 5 月上旬，我带领中国人民解放军粤赣湘边纵队北江二支队，在南雄古城村休整。突然接边纵司令员兼政委林平同志的电报要我立即交代工作，返回东江，参加边纵组建主力部队工作。组建主力部队，是华南分局为准备迎接大军南下，解放广东所采取的重要部署之一。

## 五岭的战斗情谊

日本投降后，东江纵队第五支队在林锵云、王作尧、杨康华指挥下，挺进粤北，准备与王震、王首道同志指挥的南下部队会师。但我们到达始兴时，他们已北返了。我原在东江纵队第五支队任政委。东纵北撤山东后，留下坚持斗争。解放战争期间，任北江第二支队司令员，和同志们一起在五岭地区战斗了三年多。在那峥嵘岁月里，经历过多少艰苦曲折的惊险战斗，经历过多少露宿风餐的艰苦生活，又经历过多少胜利的欢乐啊！说实在的，我原来是准备在这块地区和同志们、乡亲们一起同南下大军胜利会师的。现在接到边纵领导通知，要赶回东江工作。即将和东江的老战友见面，心里是高兴的，但很快又要和在这里的同志和

---

\* 作者时任中国人民解放军粤赣湘边纵队北江第二支队司令员，独立第四团政治委员。

"老表"们暂时分手，又有依依不舍之情。那些共同战斗生活整整三年的江西老同志，我们的"老表"，我确是从他们身上学到了许多宝贵的东西，特别是他们那艰苦奋斗，赤胆忠心为人民，丝毫不计较个人得失的高尚的无产阶级革命精神，对我感染是很大的。

"老表，好同志，胜利后再见吧！"在门坪大路口分别时，我深情地握着一双双热情的手，激动地说。

"再见吧，我们在赣州等你来！"

"广州解放，记得捎个信来呀！"

一声声热情的嘱托，一对对期望的眼睛，在同志们热情的欢送下，我离开了古城村。

## 组建主力部队，迎接南下大军

我和同志们取道始兴、翁源和江西的龙南，顺利到达东江上游的九连山区，在崇山峻岭的和平县热水村（纵队机关所在地）见到了林平同志。当时和他在一起的有副司令员黄松坚、副政委梁威林、参谋长严尚民、政治部主任左洪涛等同志。林平和松坚同志告诉我们：华南分局的机关已挺进到梅县地区，方方同志已到了那里，两广纵队已派了一批干部回来，阮海天、邓秀芳、何清等同志已到部队了。

"现在要加紧做好迎接南下大军的工作，纵队要组织几个主力支队，调你回来参加组建工作。"林平同志给我交代任务。

我愉快地接受了这新的任务。

不几天，林平同志在热水召开了军事会议，传达了上级的指示，考虑时间紧迫，边纵原组织主力支队的计划改为组织五个主力团，陈中夫、阮海天、何清、王彪、陈江天、文虎、曾嘉、曾建、罗汝澄、吴毅等同志和我都分别到各主力团工作。这几年来，东江地区的工作，在林平同志的直接领导下，部队在东江两岸、九连山区打了很多胜仗，部队有了很大的发展，组织主力团主要是以东江、北江几个支队为基础的。四团领导除吴毅和我分别任团长、政委外，还有副团长杜国栋、副政委汤生、参谋长陈苏、政治处主任刘蓝天。遵照党中央和华南分局的部署，边纵五个主力团，立即向沿海开进，截击南逃的敌人。

由于战斗不断取得胜利，这时我们已解放东江上游的和平、连平、龙川、五华等14个县，有了大块的根据地，建立主力部队的条件是具备的，主力部队也施展得开。

当时，我们第四团住在五华县秦岭山麓的村庄里，接受任务后，立即开展了紧张的练兵，同时研究配合南下部队作战的部署。部队开始按正规部队的要求，进一步组织和健全司令部、政治部和后勤部的工作。还按正规部队的要求，加强部队建设。同时，制定了配合南下大军的作战部署。

## 游击队也有了新式军装

特别令人兴奋的是部队发新军装的情景。游击队没有统一的服装，是从战斗中缴获部队衣服，或由地方党的同志巧妙地从敌占地区买来的布匹缝制便装，有什么就穿什么，冬衣夏穿，或寒冬腊月穿黑胶绸是常有的事，这也是游击队的一个特色。现在要发放绿色新军装了，大家的心情像小孩过新年穿新衣似的，从干部到战士，每人都发了两套，我领到新军装时，不禁联想到根据地和后方的重要性，一下子要拿出整整五个团的制式服装，也确实是不容易的事情。也深深感到，香港分局和边纵领导对于这项工作的重视，预早就进行筹集，现在及时发下来，大大地鼓舞了战士们的战斗情绪，更有利于部队较大规模地公开行动，许多战士穿上新装后，都张嘴大笑，不禁跑到营房外，昂首挺胸走几步，真是个个精神抖擞，神采奕奕。第二天早操时，操场上站的都是整齐划一的连队了。我对战士们说："同志们，我们穿上新军装，要更好地发扬我军优良传统，向野战军学习，要爱护我军的荣誉！"早饭后，部队行军，威武雄壮的队列，在新制"八一"军旗的指引下，沿着东江河畔前进。

部队换装，不只是我们游击队服装形式的改变，是我们斗争向前发展的象征，是游击队向正规部队转变的开始，也是我们集结主力配合南下大军解放广东的起点。

## 打响广东战役，见证广州解放

10月间，我南下部队已解放湖南、江西大部地区，进入粤北，揭开了广东战役的序幕，解放广州的日子已快要到来了。

华南分局于10月1日发表了《告广东人民书》，号召各阶层人民，动员起来，拿出最大的力量迎接人民解放军，解放全广东，解放全中国。广大人民群众听闻解放大军即将到来，无不欢欣鼓舞。在农村城镇、车站渡口，到处张贴迎接南下大军的标语口号，支前人员积极紧张地投入支前工作。群众准备了大军粮、大军菜、大军草，还有大军鞋等等。许多村庄都把道路修得平平整整，一些桥梁也都加固了，没有桥的小溪水圳也架起便桥。青年中掀起了参军热潮。群众欢迎自己的子弟兵的情景真是十分动人。广大群众的配合和支援，对部队进军广州，创造了十分有利的条件。

"同志，去解放省城吧？"在进军途中，乡亲们总是这样热情地问我们。这反映了广大群众盼望早日解放广州的心愿，也是对我们的期望和嘱托。广州，这个有着革命传统的光荣城市，曾经经历过省港大罢工、北伐战争、广州起义等革命斗争，立下了反帝反封建的革命丰碑。但粤海风云，几经沧桑，大革命失败后，广州置于国民党反动统治下，被糟蹋得不成样子了。

如今，人民解放军第二野战军第四兵团和第四野战军第十五兵团在叶剑英、陈赓同志指挥下，分路同时向广东推进。

按照战役部署，第二野战军第四兵团为右路军，第四野战军第十五兵团为左路军。两广纵队和粤赣湘边纵队组成南路军，由曾生、雷经天、尹林平组成指挥部，配合右路和左路部队解放广州，向河源、博罗、惠阳、东莞和佛山地区挺进，直插广州以南，切断广州、虎门间敌人的联系，钳制广州，阻敌南逃。同志们士气高昂，不顾疲劳，日夜兼程，向前推进。此时敌人已是兵败如山倒，国民党部队主力十二、十三、二十一兵团一共 12.5 万人，由广州撤向西江、三水和湛江。我军所到之处毫无阻挡，偶尔有几架双翼飞机从我们队伍上空飞过，我们也根本不去理会它。为了追击逃敌，我们四团连续急行军，披星戴月，马不停蹄，迅速赶到惠阳县淡水镇，与边纵东江第一支队会合了。支队司令员兰造同志是我的老战友，现在又重逢了，但由于战争形势迅速发展，我们也来不及畅谈阔别多年的战斗生活，只是匆匆地分析了敌人的情况，制订了互相配合的行动计划，便又互相握别。接着，我部即向樟木头推进。

樟木头，是东莞县的一个墟镇，广九铁路上的一个要点。为了紧密地配合南下大军解放广州，我们要很快地占领这个地方，以堵截广州方面的敌人沿广九铁路逃跑。这是边区纵队的一个重要部署。10 月 14 日中午，我们解放了樟木头，敌人已向东莞水乡逃跑，我们立即把溃散之敌和一些原准备逃往香港的人员和家属收容起来，在樟木头镇和附近的村庄停了下来。

就在当天下午，传来了广州解放的消息。霎时间，各村的群众，纷纷放起鞭炮，敲锣打鼓，涌向部队驻地，热情地慰问我们，像和久别的亲人见面一样。人们都沉浸在欢乐的气氛之中。

见群众这样热烈欢迎部队的情景，使我想到自己的责任是多么重大啊！

解放广州的野战军先头部队十五兵团四十三军和四十四军的一二八师、一三二师，从博罗、增城、从化、花县多路逼近广州市郊，10 月 14 日沙河镇瘦狗岭和白云山落于我军手中。当天下午 5 时 50 分，国民党反动派逃跑时，竟然灭绝人性地炸断了海珠桥，使上千居民罹难。这是国民党反动派对人民犯下的又一罪行。

坚持在广州市斗争的我地下党组织，在钟明、陈翔南、余美庆、李国霖等同志领导下，早就做了保卫广州的部署，各大工厂组织了工人纠察队，进行护厂斗争；各大专院校，师生员工组织起来护校；各街道和郊区村庄由群众组织自卫，广州民主妇联还发表了告妇女书，号召各阶层妇女，为迎接广州解放而英勇奋斗。

我军势如潮涌，从东、北、南三面，迅速进入广州市区，在珠江北岸的黄沙，歼灭了敌人掩护队一个师。驻花县敌军保安部队一部在人和附近据桥抵抗，也被我军消灭。位于长堤的省银行地下仓库里堆放着一箱箱财物虽然已编了上船送走的号码，也来不及起运，便重新回到人民手中了。

红旗在越秀山上飘扬，广州人民奔走相告，欢呼广州解放，人们涌上街头，带着喜悦的心情，热烈欢迎亲人解放军。

## 肃清外围逃敌，建立人民政权

广州解放后，为了肃清广州外围的残敌，全歼广东境内的敌人，巩固革命政权，部队继续追击逃敌。这时，除十五兵团担任广州警备外，四兵团向三水、四会及以南地区追击前进。其十四军指向三水、四会，堵截沿西江逃跑之敌；十五军直插佛山地区，追击逃向阳江、阳春、湛江之敌；十三军跟进。我军不怕疲劳，发扬连续作战、猛打猛追的战斗作风，一天以80公里的行军速度，追击敌人。经过十多个昼夜，在10月26日，完成了追歼逃敌四个军和一个兵团部的任务。

10月16日，两广纵队在博罗龙华迫使敌一五四师投降后，即与边纵部队密切配合，直指珠江三角洲，围歼残敌和"大天二"土匪武装。我的四团进入东莞城，与两广纵队先头部队会合。两天后，进军道滘，直捣大土匪刘法如的老巢；再挺进番禺，解放了市桥。残敌千余人竖起白旗投降。我们便将市桥土皇帝李朗鸡的"皇宫"作为临时司令部。接着部队又向中山县的南水和三灶岛进发。

在一个带有寒意的黑夜里，部队依靠民船，秘密迅速地从乾雾渡河，午夜，全都登上南水。这里有一些茅草房，但是空空荡荡的，见不到人影，一片沉寂。

这是什么原因？我和吴毅等同志进行了分析研究，即派人找群众了解情况。

我们正在观察、分析这个神秘的小岛情况时，哨兵带来了一位身穿黑色土布衣服的中年人，中等身材，一副黝黑而又纯朴的典型农民的面孔，讲中山话，不用过多询问和观察，就可以分辨出他是本地的农民了。

在茅草房里微弱的小油灯光下，我们和这个农民谈了起来。

"同志，你们到底来了！"

"是的。你……"

"同志，我是党支部派来同部队联络和带路的。"

"啊！很好，同志，我们会合了。"

"我特来向部队报告一个情况，南边大村里藏有几百敌人！"

"这是一个十分重要的情报。同志，我们十分感谢你们！"

地方党组织派来的同志所提供的情报，我们认为是真实可信的，敌人发现我们上岛，但已来不及逃跑和组织抵抗，只好龟缩在村里。于是，我们组织部队，立即行动，由地方党的同志领路，迅速把村子包围起来。

这条村子附近都是丘陵地，长有疏密不等的松树和台湾相思树。我们占领了有利地形，插上红旗，大有千军万马之势，待我们摆布停当，已是拂晓时分了。

这时候，村子里鸡鸣狗叫和急促的脚步声，阵阵传来。看来，村子里的敌人已经发觉被包围了，因而惊慌失措，乱作一团。

"我们是解放大军，你们被包围了，赶快投降吧。"战士们在接近村子的山头上向敌人喊话。

同志们一边劝降，一边宣传我军俘虏政策，指明前途，敦促敌人放下武器立即投降。

太阳刚刚浮出海面，村子里的大门楼上，竖起一面白旗。"我们缴枪投降！"于是，400 多敌人放下了武器，向我军投降。

我们在南水刚刚住下，两广纵队的一个炮兵营也跟着进驻了乾雾村。同志们知道两广纵队的部队是来配合我们解放三灶岛的，都十分高兴。隔一天，地方党派同志来报告，说三灶岛的敌人，在我们解放南水后，即上船逃走了，我们当即派陈苏参谋长带第三营开到三灶岛。这时，何清指挥的一团也上来了，在飞机场缴获敌人一架轰炸机，俘敌 8 名飞行员。至此，边纵部队配合南下大军作战的行动胜利结束了。两纵、边纵指挥机关和部队，在中山石岐胜利会师。

由于我军迅速追歼广州外围之逃敌，及时整顿市内秩序，维护社会治安，广州市人民在获得解放的欢庆中，工厂正常开工，学校继续上课，商店照常营业。我进城部队纪律严明，秋毫无犯，敌人散播的种种谣言，不攻自破。各阶层人民和军队密切合作，广州市开始了新的建设。10 月 21 日，遵照中央人民政府、中央军事委员会的命令，广州市军管会宣告成立。其主要任务是维护社会治安，建立革命秩序，保护人民生命财产的安全，统一军事、政治、经济、文化等领导和管制事宜。叶剑英、方方、邓华、赖传珠、肖向荣、洪学智、曾生、尹林平、朱光、李章达、吴奇伟、张酄村等为军管会委员，叶剑英同志为主任，赖传珠同志为副主任。至此，国民党反动派对广州的法西斯黑暗统治宣告彻底被推翻，人民革命政权的诞生，开始了广州这世界名城的历史纪年。

（本文选自《广州的解放》，广东人民出版社 1989 年版，标题为本书编者加。）

# 曾坤延 *：配合大军作战和参加广州入城式的回忆

1949 年 3 月 1 日，东二支司令部在为打垮国民党一五四师的进攻的指示中号召说：大军南渡箭在弦上，一触即发，站在人民头上横行霸道的反动派，没有几天活命了，要在战争中立功，革命胜利的时机来到了。

## 全歼龙母守敌，截击胡琏兵团

百万大军渡江以后，国民党在军事上处于兵败如山倒的境况之中，企图利用长江天险固守长江以南的黄粱美梦彻底破产了。为了适应新的军事形势和要求，配合南下大军追歼穷寇，解放华南重镇广州，1949 年 6 月，九连区东江第二支队在老隆水背进行整编，成立中国人民解放军粤赣湘边纵队东江第二支队第四团，团长曾志云，副团长杜国栋，政委黄业，副政委汤山，政治处主任刘蓝天，参谋长陈苏。原珠江队、桂林队、九江队、云南队四个主力连整编为第四团第一营。整编后，我们第一营接受了攻打龙川县龙母的战斗任务。老隆虽然解放了，但是龙母这个反动据点仍然为国民党反动派顽固地固守着。敌人凭借其碉堡坚固和幻想外援，企图负隅顽抗、卷土重来。经过一天一夜的攻坚激战，全歼了龙母守敌

---

* 作者时任中国人民解放军粤赣湘边纵队东江第二支队钢铁连连长、独立第四团第一营营长。

一个中队，活捉了伪龙川县大队长谢鸿恩。整编时提升为第四团第一营机炮连（桂林队）连长的欧阳珍同志壮烈牺牲了。在全国即将解放的胜利时刻，他为人民的解放事业付出了宝贵的生命。我们化悲痛为力量，掩埋好同伴的尸体，又继续战斗了。

龙母战斗结束后，紧接着在五华、兴宁一带又对东逃福建、台湾的国民党胡琏兵团进行了十天的截击战，在鸡麻颈、叶塘、什竹迳，胡琏兵团受我重创后狼狈往东窜扰。胡琏兵团是蒋介石的主力兵团，在淮海战役中大部被歼，是我们中国人民解放军手下的残兵败将，在江西整补后窜犯来粤的。胡琏兵团被击跑以后，连平、和平、龙川、五华、兴宁已经全境解放。

## 追歼一九六师，兵临广州城下

8月中旬，粤赣湘边纵队司令部发出了挥戈南征追歼残敌，打到广州去的战斗号令。时值盛夏酷暑的炎热季节，骄阳似火，战斗频繁，征尘仆仆，久经战斗锻炼和考验的英雄战士个个精神抖擞，在粤赣湘边纵队司令员尹林平、参谋长严尚民、政治部主任左洪涛、第二支队政委钟俊贤，第四支队政委郑群等同志的直接指挥下，六千解放军饮马东江，从蓝口日夜兼程直插平陵、古岭，9月初开始在河源县的埔前追歼国民党一九六师。一九六师自从1948年以来，一直驻防河源，自恃其装备精良，兵力雄厚，对我九连区进行过多次的进犯和扫荡。1949年5月广东省保安第十三团在少将团长曾天节，于老隆宣布起义时，一九六师曾从河源进攻蓝口，企图占据老隆，以挽救其败局，但均被我阻击粉碎，龟缩回河源城。在埔前与一九六师的交战中，基本打法是我军追击，敌人退却。每天虽有从广州、海南飞来的飞机配合投弹、扫射，但不管从天上来和地上来，都挽救不了国民党覆没的命运。在我猛烈追击的战役中，一九六师死伤累累，伤亡惨重，毙敌团长及其士兵达300多人。敌人丢盔弃甲，溃不成军，退到博罗县的麻陂、杨村一带，曾经在东江地区横行一时的一九六师此时已成为丧家之犬。这时广州已经将近兵临城下岌岌可危了。

为了截断广九线堵住敌人从广州溃逃香港，我们部队受命从麻陂急渡东江河到达惠阳县的多祝，再从多祝向平山、淡水、龙岗进军。进军途中沿途摆满了茶水、汤丸、糖水、鸡蛋等慰劳品，受到广大群众的热烈欢迎。锣鼓喧天，鞭炮齐鸣，"打倒蒋介石，解放全中国！""中国人民解放军万岁，中国共产党万岁！"的口号声响彻山村。广大人民群众的支援对我们继续追歼穷寇起了巨大的鼓舞作用。在龙岗我们换上了从香港运来的五角帽、列宁式草黄色的新军装，帽前是五角红星，胸前是中国人民解放军的胸章，右臂是粤赣湘边纵队的臂章。在三年艰苦卓绝的解放战争中，我们穿的都是五花八门的破烂衣服，常常是女穿男装，男穿女装，现在换上崭新的解放军装，全军官兵兴高采烈，喜气洋洋。战士深有感触地说："从九连山打到南海之滨才穿上这套新军装，真是来之不易，是鲜血和汗水换来的，是打出来的，这充分证明天下已经是我们的了。"

## 配合南下大军，建立不朽功勋

我们从龙岗到樟木头切断广九路，然后到东莞城，向厚街、虎门进击。就在这个时候，时间终于向黎明靠拢了，一声炮响，广州解放了。广州是蒋介石临时的总统府，行政院的所在地。广州的解放说明国民党蒋家王朝在中国的土地上彻底地覆没了。这时正是秋风瑟瑟季节，我们决心像秋风扫落叶一样，继续横扫一切国民党残敌。我们乘风破浪，在五级风微微细雨的黑夜中横渡珠江口，配合边纵三团解放番禺县城市桥镇。

在市桥镇我们第一营接到粤、赣、湘边纵队的命令，迅速进入解放后的广州，协助我第四野战军十五兵团担任广州的维持治安、警卫和护航支前的任务。进入广州后，我们驻防于海珠桥附近的肇罗阳会馆、虎标万金油厂址和沙面一带，在广东省支前司令部的领导和指挥下，执行上述的四大任务。

刚解放的广州，珠江两岸，残垣断壁随处可见：连接河南的海珠桥从中间炸断坠入江中。满街的乞丐，满街化了装的散兵游勇，娼妓成群，赌场林立，抢劫猖獗。抗战期间被日本侵略者炸成空架的原大新公司成了盗匪流氓的渊薮。黄色时代曲的靡靡之音充斥于耳。入夜，商店与居民关门闭户。一片战争之后的混乱景象。不甘失败的敌人，以为共产党、解放军从山沟里出来只会打仗，不会管理和控制城市而虎视眈眈。根据准确的材料，国民党溃退广州时留下各种枪支近 10 万支，潜伏伪军警特务人员达 5 万人之众。他们配合每天早上和黄昏从海南、台湾飞来的飞机进行白天高空投弹，傍晚低空扫射，在灯火管制的时候，数以万计的打黑枪和向我东山、梅花村领导机关及军事驻地打信号弹，疯狂至极，把广州弄得仍然是兵荒马乱，鸡犬不宁。

面对这样灯红酒绿，纸醉金迷，而且十分尖锐复杂的广州，作为我们部队从九连山区农村到广州这样的大城市，现实的确是一个巨大的转变和严峻的考验。但我们在党的领导下，经过长期的战争锻炼，终于经受了这个转变和考验，敌人预料我们不会管理和控制城市，甚至会倒在城市的迷梦也终于幻灭。

初冬的广州，虽然越秀山上的枫叶如醉，但还是暖如仲春，真是解放区的天是明朗的天。1949 年 11 月 11、12 日一连两天，人民解放军步兵雄师在广州举行庄严的入城式。我们边纵四团第一营 600 多人，参加了具有伟大历史意义的解放广州的入城式和游行。我们一早被检阅的部队，在流花桥集结，以军乐队及戴上红花的战马为先导，接着是十五兵团一二七师和我们九连山打下来的边纵四团第一营的中原部队。我们雄赳赳地正步走过广州市政府检阅台前，向军政首长致以军礼；接受了叶剑英、方方、李章达和陈赓司令员、邓华司令员、赖传珠政委、肖向荣主任、尹林平司令员的检阅。将原广州市政府台阶前作为检阅台，确实富于政治意义。受检阅后，我们部队同各人民团体、机关 20 万人经惠爱路、汉民路、长堤、太平路、上下九、长寿路、丰宁路进行了声势浩大的游行。沿途红旗招展，锣鼓喧天，鞭炮齐鸣；"团结就是力量""你是灯塔"的歌声动地。秧歌队、花棍队、腰鼓队此起彼落。纺织厂的女工、大中学校的女学生沿路向我们献旗献花，送糖果、饼干。历时 6 小时的入城式和庆祝游行，在"中国共产党万岁！

中国人民解放军万岁！毛主席万岁！解放全广东，解放全中国！"的口号声中结束了。

1949 年 11 月 12 日，《南方日报》在报道庆祝广州解放入城式和游行的消息中说：边纵的中原部队的战士们，今天带着最喜悦的兴奋的心情，参加伟大的庆祝解放的行列。他们从九连山出发后，一直参加解放广州的配合作战，在河源附近与蒋匪一九六师作战，继续插出广九铁路，进击虎门，完成配合包围广州的光荣任务。他们接着又继续进入珠江三角洲，肃清土匪，在禺南市桥缴获甚多，单机枪就有 30 余挺。

今天我们回忆这一战斗的光辉历程的时候，缅怀着为解放事业无私地献出宝贵生命的烈士们！他们当年勇敢杀敌的行为和无畏的精神，还经常在我们的脑海中萦回……

1950 年春，为解放海南岛，我营随广东省支前司令部司令员尹林平同志开赴湛江。

（本文选自《广州的解放》，广东人民出版社 1989 年版，标题为本书编者加。）

# 吴有恒、欧初 *：战斗在广东腹地的粤中纵队

中国人民解放军粤中纵队，是解放战争时期，战斗在广东腹地——粤中区的一支游击部队。粤中区是解放战争时期中国共产党在华南地区划分的七个战略游击区之一，位于广东中南部，面积约 27000 平方公里，在乡人口约 468 万。其中东南部的台山、开平、恩平、新会等县是全国著名的侨乡，西部和中部有云雾山脉、天露山脉，东北部有皂幕山，北靠西江水道，中有广（州）湛（江）公路贯通，在政治、经济、军事上都具有重要的战略地位。

## 高举红旗坚持斗争

粤中区人民有光荣的革命斗争传统。1924 年就建立了中国共产党的基层组织。抗日战争时期，中共粤中区特委又建立了抗日武装，领导粤中区人民群众开展抗日斗争。

抗日战争胜利后，1947 年 6 月，粤中人民抗日武装，遵照"双十协定"和东江纵队"北撤协议"精神，抽调部分团以上干部参加东江纵队北撤，大部分指战员复员，留下 140 多名武装骨干，分散在新兴、恩平、阳春和高明、鹤山等山区

---

* 吴有恒时任中国人民解放军粤中纵队司令员，欧初时任中国人民解放军粤中纵队副司令员兼参谋长。

及台山、阳江沿海隐蔽。

随着全国内战的爆发，国民党反动派在华南地区大肆推行"绥靖政策"。在敌人的白色恐怖下，我分散坚持斗争的人员，以三五人、十多人为单位，组成短枪武工小分队，做群众工作，"惩奸特、打坏蛋"。到 1946 年底，粤中区坚持斗争的武装人员依然保存 110 多人，为后来粤中区恢复武装斗争准备了骨干力量。

1947 年 2 月，中共粤中区特派员谢永宽根据中共中央及中共广东区党委关于恢复武装斗争的通知及决定，做出了恢复粤中区武装斗争，"实行小搞，准备大搞"的具体部署：立即动员原复员的部队人员归队，组建新的武装部队，深入乡村，发动群众开展以"反三征"（反征兵、反征粮、反征税）为主要内容的群众斗争。与此同时，从各地抽调武装骨干组成了两支基干队，挺进三罗（罗定、云浮、郁南三县统称）的南部和北部山区，发动群众，开展武装斗争。

国民党反动派害怕粤中区的革命烈火猛烈燃烧起来，赶忙扩充省县保警和地方反动武装，并于 11 月底，指派国民党军二十六师师长余程万，率领 1600 余人，对我滨海游击区进行为时一个多月的连续"扫荡"。粤中区人民武装，采取机动灵活战术，利用山区的有利条件和良好的群众基础，与敌周旋，粉碎了敌人的"扫荡"计划，并恢复和扩大了一批游击区，建立了一批活动的点和线。

## 抓住时机放手发展

1948 年春，中国人民解放军在全国各个战场上的战略进攻不断取得胜利，中共香港分局指示"应该迅速抓住有利时机，大胆放手发展"。并决定，将粤中区与南路地区合并，成立粤桂边区党委和临时军委，粤中区成立广南分委和军分委。分委书记冯燊，常委吴有恒、谢创、欧初；军分委以冯燊为主席，吴有恒为第一副主席，欧初为第二副主席。广南分委既在组织上属粤桂边区党委领导，同时又直接向香港分局负责。粤桂边人民解放军遵照香港分局的部署，组成东征支队 800 余人，在粤桂边地委常委兼政治部主任欧初率领下，进军粤中。历时一个月，穿过 11 个县，行程 1000 多里，进行大小战斗数十次，冲破敌人的围堵追截，于 5 月 3 日胜利到达恩平县的螺底圩，壮大了粤中区武装斗争的力量和声势。

1948 年 4 月 18 日，三罗地区党组织，在民主人士郁南县参议长李光汉的支持下，发动了郁南武装起义，起义部队 200 多人与我"云浮人民自卫大队"合编为中国人民解放军粤桂边区三罗总队，紧接着广阳地区、新高鹤地区、滨海地区都相继扩编了人民武装。

粤中区人民武装的迅猛发展，在敌人后方扩张一军，使国民党广东的反动头子宋子文大为惊恐，匆忙调兵遣将，将粤中区内的敌人兵力由原来的 3000 余人猛增至近万人。并依仗其兵力优势，实行"重点驻扎，穿梭扫荡，乡乡钉点，配合重点进攻"，"围剿"我粤中部队。中共广南分委和军分委采取分散与集中相结合方针，深入发动群众，选择有利时机集中兵力打袭击战、伏击战。在粉碎敌人的第一期"清剿"计划之后，又粉碎了第二期"清剿"计划，使游击区逐渐向平原地区伸展，作战水平也不断提高。1948 年 8 月 26 日，我广阳支队第七团与三罗支队主力连共 150 多人，协同作战，夜袭新兴县船岗圩守敌，全歼该县一个自卫中队，俘敌正副分队长以下 40 多人，缴获机枪两挺。9 月 30 日，军分委又集中 300 多人，于新兴、高明县交界的布辰岭伏击前来"扫荡"的省保安十四团一个加强连，全歼该敌 121 人，缴获机枪 9 挺，取得重大胜利。粤中区人民武装在战斗中不断发展壮大，1948 年 10 月，军分委所辖的部队已增至 2300 多人，建立大小游击区 10 多块，在领导群众斗争中，组织民兵队伍近 1500 人，建立乡、村农会 100 多个，会员 5 万余人，为建立和扩大根据地奠定了坚实的基础。

## 扩大主力部队，建立广南根据地

1948 年 10 月中共广南分委根据全国胜利发展的形势及中共香港分局的指示精神，提出了建立广南根据地的战略目标。为了实现这个目标，军分委积极扩大主力部队，并将主力部队由内线作战逐渐转到外线作战，"拔钉子"，清除敌据点。

12月，香港分局决定将广南分委、军分委改为粤中分委、军分委，直属香港分局领导，1949年初，粤中军分委率领新组建的独立一团和三罗支队共1500余人，进军三罗。经过两个月的战斗，以秋风扫落叶之势，解放云浮、罗定县边界的一批据点，摧毁敌乡公所38个。特别是连州之战，挫败敌保安十四团、十九团和三县地方团队共1700多人的进攻，给敌军以重创。这次进军，打出了我军的威风，扩大了我党的政治影响。当我军进驻国民党爱国将领蔡廷锴将军的家乡罗镜镇时，其亲属遵照蔡将军的口信，将收藏在家的轻重机枪8挺，长枪近100支，手榴弹4000多枚，子弹5万余发等一批武器捐献出来，加强了我军的装备。此次进军，还建立了粤中区第一个县级人民政权罗定县人民政府，使三罗地区相隔近百里的桂墟、富林两个游击区连成一片。

同年4月，军分委回师广阳，将独立一团兵分两路，由欧初率领的一部，南下滨海，与滨海总队相配合，捣毁敌据点二三十处，缴获轻重机枪21挺，步短枪2600多支，使大隆洞、葵田山、紫罗山等根据地连接成片。由冯燊、吴有恒率领的另一部与新高鹤总队联合行动，取得了奔袭金岗墟，歼敌一个地方营的胜利，巩固和扩展了新高鹤纵横百里的皂幕山区游击根据地，实现了"饮马西江"的目标，部队扩大到5个独立营。广阳支队与上述军事行动互相呼应，在本区内向敌人发动了"春季攻势"，使天露山周围的游击区连成一片。中共中央华南分局在4月1日的贺电中特别嘉奖"粤中健儿驰战西江南岸，三罗频捷，高鹤扩张，顿使敌伪胆寒，兵民振奋，我军机敏英勇，至足嘉许……"

到1949年6月，粤中区各地游击根据地已经形成，并加快向以天露山为中心的根据地发展相连接。同月，中共中央批准成立粤中临时区党委和中国人民解放军粤中纵队。区党委由冯燊、谢创、吴有恒、欧初等八人组成，冯燊为书记。粤中纵队司令员吴有恒，政委冯燊，副司令员欧初，副政委兼政治部主任谢创。纵队下辖三个支队、一个总队和一个独立团，共6871人。这个时期，主要抓了三个方面的工作，即不失时机地建立各级人民政权，做好以团结华侨为重点的团结各阶层人民的统战工作；发动群众，发展生产，保障供给。从而使广南根据地的建设进一步得到巩固和发展，为迎接南下大军解放广东创造了良好的条件。

## 解放全粤中

1949 年夏，渡江南下的野战大军，以破竹之势直指华南。粤中纵队在 7、8、9 三个月中，对敌作战 86 次，消灭了区内大部分地方反动武装，解放人口 240 万，控制了广大农村，形成了对县城和较大城镇的包围态势，做好了配合野战军进入粤中作战的准备。

1949 年 10 月 14 日，广州解放。我第二野战军第四兵团即兵分数路进入粤中，追歼向粤西方向逃窜的刘安祺兵团。粤中纵队，一面率领部队配合堵截、围歼逃敌，一面动员党政军民投入支前工作。

10 月 17 日，粤中纵队在鹤山县宅梧堵截并迫使敌九十一师 3000 余人向我投诚。19 日我纵队在鹤山县金岗圩，与四兵团第十五军先头部队胜利会师。吴有恒司令员率领第二支队于 10 月 25、26 日，配合四兵团于阳江平岗、白沙一带对刘安祺兵团发起围歼战，全歼该敌 4 万余人。我粤中纵队还策动了敌广东省保安司令部暂编第二纵队 1000 余人，于 10 月 22 日在江（门）会（城）起义。11 月初，粤中纵队在三罗地区击败敌二二四师及当地反动武装对郁南县都城镇的反扑，11 月下旬，粤中全区获得解放。

在四年的解放战争中，粤中纵队由 100 多人发展到 16000 多人，对敌作战共 360 多次，毙伤俘敌近 3000 人，争取敌军起义 20 多起，1000 余人，迫使敌军投诚 3000 多人，缴获大批武器装备，最后配合南下野战军完成了解放粤中区的光荣使命。二野四兵团首长陈赓、郭天明等在给吴有恒、冯燊等党政军负责人的致谢电中说："此次围歼白匪战役中，粤中、粤桂边军民在人民政府领导下，全力支援前线，自动缴献粮草、抢修桥梁……抢运伤员……主动配合战斗，充满手足情谊，大大减少了我们作战的困难，有力地保证了前线的胜利……"对粤中纵队协同作战和支前工作给予了很高的评价。

（本文选自《敌远后方游击战争·粤桂湘地区》，解放军出版社 2006 年版。）

# 苏洪亭 *：攻克广州黄沙车站

1949 年 10 月 13 日，部队进抵广州近郊，沿街道搜索前进。忽然一声巨响，震天动地，正南方火光染红了半边天，枪炮声响成一片。临死的敌人，企图逃脱覆灭的命运，炸毁了市区的海珠桥。

情况十分危急。

团长赵浩然同志，马上召集各营首长开会。命令各营立刻出发，消灭正在破坏市区各重要建筑的敌人。我们四连奉命和机枪连追赶正在闻风而逃的残敌主力，攻占广州市区南面的黄沙车站。

晚 8 时，我带着部队走过一道街又一道街，搜索前进。半路上，我们抓到一个警察，了解到黄沙车站有敌人五十二军一个师的大部分兵力在那里掩护撤退。于是便跑步前进。我们现在是在跟敌人赛跑，我们迟到一步，敌人就可能早逃脱一步。

正走着，前面黑暗中传来了惊慌的喊声："干什么的？哪部分的？站住！"副营长和我马上隐蔽好，估计这是敌人。副营长到后面组织火力，我和副连长王金魁同志便和敌人答话："自己人！"

对方又问："哪部分的？"

---

* 作者时任中国人民解放军某团四连连长。

我照旧答："自己人！"并且大声反问他："你是哪部分的？"

停了一会儿，对方不答话。我就紧逼着喊："不答话我们就开枪了！"这下敌人慌了，连忙答道："我们是五十二军的！"

果然是五十二军的敌人，为了赢得时间，使副营长能够更周密地布置火力。我又接着问："你们从什么地方来？"敌人说："从飞机场来的。"我们和敌人相距只差不多 100 米，但谁也看不见谁，这时，敌人那里却传来一阵骂声，大概是个官儿，"什么都告诉别人，浑蛋。"接着反向我们放声大喊，"你们是哪个部分的，不答应就开枪！"

"我是司令部的。"

"广州市没有司令部呀！"敌人怀疑了。这时，我们兵力布置得差不多了。我喊声："开枪。"早已组织好的火力像山崩地裂一样向敌阵卷了过去。在用麻袋垒的工事后面蜷伏着的敌人也向我们开了火。

敌盘踞在面对珠江的主岔路路口，后面是一条通往车站的马路，从路口向南往西拐就是黄沙码头。敌人依着沙袋企图阻挡我们向码头和车站前进。

这时副连长王全辉带领一排沿着马路后边楼下向敌人冲锋，迅速通过 100 米的距离，夺下敌人沙袋堡垒，占领了三岔路口，缴获不少停在路口准备从码头运走的汽车。然而退入西边马路的残敌还不甘心，接二连三地向我们新占领的三岔路口阵地反冲锋。

在攻占敌人沙袋阵地的过程中，一排副排长牺牲了，排长和两个班长负了重伤，全排伤亡不少。垂死挣扎的敌人疯狂向他们反击。我听了副连长派来的通信员的报告后，立即率领二、三排跑步到一排的阵地，把敌人打了回去。

我们会合后，副连长带着二排追击向西逃的敌人。追过几幢楼房，又是一个三岔路口，敌人凭着沙袋放枪。二排在副连长率领下冲了过去，打垮了敌人，占领了敌工事。敌人向南闯进一条小街，拼命抵抗，因为从这条小街再向南走就是江边码头，战斗打得很激烈。敌人反扑两次，但却失败了，战斗成胶着状态。

从俘虏口中知道，敌人五十二军一个师已经全都上船。如果我们不能结束战斗，就会让敌人全部逃掉。我对副连长说：由我带领三排从两边迂回到江边，堵击逃敌。副连长同意了，还从机枪连抽来一挺水压重机枪和一个火箭筒加强我们堵击的火力。我带领三排飞速地经二排阵地一直向西又向南拐，经过 800 米地段直插江边。我们占据了码头西面的一个垃圾堆，立刻把枪炮都架了起来。垃圾堆远远地伸进珠江，就像一个半岛。我们向东看，码头上人群慌乱，距我们 100 多米的江边停着大小十多只船。忽然从岸上来了一辆吉普车，急急地向船上开去。刚上去一半，敌船"呼隆呼隆"开动了，吉普车一头栽进江里，激溅几尺高的水柱。

我检查了一下火力布置，命令大家向一只大船射击。三挺机枪直向敌船扫射，枪弹打在船板上"乒乒"乱响，火星直冒。一只小轮船被打得升起大火，船上的敌人在火光中来回乱窜，吱哇乱叫。

正在这个时候，营长朱汉章同志率领五连赶来，占领了岸边的一座三层大楼，用机枪从窗口向敌船猛烈射击，三只船先后被击中起火，最大的那只船也被打漏了，像一头蠢猪浸在水中"呼隆呼隆"地叫。有些小船还一个劲地向南开，我们一面用火力拦阻，一面喊话："把船开过来，不然就把你们击沉！"敌人走投无路，只好将船驶回岸边，慢慢靠拢。站在船上的敌人远远举起双手，一个个从跳板上走下来。共有 200 多人。还有不少惊慌不定披头散发的官太太和公子、小姐们。

深夜 2 点钟，二排那里的战斗也已结束。沿江马路上停着上百辆各种汽车，有些被打着了火。船上的火和车上的火照亮了整个码头，我一面命令三排救火，一面带连队向黄沙车站追击。

黄沙车站是粤汉路的终点。范围很大，其中仓库、车库及其他房子很多，车厢也不少。我按照营长的命令，领着三排从码头向西到车站内部搜索。车站里灯光昏暗，我们搜过一座站房又一座站房，走了约一里路，迎面影影绰绰看到一个人影。十一班班长张殿臣同志几步扑上去，抓住他一直拖到房子后面的黑暗角落，几个战士搜出了他的武器。这个敌人在黑暗中没有看清我们是谁，等我们松了手，他说了一声："闹什么！"转身就跑。一个战士端起冲锋枪，打了一梭子，敌人倒下了。抓回来一看，只打中了他的耳朵，我问他为什么要跑，他说："我是副连长，我们团长、营长正在开会，我是出来看情况的，不知……"好呀，敌人还在开会企图顽抗呢！我便对他说："你们跑不了啦！"哪知刚才一梭子冲锋枪声惊动了敌人，里面的敌人从五六十米开外的地方疯狂地向我们射击。我命令俘虏说："快叫他们投降，不然就把他们扯碎。"他没有看我的面貌，却听到我的声音，顿时喜悦地说："你是山东的吗？"我说："是呀，怎么的？"这家伙更乐了："我也是山东的，咱们是老乡。"他居然在战场跟我认起乡亲来。我不禁好笑，说："是呀！"接着他就大喊起来："兄弟们！都是山东人，不要打了，缴枪就优待！"正在射击的敌人停火了，三排上去收了武器。我们经过零星战斗，再加上喊话，100多敌人陆续放下了武器。

这时，营长朱汉章领着五连和四连的一部分同志赶来与我们会合，继续搜索车站、仓库、车厢的各个角落，把藏着的敌人都搜了出来。我们就这样歼灭了在车站顽抗的一个团上千的敌人。

金色的太阳照着美丽的珠江，照着珠江岸边的黄沙车站。这里恢复了平静。一群群俘虏从列车、汽车间拥过，车站车厢里大批崭新的美国三〇式轻机枪，也成了我们的胜利品。我们带着胜利的欢笑，又开始了新的胜利的追击……

（本文选自《星火燎原·未刊稿·第10集》，解放军出版社2007年版。）

# 第 二 章

# 残梦：从南京到广州

# 梁世骥 * ：淮海战役后蒋粤桂的矛盾及其最后在广东垮台

## 貌合神离的"合作"

淮海战役后，蒋介石仅存的主力部队被解放大军消灭殆尽，国民党内部桂系李（宗仁）白（崇禧）又乘机利用和谈的伪善面孔，企图迫蒋去职，由李宗仁取而代之。蒋在这内外形势压迫之下，不得不退到幕后操纵。一方面暂时容忍李宗仁出来以"代总统"名义和中共周旋应付；另一方面对于军事、政治各方面做全面调整部署加紧控制，企图做最后挣扎。对广东认为是华南一个重要地区，决不能放手。但是又不能叫宋子文再待下去，以免各方面有所指摘，最好的办法还是假广东人之手来统治广东。因此，蒋就叫宋辞去广东绥靖主任和省政府主席各职。并把绥靖主任让给余汉谋，省主席让给薛岳。蒋把宋原来集于一身的广东军政大权分成两部分给余、薛。用意是为了多拉拢一些人，更是为了分而治之，使余、薛二人互相牵制。

李宗仁上台第一个任命状就发给了张发奎，叫他接替余汉谋任陆军总司令，这一方面是为了通过张发奎拉拢广东，造成两广联合局面，作为最后与中共讨价

---

* 作者时任国民政府广州绥靖公署参谋长，农工民主党党员。

的资本，一方面也是为了酬谢张在伪国大选举时采取"拥孙（科）拉李"的好意。

余汉谋为什么能够于此时此地在广东担当一条比较重要的台柱呢？主要原因是：一、余对后调广东整补编练的部队有历史渊源，部队长中除容有略（六十四军军长）是旧四军系外，其余如一五四师（温淑海）、六十二军（张光琼）、六十三军（刘栋材）等，都是余汉谋的旧属。这些军队都是被打残后调回重新整编的，有一些实力，是余的政治本钱。二、余汉谋自 1936 年倒陈（济棠）投靠"中央"之后，和蒋帮里的一些大头目很有关系。余的妻子是上官云相之妹，和汪醒吾（抗战时第七战区参谋处长）是连襟之亲，上官和汪都是接近何应钦的人物，因此，余汉谋也就接近了何系。而当时蒋家王朝中，是何系当权。说明余取得这一席位，有一定的派系关联。三、余这个人，貌似愚忠，内藏机诈，肆应各方，极其圆滑。就在这种"扮猪吃老虎"的姿态下，取得各方面的奥援，获得了广东绥署主任一职，企图苟延残喘，以观时局演变。

谈到薛岳，他是陈诚一系，既有野心而又是坚决反共的死硬派人物，蒋介石为了不让余汉谋独揽广东军政大权，就安排了薛岳（原是伪总统府参军长）来接省主席。他过去在九战区时声势煊赫，有驾凌七战区余汉谋的趋势，现在要在余汉谋绥靖主任指导下来掌民政，内心有所不甘，可是那时的情势，舍此又无所凭借。而余汉谋在内外夹击——蒋的控制和解放大军渡江的声势迫人之下，亦觉得多一个陈诚系的人来主政，对于争取台湾陈诚支援，苟延残喘亦有所帮助。所以当薛岳在乐昌原籍忸怩作态时，余汉谋即派员（黄范一等）到乐昌劝驾（听说台湾陈诚亦电促薛岳就职），他便欣然来省就职了。余、薛就在这样的情势下标榜了"广东大团结"，但彼此间仍存猜疑和存在一定的矛盾。如当兴宁、龙川地区举起义旗投靠人民时，薛岳一日中连打二三次电话问当时的绥署参谋长梁世骥："余主任对兴、龙事变态度怎样？有什么措施？"言外之意对余汉谋显然有所怀疑和指责。

张发奎是既反蒋又反共的人物，他有很大野心，对陆总觉得是空头的，自己没有实力，所以迟迟没有接受任命。同时张发奎与余汉谋间，过去有一定的嫌隙。

（1938年广州失陷，余汉谋退守粤北时，张发奎以四战区代长官资格，在翁源三华十二集团军总部军师长会议上大肆指摘余汉谋所部不战而逃，有失粤军第一师的光荣传统，是广东军人的奇耻大辱。大有迫取余汉谋而代之之势。）薛、张虽同是旧四军人员，但过去在抗战时，对于旧四军的旧属使用，亦存在一些芥蒂。现在彼此要来合作，心中总有一丝疙瘩。不过余、薛二人既标榜"广东大团结"，以便盘踞广东来对中共讨价，当然不能没有张的一份儿。为了联合广西的李、白，更少不了张这一角色。反正军政实权在手，不怕张拿得去，于是极力劝张就陆总职，并表示奉张为"大哥"，愿意凡事与他商量。张原有意以李宗仁为后台，以余、薛实力为本钱，以两广为基地去反蒋抗共，自打天下的。经余、薛二人这一劝驾，奉为"大哥"，就马上就任陆总。张发奎住在广州东山梅花村，有一次他在其私宅里和梁世骥谈时局问题，他说："广东人应该大联合。蒋家天下，原是广东人打出来的，后来广东人何以这样失败？就是因为自己不能团结，鬼打鬼，两广事变、粤桂问题等就是不团结闹出来的。现在应该粤桂大团结，维持两广局面，就可以对中共讨价还价。"他并要梁世骥把这番意见和余汉谋谈一谈。自然，余、薛对这点是有共同理解的。所以，尽管余、薛、张三人各有图谋，但终因反共反人民的目的相同而暂时"合作"了。

## 防守方案的破产

1949年初，解放大军准备渡江南下解放华中、华南，华南各地都在积极准备迎接解放。事前，梁世骥到香港，与有关方面取得联系，决定利用自己与余等的旧关系，到余汉谋集团里去，策动余汉谋反正或设法保全广东和广州，以迎接解放。依据当时的态势，梁世骥经其保定军校同学张达（绥署副主任）向余汉谋的推荐，欧阳驹（广州市市长）向顾祝同（伪中央参谋总长）的说项，就由伪中央派他为绥署参谋长。

解放大军渡江之后，不久长沙起义，李、白的桂系部队已退到衡阳一线。在这一连串的崩溃情况之前，余汉谋除拼命补充兵员、充实装备外，为了维护他的统治，除六十三军刘栋材部仍在肇庆罗定附近整补，并陆续将张光琼的六十二军移驻湛江地区，容有略的六十四军移驻海南，广州附近只有温淑海的一五四师和绥署的警卫团以及刘安祺的五十军（缺一师，是蒋的嫡系部队，由青岛撤回的，他另外的三十二军和五十军的一师以及两个独立旅已直运海南）。薛岳亦将原来的12 个保安团扩充为 16 个团，编为四个保安师，主力控制在广九沿线和惠阳一带，其余分别驻守潮梅和粤北地区。为什么余、薛会将兵力这样分散，特别是余汉谋会将他的比较可靠的部队如张光琼军分散到湛江地区呢？除了当时要压制中共的地下武装维持他的统治外，主要在讨论广东的防守计划时，估计在解放大军压境之下，不能不采取重点防御，以广州外围白坭、花县一带为第一防线，广州近郊白云山、观音山一带，为第二防线，婴城固守待援，万不得已时则退至潮汕一带再行打算。但又怕被解放大军由河源截击，全军溃散，故决定退去湛江，以海南岛为基地，雷州半岛为外围，喘息待援。

大约是 1949 年 8 月间（时间可能有出入）白崇禧所统率的桂军，（主力张淦兵团计有四个军）已在衡阳一带被解放大军压迫面临崩溃的前夕，听说李宗仁（当时李早已经由张发奎劝驾由桂林到广州）主张桂军退守广西，以广西为抗共基地，连结西南地区做垂死挣扎。但张发奎等主张以广东为基地，说广东富庶，有出海口，外援容易，条件优于广西，白崇禧乃于 8 月下旬由衡阳来广州商议，做最后的决定。在李、白和张、薛、余等人商议决策之后，白崇禧并特到绥署来（现在省人民委员会大楼）召开会议，做细节的安排，参加人员有余汉谋、张达、梁世骥、张宗良（副参谋长）和各处处长等。

那时江西方面吉安已经解放，大军到了赣州附近。判断大军可能从赣州出和平、龙川下东江，另一路出南雄、始兴打粤北；因此，防守方案，决定采取决战防御：桂军以有力的一部防守乐昌北九峰山、仁化一带山地，掩护翼侧，主力控制在韶、始一带；抽调刘安祺在海南岛的主力（三十二军及两个独立旅）合并原在广州的五十军进出翁源坝子之线；由江西进入梅、蕉一带的胡琏兵团，以主力收复兴宁、龙川一带地区后，即进入和平附近，拒止解放大军的南下；葛先材师（属邓春华一〇九军）仍在河源附近巩固后防，并将在潮汕附近喻英奇的零星部队编成一师，待胡琏兵团的一部接防后，即船运广州，连同在博罗附近的一五四师控制为预备队。这一方案的唯一意图，是对解放大军进入粤北山地隘路兵力分散时，粤桂两军即乘机进击。但当计划决定后，桂军前头一军，已到达乐昌附近，前头部队且进至了犁步头时，刘安祺却不听调度，迟迟不动。原因是蒋介石要保持实力，不欲刘军参战，同时希望搞垮了两广地盘，也就搞垮了李宗仁的代总统，于己有利。因此，叫一直由他控制的国防部出来阻挠，示意刘按兵不动，因此，已进入乐昌的桂军见此情景，遂调回衡阳，不久溃退广西，从此粤桂分手，大联合的梦做不成了。

粤桂联合防守粤北这第一个方案已经破灭，于是想执行原定守花县一线的内线作战方案，但亦由于刘安祺的五十军迟迟不做准备，当解放大军进至英、翁时，他只派一个团敷衍一下，所以第二案的内线作战亦放弃了。此时他们所能选择的唯一道路，只有撤出广州。就这样，解放大军兵不血刃而解放广州，使人民免受反动部队抢掠焚杀的浩劫。下面是他们撤退前后的情况。

## 撤退与覆灭

当南京政府南撤广州，取消叶肇的广州警备司令，由李及兰改组成为广州卫戍总司令部时，国防部曾由台湾调爆炸队到广州，准备撤退时炸毁粤汉铁路沿线桥梁和广州附近一些重要建筑，广州近郊防御工事亦由南京政府拨款并规划包由承商构筑永久或半永久工事，因绥署与卫戍总部对承商的包揽分赃相持不下，结果只草草构筑一些野战工事。国民党广州市党部和广州卫戍总司令部亦纷纷假借名义，分别招集流氓地痞成立所谓自卫队、别动队、谍查队等到处横行霸道，鱼肉商民，但广州解放出乎意外的迅速，斩断了他们的魔爪。广州的撤退行动是10月12日晚（距离广州解放前两天）参谋总长顾祝同在广州东山保安后街余汉谋公馆召开的紧急军事会议上决定的，这次会议只谈了一个多钟头，顾要撤退，余汉谋无表示，自然也是赞成撤退的，最后顾祝同宣布决定马上撤出广州，分两路退过海南岛，以海南岛为基地，守住雷州半岛。顾次日坐飞机溜去了台湾，绥署除根据上述决定下达撤退计划外，并将经前此三次遣散之后剩下的人员和物资，于当晚天亮前开始装载在事先雇好的海轮，13日午前先后启航，开至虎门。这时在博罗的一五四师师长温淑海逃走了，由副师长郑荫桐率领起义。要退过湛江的刘安祺部队和由江西赣州溃退下来的某部队（番号和部队长姓名均忘记）被迅速由四会直趋下来的解放大军截住，过不了雷州半岛，由蒋介石派运输舰在阳江附近的闸坡渔港上船撤走，喻英奇和刘栋材等部先后在廉江附近全部被俘虏。跟着在湛江的六十二军又有一部分起义，因此守驻雷州半岛也成了空话，余汉谋和绥署一些职员从虎门坐海轮到湛江转去海口。

余汉谋从粤北撤退，花县撤退，到广州撤退，直缩过海南，始终一枪不发，既不起义，不投降，也全不抵抗，一味逃走。这里面大约有几种主要原因：第一，兵少，根本谈不上打；第二，受各地人民武装牵制，要分些兵力去"镇压"；第三，部队内部不稳，大家为了自己出路，纷纷酝酿起义；第四，各方面矛盾重重，互相牵制（特别是余蒋之间，李蒋之间，余薛之间的矛盾等等）。梁世骥屡次劝他："你在抗日时期丢了大广州，广东人民都骂你，现在，你不应在此临去时候再得罪广东人民了。广东是我们家乡，那是不能让它糜烂的。我们干干脆脆地走，或许可以留一些余步为老百姓所谅解。"同时余自反陈以后，投靠"中央"，个人也相当一帆风顺地做了许多年大官，发了大财，个人腰包重了，做个海外寓公也可以过得一世。所以有人叫他起义，他叹息着说："做到这步（指不抵抗），自己走就算了。"他是想自己把担子一滑，一走了之。所以他到海南时，自动请求取消了"广东绥靖主任公署"这个机构，并在广州时自己掏腰包发遣散费三个月薪水，把绥署大部分职员分三批先期遣散。余取消了绥靖主任头衔之后，又怕人说他逃跑，所以表示愿在海南岛做陈济棠的副手，当一名空头的警备副司令。

当余汉谋等一伙人决定退过了海南岛时，有关方面要我也跟着过去，但眼看海南不久即可解放，对余已不可能再有什么期望，1949 年底，我离开海口过香港转返广州。临行前的一晚，在海口俱乐部，大家饮酒，还打小麻将，余汉谋无表情。张达趁着酒意，大骂蒋介石，说蒋太过自私，排斥异己，现在使我们死无葬身之地。张骂罢痛哭起来，余汉谋已先悄悄退席了。反动派就是这样反动到底，死硬到底，他们既在矛盾中生存并夺取地位，最后必然又在矛盾中覆灭。

（本文选自《广东文史资料》第 6 辑，1962 年版，小标题为本书编者加。）

# 沈重宇*：解放前夕粤桂上层内争秘闻

## 四分五裂，"一国三公"

1949 年 1 月 21 日，"中华民国总统"蒋介石"引退"下野，在幕后指挥国民党残余反动势力负隅顽抗。"代总统"李宗仁孤守南京空城，手无实权，蒋帮中央军政机关大部分已撤离"首都"。那年春节，李宗仁是由留在南京的一些立法委员、监察委员陪伴着度过的。

刚接替翁文灏当行政院长的孙科竟然宣布"政府迁都广州"，与代总统对着干，行政院迁穗一事既未获代总统批准，也未经立、监两院同意，甚至行政院的正式文告也未拿出来，只是由孙科在个人谈话中宣布。

CC 系似乎嫌孙科搞"府院之争"还不够热闹，1 月底经蒋介石授意，把国民党中央党部搬到广州，"就现况加以整顿，再图根本改革"。国民党中央党部由陈立夫等人把持，以重金拉拢立法委员去广州复会，CC 系的委员差不多都去了，我和大部分立法委员一起留在南京、上海，支持李宗仁进行和谈（也有一些南方的立委溜回家乡去了）。

---

* 作者时任国民政府立法院立法委员。

这样，南京的李宗仁，奉化溪口的蒋介石，广州的孙科、陈立夫，各自发号施令，形成"一国三公"、政出多门的混乱局面。蒋家王朝已经众叛亲离，四分五裂，无法收拾了。

## 宋子文幻梦的破灭

我在南京立法院大会和经济委员会会议上参加了对孔宋财阀的抨击，力主通过《财产税法》，抑制豪门资本。我还引用了报纸上"粤民何辜？惨遭国舅荼毒"。总之，宋子文在立法委员中的印象是不佳的。

我是立法院国防委员会和经济委员会的成员，也是国防委员会的召集人。1948年10月，立法院国防委员会得到一个非正式的消息：国防部长何应钦准备成立"剿总"，让宋子文兼任总司令。一些委员对宋子文流露鄙夷和嗤笑的脸色，说他懂什么军事，连广东境内的几个"土共"都"剿"不了，又怎么把华南几省的军事总管起来？何敬之（应钦）想出这样的主意，有点令人难以理解。

我在同其他立法委员谈话中说，美国人认为 T.V.宋（宋子文）是理财专家，现在广东已经民穷财尽，只要他觉得自己捞够了油水，是不会再留恋省主席的位子的。果然，1949年2月，宋子文悄然下台，去了香港。

## 广东军权之争

1949年1月24日，李宗仁向行政院下达"七大和平措施"，第一条是将各地"剿总"（实只有华中"剿总"，东北、华北、徐州三个"剿总"均已在战争中被消灭）一律改为"军政长官公署"。拟议中的华南"剿总"自应改称"华南军政长官公署"，但由于蒋、粤、桂三方各怀鬼胎，互不合作，华南军政权力难以集中统一。广东军事交由广州绥靖公署经营。

早在蒋介石"引退"之前，广州绥署主任职位之争已颇激烈。据立法院国防委员会得来的消息，宋子文很想抓住绥署主任的位子，后感困难，乃拉他的老部下孙立人来粤。孙立人不是广东人，但受过美国军事教育，当过宋子文的"税警总团"团长，率新一军在印缅作战颇有名气，是"国军"中最西方化的将领。但是，他已担任陆军副总司令兼训练司令，负责训练"台湾新军"。谁都看得出，在蒋家王朝的残山剩水中，宝岛台湾是极重要的战略地。孙立人不愿离开刚蹲好的台湾而到广州这个"是非之地"来。粤军名将张发奎是广州绥署主任人选之一，宋子文深知张之名望与能量，自然不愿意他来。据说，宋子文曾建议张发奎去主持华中"剿总"，蒋介石也许愿意，但李宗仁、白崇禧肯定是不会把华中的地盘和兵权拱手交给张发奎的。

曾任"总统府"参军长的薛岳，也是广州绥署主任的候选人。不少人认为薛岳出身"四军系"（张发奎的第四军），与湘赣有历史渊源（抗战时任第九战区司令长官、湖南省政府主席）。出任广州绥署主任，既可提携粤军，又可与华中方面协调。不知什么原因，薛岳此时却不愿出山，在家乡观赏"闲云野鹤"。

黄镇球也是候选人之一。1946 年 6 月国民党政府军事委员会撤销，国防部成立，黄镇球担任第一任联合勤务总司令，为时不长。

1949 年 1 月 18 日，行将下野的蒋介石正式任命余汉谋为广州绥署主任。这标志着"十二集团系"比"四军系"占了上风。

余汉谋是 1948 年 7 月继顾祝同（调升参谋总长）担任陆军总司令的，形式上比他原任衢州绥署主任高得多，实际上并未掌握真正的军权。据我们的黄埔同学、四川同乡刘展绪（陆军总部副参谋长，是陆军副总司令兼第一兵团司令汤恩伯手下的人，后调任第七和二军副军长兼新三十四师师长）介绍，陆军总部主要是一个军事行政与业务管理机关，在徐州"剿总"成立以前负责指挥苏鲁皖豫地区作战，所属部队在抗战时期大多由顾祝同、汤恩伯带领过。余汉谋到"陆总"以后，人地生疏，插不上手，顾祝同留下的老班底把持着"陆总"的实权，原有的指挥系统和人事关系基本未变。如：陆军总部参谋长汤尧就是顾、汤的亲信，当过国防部参事室主任，余汉谋管不了他。这个肥胖而"福态"的广东将领看来还较稳慎和蔼，沉默寡言，因而不怎么得罪人。

余汉谋原是从陈济棠阵营中倒戈投蒋的粤军第一军军长，虽然才略平平，威信不高，却因唯唯诺诺，善于做官，抗战军兴，即被任命为第四战区副司令长官兼第十二集团军总司令，1941年升任第七战区司令长官。此次受命主持广东军事后，自然要从原十二集团军系统中选拔"干才"。不过，困难的是，"十二集团"的第六十三、六十四军均已在华东战场上被歼灭，现正按原番号重建，六十五军远在西北，受胡宗南控制。1949年初广东传闻第六十五军将调回华南增防，是不确切的。四川解放后，曾任第六十五军军长（后升任第十八兵团司令官）的李振先生（起义后任四川省人民政府参事室主任）对我谈起，1949年初南京国防部确有将第六十五军从西安绥署序列中抽出，拨归华中军政长官公署指挥的计划，白崇禧对此是求之不得的。由于胡宗南死抓不放，第六十五军仍留驻陕西不动。

余汉谋赴穗到任，广州绥署安排了几名副主任：缪培南、黄镇球、邓龙光（曾任第六十四军军长）。余汉谋将原第六十二军军长张达提为绥署参谋长，取代了甘丽初的地位。甘丽初在抗战中期曾在张发奎的第四战区任桂南会战西线总指挥，抗战后期升任张发奎的第二方面军参谋长。余汉谋这一手把"四军系"留在广州绥署的一根台柱子砍掉了。

余系第六十四军军长黄国梁，被余汉谋调充到广东省任保安司令，挤去了黄镇球。

余汉谋是西江人，他的兄长是独霸一方的"西江大王"。他新安排了几名绥署副主任。据粤籍立法委员谈，这几个人都有一定的地域代表性：东江，吴奇伟；北江，梁华盛；南路，陈策；海南，徐景唐。其中，吴奇伟在薛岳主持徐州绥署时任绥署副主任，梁华盛是黄埔系，亲陈诚，当过东北保安副司令长官兼吉林省政府主席；陈策早在抗战之初在余汉谋手下当过虎门要塞司令。有人说，吴奇伟属"四军系"（当过张发奎四战区副司令长官兼第九集团军总司令）的正统。总之，这一套人事安排带有调和、照顾的性质。

余汉谋不愿意继续像在南京时那样，名为陆军总司令，实为"空"军总司令。

他把陆军总司令部机关搬到广州、曲江来。步兵学校、警官学校也迁来了。那时，国民党反动统治呈现出"树倒猢狲散"的景象，军事机关、学校、部队各自搬迁、逃命，它们的去处和详情，不但立法院、国防委员会搞不清楚，"代总统"、行政院长也未必"心中有数"。余汉谋所急需的是能够上阵打仗的部队，可是，广东境内找不出一个完整的军来，只剩下一些残存或逃回的部队如第六十二、六十三、六十四军，与"空"军相差无几。第六十四军开赴海南岛整补，第六十二、六十三军在两广招兵，因缺额很大，余汉谋打地方保安团队的主意，要把广东省大部分保安团整编、升级为正规军，薛岳的省政府又以"地方治安""剿匪需要"为由，力求把较多的保安团队留在自己手中。国民党残余反动势力要在广东新编三个军，配备美械，薛岳派自己的干部去抓编制、训练工作，新在广东设立的陆军第四编练司令部，由张发奎部将领欧震（抗战后期任第四军军长）任司令。薛岳还打算让前第九战区司令长官部参谋长吴逸志取代黄国梁担任保安司令部代理司令。因而，余汉谋抓广东军权的目的远远没有达到。

## 薛岳、余汉谋、李汉魂吵什么

薛岳可以说是我的"顶头上司"。1945 年 12 月，我到蒋介石的"委员长侍从室"担任少将高级参谋兼第四科（党派情报）科长。"侍从室"对外改用"国民政府参军处军务局"名称，作为公开招牌。薛岳当过国府参军长，名义上可以管军务局，但蒋介石是不会让他染指自己的"侍从室"的。薛岳摸不清"军务局"的底细，坚持要亲自过问。军务局长俞济时（蒋介石的学生、同乡、亲戚）便拣送了几份不重要的公文给薛参军长批阅。后来薛岳挂冠而去，大概是因自己被蒋控制愚弄而感到愤慨。

余汉谋当广州绥署主任时，薛岳被任命为广东省政府主席，而这个职位过去曾属于李汉魂。李曾想趁宋子文下台之机重新主粤。

但蒋介石或者李宗仁（我记不清了）却任命李汉魂为海南特别区行政长官，

这大概与李汉魂是广东"南路"人，离海南岛近便这一点有关系。李汉魂看到蒋介石"引退"后国内和平声浪上升，自己在广东根基不牢，就做出倾向和谈的姿态。李提出国共两军在长江流域停战，并表示可以停止"进剿"海南岛的人民游击队。其实，当时长江流域实际上已接近停火状态，对琼岛游击队围困封锁比直接的军事进攻更能节省兵力消耗，一时也不致影响大局。大概在2月中旬，接替余汉谋任陆军总司令的张发奎派李汉魂赴南京谒见李"代总统"，表示支持李宗仁充实战斗力量，加强领导中心。李宗仁对李汉魂很有好感，把他留在南京，担任总统府参军长，成为"代总统"的亲近幕僚和私人代表。3月中旬，经立法院同意，何应钦接替孙科任行政院长，李汉魂分到了内政部长一职。

李宗仁命李汉魂"参赞中枢"后，海南行政长官职位交给谁，南京、广州都颇关注。听说李宗仁拟任命邓龙光任海南行政长官，这可能出自李汉魂的建议，因为抗战之前他们亲陈反蒋，抗战时期邓龙光先后继李汉魂任第六十四军、第三十五集团军总司令。2月20日，李宗仁从南京飞赴广州，当时留穗的孙科可能听到了风声，立即以行政院的名义任命陈济棠为海南行政长官，陈济棠在广东是有头面的资深人物，家乡（防城）又邻近海南岛，李宗仁只得顺水推舟，同意此项任命。

薛岳深知蒋介石为人，对退居幕后的"蒋总裁"不大理睬，但他毕竟是广东军人中从蒋那里得到实惠最多的人之一，受陈诚影响较深（抗战时薛岳的第九战区是从陈诚手中接过来的，与陈诚的第六战区相邻接，相互照应。1946年陈诚任国防部参谋总长后，仍委薛岳指挥徐州战区），不愿公开与蒋介石作对，与李宗仁关系也不亲密，与李汉魂关系也好不了。事实上，薛岳与李汉魂间的隔阂形成久矣，早在北伐战争时期，薛岳任第一军第一师师长时，即与李汉魂不和。抗战初期，武汉外围保卫战中，薛岳任第一兵团司令官，在南浔线及赣东北作战，与第六十四军军长李汉魂有过矛盾。李汉魂主粤后，湘粤两省关系欠融洽，有一两年广东闹饥荒，粮食奇缺，湖南省政府却禁止湘米南运。

薛岳与余汉谋在广东省军政权力方面少不了明争暗斗。双方都拿得出一批干部，但都缺少可用之兵。余汉谋的"十二集团"系抢先占领了有利阵地，原第六十二军军长张达实际主持广州绥署军务，原第六十三军军长张瑞贵防守粤南，原第六十六军军长叶肇防守粤北（被任命为广州警备司令）。防守粤东的喻英奇、莫希德与余汉谋的关系也超过了薛岳，因为抗战时期薛岳一直不在广东。薛岳如果要监视和钳制余汉谋安置在几片地区的大地头蛇，只能依靠宋子文留下的一些特务、团头，这是成不了大事的。

## 两广合到了一块

李宗仁政府扩大广州绥署为华南军政长官公署的打算迟迟未能实现，直到1949年8月下旬华南临近解放之时才任命余汉谋为有名无实的"华南军政长官"。粤桂双方争权夺利，互不相让，大部分军队又被桂系掌握，这就是问题的症结所在。

1949年1月下旬，李宗仁上台头十天忙于接管南京总统府，协调各方关系，拟订军政方针，制订和谈方案，也包括疏通与立法、监察两院的关系，以后才对两广事务投放了较多的注意力。大致在2月间，立法院国防委员会有人谈起，李宗仁派广西省政府主席黄旭初赴广州，与就任新职的余汉谋、薛岳、张发奎协商"粤桂合作"。桂系以"中央"的名义与两广的历史关系谋求粤桂两省的协调、合作，粤方态度很不明朗，暗中抗衡。广东省政府改组的结果是余、薛、张、陈（济棠）都有份，宋子文和CC势力被挤走。而这几个广东军人都跟过蒋介石，桂系不会给他们多少好处。因而，他们大体上是靠近孙科，疏远李宗仁，甚至欢迎蒋介石来穗，利用蒋的权威和实力建设"华南反共根据地"，把湘粤闽台联成一体。李宗仁了解粤方动向，派新任参军长李汉魂当他的专使，在广东军政人物中间进行游说，施展合纵连横之计。

从地理上看，粤、桂两个邻省山水相连，唇齿相依，但两省上层势力在实际利益、军事布局和心理上的差距，却比一般人所想象的大得多。据我的黄埔同志、四川同乡郭汝瑰（曾任国民党陆军总部徐州司令部参谋长、国防部第五厅即编制训练厅厅长、第三厅即作战厅厅长，1949 年 1 月改作第七十二军军长）所谈，桂军主力（第七军、四十八军等）被白崇禧控制于武汉周围，长江以南的宋希濂、陈明仁、胡琏、汤恩伯、朱绍良等都是中央系的。白崇禧不可能带领桂军主力回广西，因为，这样一来他的"华中王"就做不成了，李宗仁在南京也将得不到就近的呼应。广东的将领从自己的军政生涯中体会到，只有与蒋嫡系控制的军事首脑机关及各业务部门搞好关系，多拍马屁，才能够使自己的部队得到必需的经费、武器、装备，多弄几个"国军"番号。蒋介石派陈诚经营台湾，已表明其统治重心已移往台岛。要取得美援物资或"硬货"（黄金、银圆，而不是废纸似的法币、金圆券），只有走"台湾路线"才行。何况，粤台间海空联系要比粤省与南京间的交通往来要近捷、方便些。

可以设想的是，陈诚很可能运用他与薛岳的历史关系加以安抚、笼络。这种影响是不可忽视的。

桂系头目深知，余、薛、张等人要搞"粤赣闽台四省联防"，只能加强蒋介石及其死党的地位，不利于李宗仁刚摆的新摊子。据说，李宗仁曾质问薛岳，"四省反共联盟"的含义是什么？他知道，迁赴广州的行政院、中央党部乃是"四省联盟"一类活动的合法台柱。于是，他取得立法院长童冠贤、监察院长于右任的支持，催促孙科把"内阁"迁回南京。立法院王郁文、王鸿韶、范予遂等 10 多名委员联名写信给孙科，要他回首都"主持大计"，"以安民心而利国事"，否则，"责任内阁"就太不负责任了。尽管 CC 系竭力抵制，孙科的行政院终于在 2 月底迁返南京。这一回，由于李宗仁亲自做工作，余、薛、张、陈一伙也不再支持孙科跟"代总统"唱对台戏了。

当 2 月中旬（或下旬）黄旭初从南京飞返广西时，亲桂系的立法院秘书长陈克文陪同他赴广州、桂林，替李宗仁办事。听说，陈克文当过甘乃光的秘书，是甘的得力助手，而甘乃光又被李宗仁选作私人代表、外交顾问。

桂系为了拆粤方"四省联盟"的台，提出设立桂林绥靖公署的主张，以摆脱余汉谋的广州绥署的控制，并争取湘桂合作，与白崇禧的华中军政长官公署建立军事联防体系。本来，在广西设绥署是有较充分的理由的，北伐之后，李宗仁的第四集团军改为第五路军，后又改设广西绥署，成为广西境内军事、治安主管机关。抗战期间，绥署建制撤销。宋子文主持的广州绥靖公署只消南京国防部下一道命令，就可以兼管广西（至少包括桂林—南京一线以东），但也许是因为宋子文嫌麻烦，不使劲，也许是因为桂系对此抵触、梗阻，广州绥署辖境没有扩大。宋子文手下五名绥署副主任香翰屏、张达、邓龙光、梁华盛、徐景唐均非桂系，只是邓龙光曾率第六十四军在西江沿岸、粤桂边境驻防，参加过 1940 年的桂南会战。立法院桂籍委员黄绍竑有一次谈到，广东有个徐景唐是李济深一派的人，但徐与桂系关系也不深。

关于广西绥署主任人选，桂系推出李品仙。李在抗战时任第十战区司令长官、安徽省政府主席。桂系的黄绍竑任浙江省政府主席，当地反映不佳，李品仙在安徽也声名狼藉。1948 年 5 月南京街头出现了由"安徽民意代表请愿团"署名的大字标语："打倒祸国殃民的李品仙！"安徽有"桂系殖民地"之称。1949 年初，桂系已经快要失去这块"殖民地"了。李品仙及其继承者夏威都逃离安徽。在"皖人治皖"的外衣下，由一个投靠桂系的安徽人张义纯接过省政府的烂摊子，迁"府"于皖南屯溪，苟延残喘。李品仙跑回广西，很想登省主席的宝座。与李宗仁、白崇禧并列的黄旭初当然不会交出省府大印，李、白也不同意李品仙主桂，免得他像在主皖时那样乱搞一通。让李担任绥署主任，也是一种变相的安抚办法。广西绥署当时抓不到多少兵权，只不过管管地方团队和留过部队罢了。

1949 年 3 月，我离南京飞返四川重庆与家人团聚，立法院在广州复会，我没有去。6 月，阎锡山继何应钦任行政院长。据在穗的委员来信谈，桂系打算趁内阁改组之机让白崇禧重任国防部长，掌握军事大权，白的华中军政长官一职交给湖南省政府主席、长沙绥署主任程潜，由李宗仁的亲信邱昌渭（总统府秘书长）接程任湘省主席。至于行政院长一职，由于 CC 系势力盘踞广州，操纵立法院，否决了由李宗仁所提的居正，而让亲蒋的阎锡山当了行政院长（国民党政府撤离大陆前最后一届内阁）。本来让白崇禧当国防部长，得到广东军人的赞成，因为他们急需桂军挑起"保卫华南"的重担。但此打算落空，当白得知李宗仁屈从于蒋介石的压力，不任命他为国防部长（此职务由阎锡山兼任）以后，扬言把桂军调至湘桂路布防，做准备缩回广西的姿态，暗示他不承担"保卫广东"的责任。

1949 年 7 月中旬，国民党最高决策机构"中央非常委员会"在台湾成立，而非常委员会东南分会主席与东南军政长官皆由陈诚担任。于是，广东（包括海南岛）都划入了陈诚的管辖范围。

沈元加 / 整理

（本文选自《广东文史资料》第 73 辑，1993 年版，原标题为《李宗仁上台后粤桂上层内争秘闻》。）

# 夏风*：阎锡山在穗组阁纪实

## 从一首诗说起

> 钢骨水泥兮，合作坚牢。
> 孤雁南飞兮，哀鸣嘐嘐！

这两句感伤的骚体诗句是 1949 年 5 月初阎锡山刚到广州写的《游海珠桥有感》。当时国民党的中央通讯社发过专稿，在广州许多报刊曾以显眼的位置刊登过，嗣后又被收印在《阎伯川先生南行言论集》的扉页上。原作全篇只此两句，后来在台湾发表并收入阎氏遗著里的《过广州海珠桥感赋》时，易"孤雁南飞"为"劳燕分飞"，易"哀鸣"为"孤鸣"，末后又增加了"大川利涉兮，赖此宏桥"一句——这是后来经过阎的秘书长贾景德润饰过的，不如原作两句把一个战败出奔者的茫然凄苦的心境发泄得那样淋漓尽致。

当时南京和太原刚解放，阎锡山来广州的心境确似"南飞孤雁"。他明白，自己的老巢山西失去之后，暂时只能仰蒋介石、李宗仁的鼻息过日子。可是蒋李意

---

＊ 作者时任国民政府行政院简任秘书，主管新闻宣传工作。

见不合，已经冲破了长江天堑的解放军南下神速，他眼看到这岭南江山早晚难保，广州迟早不免失守。到那时，这南飞的孤雁又不知到哪里再找落脚栖身之所了。

果然，从这年4月末到10月中，阎锡山在广州待不满半年，蒋李合作，偏安海隅的梦幻很快就破灭了，解放军的炮火又逼他匆匆离去。

10月14日黄昏，广州珠江上一声巨响，钢骨水泥的海珠大桥被临撤退的国民党败军炸毁了。于是人民把这阎诗改成："钢骨水泥兮，合作不牢。丧家之犬兮，劫数难逃！"

## 太原—南京—广州

1949年3月29日，阎锡山从被人民解放军包围得水泄不通的太原，乘飞机逃到南京。本想长期待在南京，安全地遥控太原战局，同时与"中央诸公"就近商讨恢复大计。不料解放军南下神速，南京竟比太原还早解放了一天。

南京解放前夕，阎锡山由陈纳德派专机撤到上海，当时身边只有他的侍从长张逢吉和一名姓贾的副官。害怕上海解放，阎又急忙飞去台湾。

那时蒋介石还在上海和浙江沿海一带，听说阎锡山到了台北，就派人找阎示意说，李宗仁未随都迁穗，而是飞回桂林老家了，着即去探看情况。于是阎锡山在国民党执监委名义邀请下，又从台北飞到广州。

4月26日中午，阎在广州机场降落，贾景德带领方闻和十几名随都迁穗的晋籍立、监委、国大代表，还有几名当地党政机关的代表到机场迎接。阎锡山看到不满50人的欢迎队伍里多半是晋籍的熟脸，不无感慨地说："广州人看来很少吧？"可是，次日《中央日报》上却刊登了以《反共守城名将阎锡山莅穗》为标题的头条新闻，报道欢迎人群拥挤，场面热烈空前，还说有什么知名人士代表各界民众向阎氏献了鲜花云云。

在广州最使阎锡山难堪的是此后不多的日子，广州的书报摊上出售一期美国《时代》杂志，在扉页上刊载一帧阎氏在太原时由美国记者拍摄的照片。他穿着长袍，坐在办公桌前，左手把一盒装有四五十支的注射针剂（杂志上解释是氰化剂）倒在桌面上；照片下写道："誓与太原共存亡的阎锡山将军现在安然无恙地活跃在广州政坛上。"这期《时代》杂志，一直到阎锡山出任行政院长之后，在广州一些报刊摊上还能买到。

## 接请"李代总统"到穗

当北平和谈破裂，南京已兵临城下的时候，4 月 22 日，蒋介石还以国民党总裁的身份，召集李宗仁、何应钦、张群、白崇禧等去杭州会谈，提出要成立由他当主席的国民党"中央非常委员会"，作为总揽党政军权的最高决策机构。而李宗仁提出的进行第二次国共和谈的建议被否决了，因和谈失败而引咎辞退代总统职位的请求也被拒绝了。会谈不欢而散。李宗仁当晚赶回南京，下令总统府和行政院于次日迁广州。而他自己就在飞去广州的半路上转向飞回了桂林。

阎锡山到广州的第一个活动就是赴桂林敦促"李代总统"到广州主政。

那时在广州的何应钦和白崇禧商谈，认为李宗仁不来广州乃是在杭州会谈上与蒋介石意见相左造成的僵局。为了化开僵局，必须找人从中斡旋。杭州会谈之前，阎锡山曾偕居正到溪口，代李宗仁向蒋介石要求引退。因此何应钦、白崇禧认为，今天的僵局乃以请他两人出面斡旋最合适，何应钦立即用电话向阎、居征求意见。阎锡山认定蒋介石叫他来广州的用意原是为了此事，当然就满口应承了。

5 月 1 日晚间，何应钦在国民党中常委临时会议上提出请阎锡山、居正去桂林邀请李宗仁来穗的建议。经讨论，又增派了吴铁城和李文范两委员同去。但吴铁城不同意。于是，翌日下午，阎锡山、居正、李文范三人由白崇禧陪同飞赴桂林。

5 月 3 日上午，阎、居、李三人跟李宗仁、白崇禧、李品仙、黄旭初等人举行会谈。根据李宗仁事前准备的书面意见，写成《李代总统同居正、阎锡山、李文范三委员桂林会谈记录》。李宗仁最后声称："只要记录上所列意见得到合理的答复，我就去广州。"

阎锡山等三人带着会谈记录，当天下午便飞回广州，立即交给何应钦。何于第二天就乘专机飞上海，送给蒋介石。

在这份会谈记录里，李宗仁提出的六点要求，主要是：国民党中央的决议只能向代总统提建议，不能强制执行；代总统应有人事调整权；军队应由国防部统一指挥；移存台湾的金银和军火都应运回大陆使用；最后是请蒋介石出国考察。

蒋介石看了记录火冒三丈，当场写了一封复信交何应钦，并让他转告李宗仁：首先是请李宗仁立即到广州视事，并声称他本人无意复职；对调整人事、调动军队和调用存台金银等问题则打了一阵官腔，说是一切应由主管部门依法处理，他无权过问。最后还坚决地说："有人要和共产党讲和就来迫我下野，和谈失败了又来撺我出国，国还未亡，为什么单要我去国外亡命？这事绝难从命。"

蒋介石的复信用专机于5月5日送达广州，6日国民党中常会为此又举行临时会议，推举阎锡山，偕朱家骅、陈济棠带上复信原件去桂林，再晤李宗仁。

7日在飞赴桂林的飞机上，阎锡山忧心忡忡地对朱家骅说："李公的要求得不到满意答复，决不会痛快上广州，而请不到李公，就完不成蒋公的使命，这是两头不讨好的棘手事。"谁知那时白崇禧已中了蒋介石的"银弹"，一反旧态，也劝李宗仁"以去穗为好"，说"只有李公在穗，蒋介石便无东山再起的借口"。因此阎锡山等这次的桂林之行出乎意料地顺利。只过了一夜，8日上午阎等三人就簇拥着李宗仁飞回广州。

事后阎锡山对晋籍立、监委的谈话中曾说："孙悟空再打跟斗也出不了如来佛手掌心，当今的中国人终归得听总裁的。若不，就得听毛泽东的。"尽管他以后还以蒋李的调停人自居，但怎么样的调停法？首先还得揣摩蒋介石的意旨。"钢骨水泥"式的合作中，阎锡山肯定认为蒋介石才当得起主心钢骨的，而李宗仁则和其他人一样，只能是附于"钢骨"上的"水泥"。

## 组织"反共救国大同盟"

阎锡山住在广东省政府的东山招待所，达一个多月。他占住一座别墅式的小平房，两房一厅带一个丁字形前廊。阎氏自己住一间大房，一般来客就在床前坐谈。张逢吉和贾副官住在小房间，随从文书卢学礼就在张逢吉床头办公；其他随从人员方闻、朱点、夏风和经常出入的晋籍立、监委和国大代表等平时都挤在客厅里。

为了活动的方便，阎锡山在靠近珠江的东亚酒店五楼包了个大套房，作为秘密议事处所，并在它附近的新华酒店三楼开了几个小房间，安顿随员和招待过往的晋籍人士。

这些阎氏的随员和晋籍人士，都在东山招待所食堂打着阎氏招牌开饭，最多一餐曾开过 80 客。招待所多次表示不欢迎，并在别的客人前称呼这些人为"难民"。

阎锡山从李宗仁受白崇禧摆布屈从蒋介石的处境，和自己在招待所遭受的冷遇中，深感失去实力的苦楚。于是便想联合各反动党派，组织"反共救国大联盟"，从中捞回一些"本钱"。其组织设计是——

（1）与国民党尤其是 CC 派上层分子共同发起。贾景德对阎锡山说："咱们离了太原就如鱼失水，只有借 CC 的活力才能打开局面。同时 CC 自出南京，颇失众望，也需要假借阎先生的守城威名，以恢复人心。"又说："只有跟 CC 合作，老蒋才对咱放心放手。"

（2）要使该组织在两广站稳，最要紧是抓住两广的实力派。同时必须发展国民党以外的民社党、青年党等反共党派留在华南的成员。

（3）为了扎根民间，应尽量吸收士绅、工商界闻人以至青红帮会道门的头目。

（4）为了争取国际声誉和同情，必须重视社会各界名流，例如当时同在东山招待所住的于斌主教，就是典型的争取对象。

阎氏这个计划，通过国民党中常会，很快得到蒋介石的首肯，之后随即展开行动。在贾景德、徐永昌和一些晋籍立、监委和国大代表的四处奔走之下，由陈立夫、朱家骅、谷正纲等人出面为发起人，民社党和青年党很多成员参加组织工作。孙慧西、梁上栋、徐士珙、席尚谦等在立法院、监察院院会期间，相继联络了各地的立、监委和国大代表加盟，特别是广东籍的最多。东山招待所阎氏住的小平房一下子就由门可罗雀变成门庭若市。阎氏看到这些奉承的人群高兴得心花怒放。当他听说行政院长何应钦有辞职倾向，就认为东山再起的时机已到，原定在 7 月初举行的成立大会，要提前在 5 月举行。

这段时间，阎氏白天紧张会客应酬，夜间口授卢学礼篡写大同盟成立宣言，又电令仍在上海处理太原解放前存沪军政经费、粮食和物资的刘绍庭、耿誓筹汇一笔钱到广州，充作活动经费。凡留在广州的晋籍立监委、部分活跃的国大代表和其他协助办事人员，在穗待一天就得一天活动津贴。对参加组织活动的名人，如于斌等，则另有可观的馈赠。在东亚酒店餐厅，三天两头举行着由阎氏出钱，以不同署名柬请的宴会。

5 月 20 日，何应钦正式向李代总统提出辞呈时，阎锡山更急不可待地向参加组织活动的人员宣布，一周内必须把"反共救国大同盟"正式成立起来。

5 月 26 日上午 10 时，"反共救国大同盟"在中山纪念堂举行成立大会。由民社党主席张君劢任主席团执行主席，主持开会，并致开幕词，说明筹盟缘起和经过，着重介绍阎氏为主要的发起人，指出他是始终坚持反共的高级将领，在太原战役中创守城一年之久的空前战绩，成为闻名世界的"反共守城名将"。接着，阎锡山讲话、通过成立宣言和章程，最后以举手表决方式选举阎锡山为主席，陈立夫、谷正纲、朱家骅、张君劢等为副主席和一批委员。

出席这次成立大会的有三四百人，其中除了国民党、国家主义派、民社党、青年党和在穗的晋籍立、监委、国大代表及广东政界的知名人士等，还有不少中统、军统和市警察局派来的便衣特务，他们既壮大了会场的声势，又监视了会场的动静。

当时任东南军政长官兼台湾省主席的陈诚正因事来穗，也应阎氏的邀请，出席了大会。

"反共救国大同盟"的成立，阎锡山又一次狂妄地提出了"集中全民力量，坚持反共战斗"的反动口号，自以为通过这个组织，他将赢得岭南地方势力的拥戴，把广州建成第二个太原。而事实并没有出现什么惊人奇迹，次日广州报纸上只报道了同盟成立的新闻，连阎锡山领衔发表的大会宣言也未得全文刊登，一个多月后，在"七七抗战"纪念日时，才将它改头换面，称作《反共救国宣言》刊登出来，还在阎锡山之前加署了蒋介石、李宗仁的名字。还由于居正、于右任的拒绝签名，原定 100 人签名的数额始终没有凑够，只得 98 名。

## 出任行政院长

何应钦提请辞职后，李宗仁于 5 月 30 日首次向国民党中常会提名继任的是居正。中常会当场同意提交立法院会议依法表决。由于居正是桂系老辈，立委们出于对李宗仁的失望和受蒋介石的暗示，在立法会议上否决了李对居正的提名。李宗仁迫于无奈，于 6 月 1 日推荐了阎锡山组阁。

这是阎锡山盼望已久的一着。但他还怕蒋介石不同意。于是在被提名的当天下午就借继母陈秀卿在台逝世，即日回家奔丧之名，飞赴台湾谒蒋，蒋允予支持，乃于 6 月 3 日的立法会议上，以 200 票对 50 票顺利通过。

6 月 6 日，阎锡山兴冲冲地由台湾日月潭飞回广州。当晚在东亚酒店五楼有意向左右亲信闲聊，阎问："这行政院长是否做得？"贾景德恭维地说，这是"入阁拜相，主宰朝纲，统率百官，位极群臣"的位置，哪有不就之理？而徐永昌却坦率地说："咱们自己手无寸铁，凡事都得看人脸色，仰人鼻息，又挤在蒋、李摩擦的夹缝里，怕是很难做。"又说："民心向背尽人皆知，明天的广州不就是昨天的南京？阎先生愿意做一任有名无权的内阁，换得个一手断送大陆江山的千古罪名吗？"

阎锡山却另有看法，他说："他们放心让我组阁，正因我手无寸铁。如果我还有寸铁，谁还敢起用我来添一股角逐之敌？"又说："我这内阁犹如请来的大夫，只要开出对症的药方，就算尽到责任。至于病人是否肯依方服药，我这大夫就不过问了。"还表示："这是党国的期望，只能勉为其难。"

在商量组阁之初，两广人士一致推举李汉魂仍长内政、白崇禧长国防、刘航琛长经济、张发奎长侨务。由于蒋介石不同意，白崇禧和张发奎被刷了下来。阎想拉徐永昌长国防，徐本人不干，只得作罢。至 10 日，李宗仁与阎锡山达成协议，李以代总统名义宣布了阎锡山内阁成员名单——

院长阎锡山、副院长朱家骅，内政部长李汉魂、国防部长阎锡山（兼）、参谋总长顾祝同、外交部长叶公超、财政部长徐堪、交通部长端木杰、教育部长杭立武、经济部长刘航琛、司法行政部长张知本、蒙藏委员会委员长白云梯、侨务委员会委员长戴隗生，三名不管部阁员是国民党的徐永昌、民社党的万鸿图、青年党的王某，秘书长贾景德。

从这个名单上看到，除了外交、经济两部换了新部长外，其余都是旧内阁蝉联下来的。而叶公超原是旧内阁未到任部长胡适的代部长，其实只换了经济部长一个。阎锡山就这样双手揢起了何应钦内阁原封不动的一锅粥。

不但如此，就在行政院办公室里，阎锡山也没有带几个人员进去：十个组只有第一组（总务）组长方闻和第六组（财政）组长王平两人，下边只有贾景德带入秘书长办公室的贾昭德等一些文牍人员；院长办公室有随从参事卢学礼，办理外文译务的参事阴毓兰、王怀义（女）及简任秘书夏风。除此之外，绝大多数办公人员是何应钦内阁留下的原班人马。而副院长朱家骅另带着副秘书长倪文亚另搞一套，具体办些什么，连阎锡山也无法过问。各部会里，阎连根针也插不进去。

后来，徐堪虽然主动让王平担任财政部次长，但在部里没有常设的办公桌，王仍然在行政院里办公。

刘绍庭是和王平一道跟阎由台来穗的，挂名交通部次长，但主要任务是在阎锡山到公众场合露面时当保镖。另外，一些跟阎来穗的旧部属，文职人员如郭澄、朱点等，有些在行政院挂名任参事；武职人员如吴毅安、马德骥、贾文波等一些在国防部挂名为部员。别的部会里没有安插过任何一个人。

阎锡山回到广州的第二天，何应钦还没办移交，阎先借恤孤院路贾景德的寓所举行记者招待会，发布新内阁的施政方针。他说新内阁施政总目标是要"扭转时局"：

——政治上要转乱为治，转危为安；

——军事上要转败为胜，转守为攻；

——政府机关要整饬吏治，提高威信，提倡廉洁奉公，勤俭节约；

——经济上要改革货币，抑制物价，安定国民生活；

——同时加强政治教育，澄清国民思想，摆脱共产诱惑，团结反共制胜。

会上记者们提出一些当时国内外形势、施政的具体步骤，以及共军南下的战局等问题，都被阎以"非常时期，事关秘密"为借口，拒不答复，引起记者们的不满。个别记者议论说，阎院长发布的不是内阁施政方针，而是阎氏个人政论和愿望。

行政院办公在中华北路的兰园迎宾馆的南楼（即今解放北路的广东迎宾馆老南楼），北楼是李宗仁居住和办公的"总统府"。两楼中间虽有一道隔墙，但墙上留有一个月洞相通，不出院子就能互相往来。

阎刚驻进兰园，就拿了一份预先准备好的电稿去北楼参谒李宗仁。阎说："岭南局势危若累卵，若非德公亲自提名，我决不肯出面组阁。可是组阁以来，深入观察内情，总裁仍在幕后独揽全权。他日事至不堪，你我徒负罪责，亦无益于党国，不如乘早请总裁出山，于公于私最为方便。"就请李宗仁在电稿上签名，两人联名邀请蒋介石"莅穗主政"。

阎锡山上述那番话本是打不动李宗仁的，但阎接着就提出调兵遣将、筹钱筹粮的问题，李宗仁毫无办法，只能在电稿上签名，等蒋介石来解决。

阎要求李联名邀蒋的成功，显示了他对李的巨大影响力；同时也表白了对蒋的耿耿忠心，为今后跳过李径向蒋请示办事安下了借口。只是李宗仁因此被白崇禧等人认为是个扶不起的"软胎佛"，对广州局势已不再能有所作为了。

当时，请蒋介石出山复职，来广州主持危局，在广州的立监委们，在 CC 策动下发起签名。有个晋籍立委征求阎氏意见，问该不该签名？阎的答复是：当今扭转危局非蒋莫属。行政院内部分官员听到此话后说："阎院长的扭转时局，首先是扭住代总统转向蒋总裁。"

## 《扭转时局案》和两个防务案

阎锡山当行政院长兼国防部长，遇到的最大问题就是国民党军队在前线越来越快地节节败退。

20日清晨，阎锡山在新的院长官邸（东山庙前直街）宁静的书房里，正口授卢学礼起草《扭转时局案》，刚开了个头，国民党中央秘书处忽来电话请他去参加中央常委会，他匆匆赶到广东绥署二楼的会场时，正听到参谋次长萧毅肃在报告军队转移情况。接着吴铁城、马超俊相继向国防部提出质问：西安撤守后胡宗南部、宋希濂部都去四川，上海撤守的汤恩伯部调去福建，青岛撤守的刘安祺部又远调海南岛，从湖南到粤北那样长的防线只剩白崇禧的三个军，试问国防部的保卫华南、保卫革命根据地广东的计划是怎样订的？阎锡山事前没有准备，只有一声不吭；还是顾祝同坦白地说："军队的部署和调动一向由总裁亲自决定的，国防部、行政院和总统府都没有插过手。"讨论就此中断。

会后，李宗仁觉得国防部既无权调兵，部长阎锡山自己又没兵员垫底，靠他保卫广州是绝对靠不住的，不如改由白崇禧出任国防部长，自己有兵可调，在两广的其他军政头领心上也有较高的声望。可是，任凭李宗仁怎样公开提议、单独商量或至坚决要求，都被蒋介石拒绝了，原因只有一个：握有实力的人就有自己的主见，就不会绝对听话。

阎锡山不但绝对听话，而且精于揣摩，本来他在这次会后拟订了一个《保卫华南、西北案》，但先不提出来，而先提《固守台湾案》。

7月14日，蒋介石骤然来到广州，李宗仁和阎锡山在广东绥署大会堂举行了接风宴会。蒋于15、16日召开了国民党中常会，第一天，蒋正式宣布《国民党中央非常委员会组织条例》，并自任该会主席，李宗仁为副主席，委员有居正、于右任、何应钦、张群、阎锡山、吴铁城、朱家骅、吴忠信、陈立夫，秘书长洪友兰，副秘书长程思远。第二天下午就举行该非常委员会第一次会议，会上蒋又提出成立西南、东南两个分会及其主席：西南分会主席为张群，东南主席为陈诚。

阎锡山在这次会议上提出了《扭转时局案》，全文数万言，凡政治、军事、经济、文教各项无所不有，是阎组阁以来本着"当大夫开药方"的精神，花了很多心血写成的。在向这次会议提出之前，已在行政院内阁例会、联席会议或扩大会议上分别性质，逐段提出过讨论和表决。

全案内容庞杂：有推行"反共民约"，加强保甲制度，执行五家连坐；有精兵简政，整饬吏治，恢复政府威信，提高民情士气；有改革货币，平抑物价，安定国民生计，增加财政收入；有成立各省"反共救国军总司令部"，向解放区派遣"反共救国总指挥"并成立全国"敌后工作委员会"，筹设"敌后行政人员特训班"等等。案文提出时已印制成册，因太冗长，无从当场审议，乃决定"原则上通过，交还行政院分发给有关部会，拟订实施细则后，相机陆续实施。"

与《扭转时局案》一起，阎还提出了《固守台湾案》，说国民党政府要保存有生力量，必先固守台湾；要固守台湾，必先固守马祖、金门……陈诚在座，听了夸奖道："阎先生的内阁算是做到了家，身在大陆就能关心台湾，为固守台湾提了卓见，想好办法，真所谓老谋深算。"

其实阎锡山的衣兜里还揣有那份《保卫华南、西北案》，只是当着蒋介石的面未敢提出来，等到 7 月 21 日蒋离开广州，才在 8 月 2 日中央非常委员会第二次会议时提出，但因该案与蒋的部署有矛盾，未得肯定通过。对于讨论保卫华南问题，阎指出："总裁的战略思想主张守点、守线，总爱把主力集结于若干核心据点，以待敌人来攻。因而共军乃能随时集中绝对优势兵力，施展他们惯用的各个击破的战法。我们竭诚要求总裁全面改变这种不适合对付共军的战略指导方针。"这段发言记录连同《保卫华南、西北案》一起由吴铁城带去台北交给蒋介石，以后就没有了下文。

## 货币改革的失败

阎锡山内阁的又一困难是没有财权。

在 6 月 24 日的国民党中常会上，财政部长徐堪做财政报告指出，以银圆计算，当时月支军政费用需 4500 万元，而政府各项收入总数仅 1000 万元；蒋总裁允从台湾库存每月拨给 1200 万元，其余 2300 万元无法解决。有人质问道："实际上广东仅关税一项就可月收 1500 万港元，只因走私漏税严重，影响税收。"徐堪说："这些走私漏税分子都是地方上的大天一、大天二和政府里的特权分子，财政部对付不了他们。"吴铁城问"特权分子"究竟是什么人？徐堪说是中央两大系统的特务。阎锡山接着表示，这些人只服从他们的组织，就是蒋总裁的手谕也不能直接生效，别人谁能管得！一时大家相顾无言。

李宗仁接着问及改革货币，发行"银圆券"问题，徐堪解释说，准备工作正在紧张进行；因为"银圆券"要实行足值的硬币兑换，硬币铸造不够即无法发行。阎锡山说："何不改成实物储备，发行'物产证券'呢？"徐堪说："那得把银行改成粮店……"会场上发出了一阵笑声。

"银圆券"经过紧张的筹备，终究于 7 月 3 日出笼了。前一天下午，李宗仁召集了各有关院部的负责官员开会，由徐堪详细说明了"银圆券"的币值计算、发行计划、收兑"金圆券"的比价和兑换硬币的办法。最后由阎锡山签署了行政院发布改革币制命令。接着又宣布在国民党中常会里成立一个财政三人小组，成员是吴铁城、陈立夫、徐堪——竟没有阎锡山。

"银圆券"发行不到一个月，因应兑硬币调运不灵，不能及时满足兑现要求，不得不加以限制。9 月 2 日国民党中央非常委员会举行第三次会议时，阎锡山报告说："因硬币储运不足，从 7 月 27 日起，已采取'限制兑现'措施，中央银行门前连日出现越来越长的排长龙挤兑的人群。"银圆券很快走上金圆券的老路，广州重又成为港币横行的天下。

由于银圆券的贬值，战局的恶化，广州人民生活困难，社会秩序混乱，阎锡山又想实行太原的老办法，搞平民经济执行委员会。在内阁政务会议上提出，便遭到朱家骅、叶公超等人的反对，指出广州毗邻港澳，又驻着各国外交使节，决不能采取太原那样的非常手段，因而作罢。

## "银弹"游说成泡影

阎锡山兼长国防视事之初，正是西安、上海解放，全国战局急剧变化，广州国民党政府面临更多窘境之时。阎锡山接受老部下王乾元的建议，利用绥西河套屯垦军，以提供经费和空运武器装备为条件，将他们编成一支五万人的军队，在河套地区建立"大西北反共根据地"。

7月初，阎锡山派飞机把马步芳从西宁接来广州，许给西北行政长官兼甘肃省主席的头衔，并让他在陕、甘、宁、青四省境内有自行筹饷征粮的权力，原甘肃省主席郭寄峤调离，让陕、甘、宁、青四省成为纯属马家的一统天下。那天阎锡山的随从们忘了马步芳是穆斯林，竟拿烤乳猪席来招待他，及至发觉更换，一时找不到清真厨师，临时到菜根香素餐馆办了一席罗汉斋。马步芳对此很不满意。加上那天广州特别热，马步芳又特别胖，一下飞机就喘不过气来，因此和阎锡山会谈不多时，一顿饭没吃，就坐上专机走了。这个小小的趣剧，"请回仔吃烤猪"就成了当时官场的笑料。事后，阎锡山又派金典戎为代表，带了几十万银圆送去兰州。

过不多天，听说傅作义派人去绥远策划行动。阎锡山认为傅作义、董其武都是晋绥军的老部下，有深厚的交情，容易说得投机，于是派徐永昌带上他的亲笔信去绥远，游说董其武勿受傅作义蛊惑，坚守国民党阵地；如果能相机策反傅作义在北平搞些地下活动则更好。哪知徐永昌飞到归绥，在机场上就接到通知，说董其武正与北平代表在省政府进行谈判，通知他们飞去另一机场听候消息。徐永昌的飞机就此飞去邻近的军用机场，待了4个多小时后，得到董其武的通知，说与北平洽议已有眉目，你们以不来见面为好，以免另生枝节。徐永昌只得将阎锡山的书信和两箱银圆留下，即时飞离绥境。徐永昌回到广州的第三天，北平就发布了董其武起义，绥远和平解放的新闻。阎锡山计划的"大西北反共根据地"也就化为泡影。

与此同时，与广东接壤的湖南也传出了程潜和陈明仁密谋"投共"，阎锡山知道程潜跟贾景德是诗坛老友，交情很深。乃派贾景德带了两箱银圆飞去长沙谒程潜。贾景德的飞机在长沙降落，就有陈明仁的军队前来守护，盘问来意，然后将贾接到湖南省政府，陈明仁出来见面说："程颂公身体不好，在爱晚堂养病，拒不见客。"贾景德虽再三要求，但连电话也不给打。只得留下信件与银圆返穗。阎不罢休，乃于8月1日再写亲笔书信，说蒋李两公一致提请颂公出任考试院院长，希即日来穗就职。改派国防部次长黄杰和政工局长邓文仪再去长沙，因为黄、邓两人是陈明仁的黄埔同期同学。他俩一到长沙就知情况异常，陈明仁对他们说，程潜去了邵阳，无法见面。二人不敢久留，匆匆原机返航。广州接到他俩飞经衡阳时发来长沙之行的电报，同时听到了北平新华社广播"程潜、陈明仁率部起义，长沙和平解放"的消息。

这时，西北的三马因与胡宗南不融洽，在解放军的强大进攻下溃不成军。兰州、银川相继解放。阎锡山的"银弹"人情战术终于一无所得。

## 美国发表白皮书前后

国民党军节节败退，国民党管辖地区迅速缩小，而蒋介石与李宗仁的明争暗斗始终没有停止或缓解，引起了国际中支持国民党反共的国家的不满。阎锡山组阁后的第二次国务会议上，外交部长叶公超报告当时国际形势时指出，英国为了加强保护香港，提出台湾交由联合国托管；美国国务院内有人主张一旦中共成立政府，可以即予承认。阎锡山听了说："这两点都很重要，请叶部长向中常会提出正式报告。"又说："台湾交联合国代管倒是个防止赤化的好办法，只是代管的主要人选仍应包括中国人在内。"又说："美国能承认共产党政权？谈何容易！共产主义和帝国主义毕竟是水火不相容的。"朱家骅说："那可不一定。只要与美国有利，什么共产不共产，反正离美国本土远着呢！"

美国驻华大使司徒雷登在南京解放时，没有跟国民党政府南迁，只派大使馆公使衔代办路易士·克拉克到广州开馆与李宗仁联系。阎锡山组阁后，找到陈纳德，以民航局委托他再度成立美国航空队为条件，通过陈纳德直接和克拉克拉上了交情。

8月3日，司徒雷登撤出南京时，阎锡山认为美国又将一心一意支持国民党反共了。不料到5日，美国国务院忽然发表了题为《美国同中国，特别是1944—1949年期间的关系》的白皮书。美国国务卿艾奇逊又在向总统递呈这份白皮书时写了一封题为《美中概要》的书信，也附在白皮书后同时发表。艾奇逊的信指出：从日本投降到1948年底，美国向中国提供了军事援助10亿美元，经济援助10亿美元，但由于国民党在政治军事各方面犯了一系列错误，使国民党在大片国土上丧失了控制权。文中引用巴大维的看法，国民党的军事崩溃归因于"世界上最无能的领导，以及使军队完全丧失战斗意志的其他许多败坏士气的因素"。指出"国民党的军队用不到敌人打败，事实是他们自己崩溃了"。最后，美国表示了无可奈何，美国不能再对蒋介石政府继续给予支援。

8月11日，阎锡山在国民党中央非常委员会第三次会议上听了外交部长叶公超报告的白皮书内容摘述之后说："这份白皮书是美国表示它对国民党已做到仁至义尽，今后撒手不管了。将美国白皮书与湖南程潜、陈明仁投共的消息同时发表，对前线士气和后方人心都是极大的打击。但是，别让共方抢先宣传，我们还必须赶紧发表，尽快做出反应。"

叶公超会后即召集外交部工作人员集体起草一份《关于美国政府发表白皮书的声明》。次日行政院召集内阁特别会议讨论这个声明草案时，阎锡山说："美国援华，实际上是美国出钱中国出人，合伙打共产党。因为共产党是国际的党，反共不能视为中国的单独事业，而是自由世界大伙的事，应该视为中美的共同事业，美国想从此撒手不管应该狠狠谴责。"又说："美国出了钱让我们前线卖命，还说我们无能。他们有能耐，不妨自己来参战。"叶公超说，这样的语调是不合外交准则的。朱家骅说，白皮书发表援助的数字是夸大了的，应该核对一下，声明纠正。阎锡山认为，这类款项没经财政部汇总，除了到台湾问总裁左右的主计人员，根本搞不清楚。不但费事费时，还将引起总裁的不快。

最后，还是按外交部起草的原意，参照了手头的现成资料，匆匆审定一遍，即于13日提向国民党中央非常委员会讨论通过。14日派叶公超、洪兰友送往台湾交蒋介石做最后审定。尽管这个声明的主要内容是替蒋介石开脱责任，挽回面子，但蒋看后还是把它否定了。

迫不得已，阎锡山又和叶公超商量，尽量使用外交辞令，起草了另一个声明。这个声明里只提一些不会引起争论的观点，确认当时局势严重。最后声称：无论美国如何决策，中国政府决本自力更生精神，艰苦奋斗到底。

阎锡山又根据被蒋介石否定了的第一个声明所列的资料，写成了他以个人名义发表的《对美国发表白皮书的感想》。《感想》强调两点：一是共产党在各国都有，是串通一气的国际组织，国民党是中国国内的组织，让单独一国的政党和政府，担当国际性的反共战斗，打了五年，还能被责为无能吗？另一是美国过去虽予经济上物资上的援助，但在军事上毕竟是袖手旁观，如说中国军队打不好，不妨自己来试试。

当这篇《感想》译成英文，于斌看后，指出后一观点在独立自主的潮流中，是有反逆性的，这才被删除了。这份英译本由夏风（本文作者）拿去香港印刷，并送了100本给外交部驻港特派员郭德华，嘱其转送过境外国朋友。

8月13日，麦克阿瑟邀吴铁城到日本会谈，说明美国再不援蒋，但对广州政府仍寄予希望。吴铁城当时把阎锡山指责蒋介石守点守线战略的记录拿给麦克阿瑟看。麦认为阎氏的意见很好，希望广州政府能另订有效的保卫华南的军事计划来。吴铁城从日本回来，还带回一帧联合国总部高级专员德籍犹太人卫西琴的照片。他是早年在山西办过学校的，他捎话给阎说："麦帅对阎先生在广州主持国防很是关注。"阎锡山听了很高兴。

当时人们议论：阎锡山空中有陈纳德，海上有白吉尔，再加上麦克阿瑟身边又有个卫西琴。同时，中国驻日军事代表团团长商震又是他晋绥军的老旅长。国外的后台够硬的。

阎锡山这次从太原危城出逃，一飞到青岛，就登上美国旗舰拜会过美国太平洋舰队上将总司令白吉尔。可是这次白吉尔来广州则是秘密会见白崇禧的。当阎锡山得知白吉尔驾到时，立刻主动去拜访，但白吉尔已经启程返回香港去了。从这件事来看，阎锡山的国际靠山也是很难靠得住的。

## 坚持兼长国防

白吉尔在穗秘密会见白崇禧时，答应只要白崇禧部驻进广东，美国太平洋舰队将负责供给全部军需补给。这点在李宗仁看来是摆脱蒋介石的操纵，自己来保卫华南的难得机会。但是要调白崇禧部队到广东，第一个拦路虎是阎锡山。于是李宗仁又想方设法要阎把国防部长职位让给白崇禧。鉴于上次中常会上提出时怎样也得不到蒋介石的允许，这次就想让阎自己提出辞职来。李宗仁为此动员了邹鲁、郑彦棻等老人出面劝阎，但被阎一一拒绝了，并且说："这是党国对我的信任，我不敢辞让，如果代总统下令撤我，我这行政院长也坚决拒绝副署。"李宗仁又想起徐永昌深谙此事的利害，又为阎氏所信任，于是求徐劝阎。但阎仍不改变原意，并给徐写了个信，说这是关系国运隆替的大事，他认为"若我兼国防部长必灭亡，换人或灭亡或不灭亡，我愿辞职；或者我兼亦亡，换人亦亡，或我兼或可不亡，换人抑或可不亡，我亦愿辞职；假如我兼亡得慢，换人亡得快，我就不辞"。李宗仁从徐永昌处看了这番大道理后，仍不死心，又请贾景德忠告阎，请阎从事实上考虑：当了国防部长，指挥不动老蒋的兵，自己又无兵垫底，将拿什么来和人家战斗？如果改由白崇禧出掌国防，不但自己有兵，而且在两广的多数军政头领也能服他，国际上又有人支持他。这何乐而不为？阎当即让贾转告李说：

"我兼国防部长是蒋总裁的意旨，如果要我辞去，也必须先经蒋总裁的认可。"

阎锡山给李宗仁的这勺闭门羹，切断了白崇禧出长国防部和布防广东的道路。从此，国民党再没有得到过美国的任何支援。

阎锡山此举倒并非争霸兵权。因为他从组阁之日兼长国防部起，始终没调遣过一兵一卒，一切军事部署都由顾祝同直接请示蒋介石决定；有特殊情况时，蒋介石径自调兵遣将，国防部事先都一无所知，所以说阎占着国防部是霸权，恐非事实。他只是想维持蒋介石独断军事的现状，以示忠心于蒋而已。

## 纸上谈兵遣岁月

有职无权，空掌国防的架势是阎锡山在组阁之前始料所及的。如今"李代总统"要集两广军队的全力保卫广州，蒋总裁要选各方精锐坚守东南沿海，双方都在背着国防部行事；而国防部总参谋长顾祝同又保留着大量军事秘密不让阎部长知道。阎锡山也不闻不问，尽管广州局势日益危急，他仍旧安之若素，除了开会、会客，连院长、部长的办公室也很少去，依然安静地待在庙前直街官邸，编写着各式各样的"方案"。当 8 月 16 日福州解放，20 日赣州解放，顾祝同两次向阎锡山报告紧急军情，屡次向院、部办公室打电话都没有人接，最后往官邸的书房里找到了他，而且见到他在埋头写作。

8 月 23 日中午，蒋介石突然由台北飞到广州，李宗仁和阎锡山事先都不知道。蒋下机后驱车到兰园，到北楼访晤李宗仁，得知行政院就在南楼，就叫蒋经国去通知阎锡山。谁知阎中午回了官邸休息。蒋介石料他一定在官邸午睡。没料到蒋经国领头进入阎氏官邸时，见阎在写东西。蒋介石问他忙什么？他回说是根据以前提出的《扭转时局案》，按那次中央非常委员会的决定，让行政院分给有关部门订出实施细则；但原案是原则性的提法，不易厘定细则，只有先分门别类订些分案。蒋介石问，最近李宗仁召集陈济棠、余汉谋、薛岳、白崇禧等在总统府开会，决定任余汉谋为华南军政长官，令他统一指挥广东境内及其周围的陆海空三军，全力保卫广州；又把院辖市广州改为省辖市，以利统一指挥等措施，究竟要怎样搞？对此如何看法？阎答道："此事刚从旁听说，未接总统府通知，尚不明真相。"蒋听后反而十分满意，知道阎没受李的拉拢，因而对阎说："你集中精力为大局全面与长久打算，深谋远虑，很好。至于保卫华南和保卫广州的实战指挥我已有了部署。"

阎锡山深知蒋、李的矛盾在日益尖锐，调和已不可能。广州防务，蒋、李各搞一套，他斡旋无力，只能由它去。李宗仁召开的军事会议一般不要阎参加，通常召集的只有白崇禧、张发奎、余汉谋、陈济棠等，对阎保密，有时仅知照一下。至于国防部召开的会议，虽然用阎的名义召集，可是参加人员却由顾祝同来指定，一般出不了军统郑介民、毛锡彪、毛人凤等人。

这次蒋介石在广州只住了一夜，深夜在国防部召开军事会议，参加的有阎锡山、顾祝同、郑介民、胡宗南、白崇禧、陈济棠。会上，蒋亲自部署胡宗南部扼守川陕边境，白崇禧部扼守湘赣边境，最后决定国民政府准备撤出广州，西迁重庆。

第二天（24日）蒋飞去重庆。美国使馆就在这天停止在广州办公，使馆人员全部撤往香港。广州已经告急，阎锡山为此连夜部署交通工具，编制西迁序列，并通知各部会立即派人去重庆打前站。可是他并不因此放弃其孜孜不倦的"纸上谈兵"。

蒋介石在西南逗留了30天，于9月23日从昆明飞回广州时，阎锡山已经把《扭转时局总案》编成，并印制成每套六册的巨书。这个总案在原来的《扭转时局案》下，分为整饬吏治、保卫台湾、成立反共救国民众武装等等，军、政、财、经、教无所不包的八个分案，60余万字。在这些分案里，阎又掺进一部分物产证券、按劳分配、土地村公有、兵农合一等"阎氏主张"在内。蒋介石接过这厚厚六册《扭转时局总案》，看了看封面标题，说了声"很好"，就交随员拿走了。在此后的任何会议上也没见拿出来讨论。

阎锡山从组阁之日起，共制订了《扭转时局总案》和军事上的保卫华南、西北大陆作战方案以及保卫台湾、海南岛方案等，还向联合国提出过《控诉苏联侵略案》，总计阎阁案文有100万字以上，这就是阎锡山开的"药方"，"对症"与否，因为没有人去服用，也就永远不得而知。

## 组织"战斗内阁"撤离广州

蒋介石回到广州，为了进一步控制华南局势，抵制两广地方势力，在国民党中央非常委员会开会时，当场决定设立军事、财政、外交三个小组。蒋介石自任军事小组召集人，指名阎锡山、顾祝同、白崇禧三人为小组委员。

10月1日中华人民共和国宣告成立。蒋介石于10月3日离穗飞返台北。这时，中国人民解放军由湘赣地区向两广进军，6日解放曲江。白崇禧部由衡阳向广西边境撤退。解放军继续南下英德，国民党军不战自退。解放军以一路经清远入肇庆，切断西江去路，10月10日正面的解放军追近广州市郊新街。在这种形势下，李宗仁正式宣布国民党政府迁都重庆。

阎锡山遵照"代总统"的迁都令，即日召开内阁紧急会议，决定成立"战斗内阁"：凡不必要在战争前线配合军事行动的单位，全部或大部迁往台北；必须与军事行动密切配合工作的，除把档案移去台湾外，全部或大部人员撤去重庆；但家属一律入台；职工中年岁大、行动不便的也可去台湾安排工作。

13日阎锡山就带着行政院、各部会的最后一批人员匆匆撤离广州，去了重庆。14日下午5时许，国民党败军把广州的海珠桥炸毁了。

阎锡山和他的内阁在重庆待不到一个半月，又在川东败绩声中，于11月28日逃往成都。那时李宗仁已出国，蒋介石重揽全权，登台视事。阎锡山失去了调和蒋、李矛盾的地位，不被倚重。当1950年2月3日由成都飞逃台湾时，有人见这位堂堂行政院长在机场入口处发放飞机票。

1950年3月蒋介石在台湾复任"总统"，"战斗内阁"即不复存在，阎的行政院长职位也让给了陈诚，只落得个总统府咨政和国民党中央评议委员的空头衔。

1960年5月23日阎锡山病逝于台北阳明山寓所。

（本文选自《广州文史资料》第43辑，1991年版。）

# 凌仲冕<sup>*</sup>：旧广州最后的"市长争夺战"

旧广州最后一任的市长是李扬敬，虽在兵临城下的末日，仍然是经过剧烈的争夺才到手。兹忆述经过如下：

李扬敬原是陈济棠的"蕴仔"<sup>①</sup>，陈的娇宠他远远超过对他的长兄和二哥。为什么在陈济棠据粤时代得不到广州市市长之职，而在陈倒台若干年后至旧政权在快到崩溃的时候，才能得到手呢？说来话长。

陈济棠据粤时代，玩弄以军统政的手法，以胡汉民的亲信古应芬为政治傀儡。于是由古提出刘纪文当市长了，因为刘是古的及门女婿，古只生一女，幼子是其妾于古死前数年才出生的。古女未及笄而死，刘哭之恸，声言为之"守清"<sup>②</sup>，因此，古对刘有殊爱，视半子如子。李扬敬格于当时形势，也不能不善体陈意而相让。

及陈济棠"反蒋事变"，他的部属如李汉魂、邓龙光则声讨之，余汉谋则反戈

---

　＊作者曾任国民政府北江绥靖公署政务处长等职。

　① 陈济棠当时所领的部队是三个军，第一军余汉谋，第二军香翰屏，第三军李扬敬，是番号的最末一个，故陈军中人称之为"蕴仔"。

　② 广东旧俗，男女已订婚的，男方于未婚前而死，女方仍嫁之，到男家终其身，不改嫁，谓之"守清女"。故刘纪文对古应芬女之死，声言不别娶，终身独居，时人因讥之为"守清男"。刘实非真爱古女者，以古之泰山可靠，故作此政治投机。其后刘得宋美龄的垂青，认为一山还有一山高，便不再为古女守清了，仰承宋美龄之意，在沪与许某结婚。

相向，张建、缪培南则按兵不动，为陈"效忠"的只有李扬敬。李欲领军由东江疾趋广州相救，但远水救不了近火，陈迫于无奈而倒台。广东地盘，由蒋介石集团接管，派来主其事的是陈诚。李与陈诚是保定的同期同学，有此关系，陈诚也乐得乘此机会，煽起广东军人内部的暗斗，准备起用李扬敬领一个军，使余汉谋清一色的继统粤局，不能尽情如意。事为李汉魂、邓龙光所知，以为死敌复生，大大影响自己双军[①]夺取的权利。乃唆使李崇纲、黄世途、王德全、练惕生等联名通电反对，说李倒陈无功而有罪，恕其罪而不追究，已是宽大逾恒，如果起用，是功罪颠倒，何以服众？时称"四旅长通电"。这一通电，不通过蒋的中央通讯社而由博爱通讯社发稿，在陈诚未收看到正式原电前，广州报纸已普遍登载了。造成舆论空气，陈诚只好寝息此事。李扬敬此路既行不通，也做过进入市长的尝试，但远非"士的"派首领的曾养甫对手，于是钻到湖南去了。

抗日战争时，薛岳的第九战区，后退至湘南的边沿。后来当了湖南省府主席。其妻方氏，是东莞人，与李是同乡，其叔丈方仁矩，在陈济棠据粤时代，承办了不少苛捐杂税，是得李从中帮助照应的。有此关系，李便由武而文，当了湖南省府的秘书长了。1949年1月，薛岳继罗卓英当广东省府主席，李随之也当了广东省府秘书长。

欧阳驹是蒋集团中新兴的政学系中坚人物吴铁城的亲信，故能久任广州市市长。当淮海战役后，解放军南下已势成破竹，而薛岳在风雨飘摇之中，借机要去欧阳驹。以省市权力合一为词，向蒋提出以李扬敬继任。吴铁城是在蒋左右不离的，力保欧阳驹，得以不动。薛乃思其次，要易公安局长，削其实力。时当公安

①李汉魂、邓龙光以倒陈济棠首功自居，蒋集团接收广东初期，除余汉谋升迁外，李、邓等均仍任师长。但已内定编军。李、邓都认为自己应占一个军的，如是三个军的话，除余部应占一个之外，其余两个就是他俩了。如起用李扬敬，即占去一个，邓、李必有一人落空。所谓影响双军夺取的权利，就在于此。但后来编军实现，邓龙光竟落空，而归于张瑞贵。是陈诚以泄"四旅长通电"之怨的。到全面抗战开展，广东部队一五四师和一五六师北上增援东战场，邓始任八十三军军长。于南京突围后，伤亡过多，八十三军又取消了。弄来弄去，李、邓的基本实力还是六十四军一个军，至淮海战役前，六十四军长且由蒋派黄国樑接充，领军离粤，至此，李、邓原来掌握的实力，给蒋拿走了。

局长的是朱晖日，在张发奎军中时期，是与薛敌对者之一，更视为眼中之钉。欧阳驹亦枪来刀挡，一度自兼公安局长，内幕是由张惠长代行其事。当重庆的"总统府"迁来广州时，李宗仁以副总统代理总统事，李汉魂是与李宗仁同走所谓第三党路线，当了内政部长。邓龙光是与这两李声气相通的，欧阳驹又与邓龙光有久远渊源的，保定毕业后，一起派到山东见习。为与薛对抗计，宁与邓而不与李，且以统于绥署（时邓仍任广州绥署副主任）较统于省府对作战更利为理由，由李宗仁电蒋提出由邓继任，以息薛与欧阳之争。蒋复电称：人选俟到穗后再决，蒋对邓之不信任，在这电文中亦暗示了，而且蒋对邓之不信任也并非于这时才开始。当宋子文继张发奎任广州绥署之任时，正是举国人民反对的伪国大代表在南京开会，宋与邓商定以缪培南任副主任兼参谋长，负责内部行政，邓仍继任副主任兼广东保安司令，掌握保安团队，负责外部指挥。两次向蒋提出，均不获准。及宋到粤后，深感无助手，向蒋再提前议，终不获准，而保安司令遂落在蒋认为可靠的黄镇球手中。但非军职的市长，蒋仍不予，是邓意料不到的。

欧阳驹欲以邓抗薛之谋不遂，另出奇谋。时由湖南败下来的刘安祺所领的二十三兵团，已到广州附近集结，是蒋拿来准备死守广州的主力之一。欧阳驹乃商之刘安祺，以其副兵团司令张简兼任公安局长，以利战时指挥调动。表面是说得冠冕堂皇的。内里作用，欧阳驹是以警察的武力与防军的武力纽结在一起，间接就是自己掌握了更强的实力以自固。薛之所得，也不过一个空头市长。就这样，张简于 10 月 1 日接掌公安局，仅隔一两天，蒋介石由重庆来到广州了，薛迎驾之后，夤夜奔向梅花村觐见，力陈省市必须合一的前议，提出李扬敬继任市长的要求，以收指臂之效，誓以与广东共存亡以报。蒋如其意，于 4 日便发表李扬敬任广州市市长的所谓明令。欧阳驹怎能甘心下气呢？遂不顾一切，声言决不交代。在这天晚上，集粤群魔公宴所谓大总统于梅花村行宫。在席上自然谈起了广州市易长的事，李福林记起了从前割据河南与吴铁城长期当公安局长所发生的无数摩擦往事，恃老卖老，大发议论，替薛出气。质问吴铁城为什么要替欧阳驹撑腰？弄出抗命捣乱局面。吴亦恃蒋的专宠，不稍示弱，起而反骂，并以讥讽的语调说：

"灯筒①吓人的时代，已成过去了，灯筒碰铁的结果是怎样？难道不清楚吗？"舌剑唇枪，闹得不亦乐乎，把所谓公宴大总统的假庄严之幕揭去了。蒋介石在这个场合上，只好伪装尊严，不好发声，但气结色变，是众目所见的。薛于是灵机一动，抓紧了这个天外飞来的大好机缘，端好香茶，鞠躬而进，曰：请大总统吃茶。蒋手接着，连喝数口，气为之下。至这场吵闹公宴散后，蒋归寝处，脱去帽子，大力摔在桌上，狠狠地说了这样的一句话："惜白（欧阳驹的别字）弄至这样田地，还成什么体统？"时在旁边的侍从秘书冯某，不禁为欧阳驹不交代的后果担忧，便于请示无事吩咐后，即行外出，打电话给欧阳驹，请他注意这句话的含义，不好再搞了。欧阳驹随即请示过吴铁城，才决定交代的。事前不但各分局未接过准备交代的通知，连总局内部也没有丝毫准备交代的痕迹，这是当时警界中众所周知的事。5日那天，李扬敬走马上任了，所接收的是一颗印信和一些官章等，其他的一切册报交代都未办。为期九天，广州解放了，旧政权的市长连内部交代还未完毕，九天而夭折，是广州有市长以来任期最短的一个。

---

① 李福林于清末时期，在广州河南为盗，手无武器，行劫时以黑布包裹玻璃灯筒，伪装为枪，用以吓人，故在盗中有李灯筒之诨号，又称之曰灯哥。辛亥革命时，广州遍地民军，李福林的喽啰，编为福军。其幕中人以灯筒之名太不雅，乃取同登寿宇之意，易灯筒为登同，用为别字。

# 练秉彝、麦竹轩＊：解放前夕的广州市警察局

## 蒋家王朝末任广州市市长

1949 年，8—10 月间，解放大军已渡过长江，正大举南下，广州市国民党各派系间的权力争夺极为剧烈。市长欧阳驹于 8 月 1 日撤换了旧四军系的朱晖日所任广州市警察局长职务，自己兼任局长，派市府顾问张惠长代拆代行，同年 10 月 1 日拉蒋介石嫡系吉章简为局长。（吉是蒋军刘安祺兵团的副司令，从青岛撤到广州，出身于黄埔军校，与当日任广州市卫戍总司令李及兰是同学）欧阳拉吉任局长，用来挡当时省主席薛岳的压力。而薛岳却报以撒手铜手段，于广州市临解放前十天，撤了欧阳驹而任李扬敬为市长。

吉章简接任局长的那天，曾召集警察局各分局长及所属单位训话。我（练秉彝）当时是警察局黄沙分局局长，记得吉的讲话有下面几点：一、绝对服从市长（指欧阳驹），保卫广州；二、保卫广州有办法、有信心；三、坚决肃清共产党地下工作人员，巩固内线作战；四、清查内部不稳分子，如有发现杀无赦。讲话时杀气腾腾。

---

＊ 练秉彝时任国民政府广州市警察局黄沙分局局长；麦竹轩时任国民政府广州市警察局督察长。

吉上任后，欧阳以为多了一个支持他的力量，谁知到了10月5日，欧阳还是丢了乌纱帽，由李扬敬来当蒋朝末任的广州市市长。10月5日早上，我（练秉彝）在多宝路邓龙光（广州绥署副主任）家的门口，遇到邓龙光，他正要乘车，匆匆忙忙把李扬敬接替欧阳的内幕经过告诉我（练秉彝）。他说："昨晚薛主席公宴总统（蒋介石），嘉宾云集。李福林最后才到，他一见吴铁城，就指着吴骂：'铁城，你为什么要支持欧阳驹？他做了三四年市长，广州地皮已经低了几丈，这样的人你都支持他，难怪国民党会垮台！'一时空气紧张。铁老见总统在座，忍不置辩。总统闻言，怒形于色，默不出声。薛（岳）主席见状，双手捧茶敬奉，连叫几声'总统请茶'，以转移紧张气氛。散会后，总统回到寓所，连说'这帮东西真是一塌糊涂'。总统随从秘书见势不佳，星夜通知欧阳驹。"

李扬敬于10月5日就任市长，13日就逃跑了，这个蒋朝末任的广州市市长，寿命只有八天。

欧阳和李，他们都在任内要警察局推销"劳军奖券"，限令全市商民在短期内认销银圆券100万元（按当时港币折算，合港币300万元），责令各分局推销，销不了的，抵扣分局的经费。

## 贪财的警察局长

朱晖日于1949年春继黎铁汉任广州市警察局长，同年5月间，广州市警备司令叶肇为了大捞一把，在市内大开赌档，美其名曰"游乐坊"，坊内番摊、牌九、轮盘均全，鸦片和妓女（变相女招待），应有尽有，各游乐坊由警备司令部派便衣队在坊保护。另外还有由军人直接经营的"军人俱乐部"，也是得到警备司令部的同意设立的，也是烟、赌、娼妓一应俱全。

各游乐坊虽有警备司令部的保护，对警察分局和探队也分别送礼，暗中通气。朱晖日知道这是"生财之道"，自己也要分一杯羹，于是故意在纪念周中表示要肃清烟赌。游乐坊老板知其用意，托人向朱疏通，因为朱要求过苛，议价不成。朱老羞成怒，有一次派便衣数十人到芳村、花地捉赌，和保护赌坊的警备司令部的便衣队发生冲突，双方火拼，结果便衣警察被打跑了。

朱晖日垂涎赌坊收入，知道部下得有好处，要和部下分赃。6月间有一天，我（练秉彝）到差任督察长才两天，朱着其亲信秘书邓士采对我（练秉彝）说："外传本市各游乐坊每月送港币二万元给警察局，此款朱局长没有收到，可能是副局长何名泽和探长李彦良背地收了，朱局长着你暗中向他们探询究竟。"我（练秉彝）依命即晚到何名泽家中探询，何坚决不承认有其事，并说："这是朱晖日'靠撞'（无中生有，瞎碰的意思）的手法。"第二天何名泽联同李彦良向朱质问，朱无法转圜，反责我（练秉彝）挑拨同事感情。

1949 年 4 月 21 日，朱晖日接任广州市警察局长，7 月 31 日去职，任期恰恰 100 日。我（麦竹轩）被任为督察长。

当时李汉魂任内政部长，李抓到各地警察局长任免的大权，免去黎铁汉改派朱晖日充任。本来警察局长的去就，例要征询市长的意见，今黎去朱来，事前，市长欧阳驹都不知道，因此，欧阳暴跳如雷，认为是"剃眼眉"（丢脸的意思）。为了这原因，朱延期到任。

朱晖日上台后，要我（麦竹轩）任行政科长，留在他左右，因为我（麦竹轩）与欧阳驹、朱晖日都是"陆军四校"同学，用作他们之间的桥梁，把关系缓和一下，有些作用。当时朱曾和我（麦竹轩）谈到他出任警察局长的各种原因时，我（麦竹轩）对他说："共产党快要来了，你还跳火坑？"朱说是："张向华（张发奎）、李伯豪（李汉魂）、邓剑泉（邓龙光）一班人要在本市活动，要抓到警权，同时还有许多旧四军部属要求安插工作，因此不能抗辞。"

我（麦竹轩）和朱晖日谈到这是一次"跳火坑"的做法，但他还是要跳。关于这一点，他对我（麦竹轩）谈过，有两个原因：除上述四军旧人要他出来干，要利用公安局安插一班旧人以外，第二点他谈得比较含蓄，但也算说了老实话。他说，在香港有一间屋，押了 4 万元，很想把那间屋赎回来。这也就是说，他需要搞到一笔钱。后来的事实也表明了这一点，他在任内狠狠地搞钱。他后来垮台，李汉魂、邓龙光等对他不满，也和他拼命搜括使他们眼红有关。他上台时，也看到局面维持不久，"应变"措施也想到了，他想在局面紧急时，把我推上副局长的位置，让我替他收拾残局。朱晖日曾对我谈过这个问题，要欧阳驹发表我当副局长，欧阳驹拒绝了。以后就没有再提了。

朱一上台，就调动了总局的人员和分局的分局长，多用旧四军人员接替，因此与原任副局长何名泽发生人事问题的冲突。

朱晖日起初委其侄朱卓南任督察长，过了半个月，朱卓南见该职无利可图，调长太平分局。朱在太平分局任内不久，就缉获烟土一大帮，私自盗卖。

有一次警察局接到从云南发来的告密电报，说是有私运烟土犯，带烟土两大皮箱，某日乘民航机来穗。朱晖日据报派其亲信，前往截得人赃。当时警察局工薪无着，有主张拍卖后分发津贴，朱不允，说要全数解案，当众焚毁。解赃到局后，由朱将两皮箱烟土锁在局长室内一个密室内。一直到他下台，既没有解案，也没有当众焚毁，下落不得而知。

到7月下旬，李汉魂、邓龙光辈与朱利害冲突。李、邓反又联合欧阳驹迫朱，内政部和市政府联合派出专人追查朱卓南在太平分局长任内盗卖烟土案件，牵连到朱身上。朱知难而退，黯然辞职。8月1日起由市长欧阳驹兼任警察局长。

## 卫戍总部不得人心

这里要补叙一段广州解放前国民党广州卫戍部队、军统特务镇压人民的措施。我（练秉彝）虽然属于警察系统，对这方面情况也有所见闻。

1949年1月间，广州卫戍总司令部成立后，总司令李及兰为了加强军统特务的控制，以湖南籍军统头子、曾任广东省缉私总处处长的李崇诗为参谋长，调原任广州警备司令部参谋长、军统大头子郑介民的亲信邹其光为副参谋长，调原任广东绥靖公署政工处长、军统分子谢镇南为政工处长，将广州警备司令部原组织的自卫队、别动队、谍查队、水陆检查哨所、防护队接收过手，加以扩充。还利用洪门帮会头目葛肇煌组织"反共救国军"，号称十万，在西江一带活动。所有市内反动武装团队警，悉归卫戍司令部指挥。这些临时组织的反动武装，大多是地痞、土匪、流氓，鱼肉市民，横行无忌。卫戍总部以禁绝市内烟毒为名，将市内所有烟赌集中黄沙南姑，照旧收税，黄沙码头一带，成为掳人勒索、杀人越货的场所。强拉壮丁、卖充兵役、开枪追捕、杀伤行旅事件，经常发生，市民恨之入骨。

解放前约 10 天，卫戍总部调集曾经跟随蒋经国在赣南一带杀了不少人的国防部政工队、二十三兵团政工队共数百人，分派市内各区，组织所谓"五人小组"。卫戍总部把这个组织宣传是阎锡山守太原时肃清地下"敌人"、巩固内线作战的好办法。其组织办法如下：

一、本市划分为二十八个区，每区设一个督导组，正督导一人由该区区长兼任，设副督导二人，一由原任副区长兼任，一由卫戍总部派员专任，负责实际工作，主持一切。

二、每区以保为单位，每保设一小组，在保办公处办公。小组长由保长兼任，副组长一人由卫戍总部派人专任，负责实际工作，主持一切。另由国民党区党部派一人，宪兵派一人，该段岗警一人，合共五人组成"五人小组"。

三、"五人小组"的任务是清查该管段内户口，检查旅店、码头、公共游乐场所。张贴反动标语、反动文告。

四、清查对象：共产党地下工作人员及进步人士。

卫戍总部派员到各区召集保长开会，宣布这套办法时，南下解放大军已迫近粤北，市内反动军队，急于逃跑，拉夫事件，时有所闻，人心惶惶，保长多不敢参加这种组织，更因为卫戍总部派来人员，整天向保长借端勒索，应付不了，多托病借故躲避，故迟迟不能展开。10 月 10 日，居民不愿悬挂国民党的"国旗"，卫戍总部派来的副督导曾到黄沙分局大肆咆哮，亦无法强令居民悬旗庆祝，人心向背，于此可见。

## 维护治安 迎接解放

10 月 13 日，广东省广州市两个统治机构及它们所属各单位已经跑光了。广州市警察局长吉章简在 13 日晚上率领副局长何名泽、探长李彦良和部分分局长，集中沙面分局，乘电船星夜渡过石围塘逃跑。13 日那天我（练秉彝）躲在朋友家里，第二天（14 日）清晨，在家里接到总局值日官电话，说："局长已经逃跑，临走交代主任秘书袁祖安留局主持，袁也没有来，不知去向。"催我（练秉彝）回总局主持。我（练秉彝）接电话后赶去总局，几个留市没有走的分局长、保警总队副总队长李启英，大队长程子青都纷纷来电话联系，李启英、程子青、太平分局长黄逸民、广州市商会主席何辑屏等又先后来到总局，商量维持社会秩序的办法，当即公推黄逸民和我（练秉彝）分任临时正副局长，立即派出几辆吉普车在市区巡逻。并通知各分局队警，在解放军进市之前，发现有骚扰市民者严拘究办。同时拟定由黄逸民和我（练秉彝）领衔、各分局长、大队长署名的、拥护人民政府、欢迎人民解放军的通电。下午 5 时 50 分，接前鉴分局长凌璆电告，保警大队长吴国泉有率队离市逃走为匪的模样，我（练秉彝）即用电话找到吴国泉制止他逃跑，正在电话中斥责吴国泉时，突然传来爆炸海珠桥的巨响，电厂发电设备震坏，电灯熄灭。这时又接黄沙分局电告，蒋匪军在西关多宝桥放了一担炸药，我（练秉彝）即令黄沙分局局员李宝森、自卫中队陈队长率队抢救，蒋匪军见警队赶来，丢下一担炸药逃跑。8 时多，蒋匪军运输车九辆，在黄沙因为行人拥挤，无法通过，竟放火烧车，引起黄沙码头一带大火，黄沙分局消防警队全数出动，驰救无效，殃及猪栏街烧成灰烬。这时又有情报说"泮塘皇帝"李润仔匪帮，由泮塘偷渡如意坊，企图趁火打劫，这时黄沙分局已无警可派，由逢源分局长乔永年率警队驰往防守，李润仔匪帮见大队武装开到，不敢登岸。这时到处可以听到蒋匪军爆炸破坏的声音。我们正在焦虑中接到沙河分局来的电话说："解放大军已到沙河，分兵向三元里方面进来。"当我（练秉彝）与解放军某部朱参谋长取得电话联系后，立即叫沙河分局尽量找寻车辆供解放军使用，同时通知全市武装队警，各守岗位候命。

晚上 9 时许，人民解放军分路进入市区。

（本文选自《广州文史资料》第 11 辑，1964 年版，标题为本书编者加。）

# 陈燕茂\*：第六十三军之续成与覆灭

## 败军重续，垂死挣扎

国民党军第六十三军为广东部队，1948年冬，曾在军长陈章率领下参加淮海会战，妄图阻止势如破竹的人民解放大军，在窑湾受到人民的正义惩罚，全军覆灭，陈章身死。只剩下后方人员及归俘三四百人，由少将高参钟伟负责收容（钟伟，广东人，黄埔一期）。

1949年2月间，国民党政府国防部发表原在南京留医的六十三军少将副军长刘栋材为该军少将军长，回广东曲江征接广东各县壮丁，重新续成。（刘栋材为广西桂平人，半年前由陆大毕业，派任六十三军副军长。）

该军干部人选，除参谋长林杞，副参谋长陈祖荣（两人均为刘栋材陆大同学）为国防部所委外，其余师长团长均经广州绥靖主任余汉谋就其亲信中派出，均已于刘栋材到任前就职。少将副军长郭永镳，广东德庆人；一五二师师长梁荫丹，广东四会人；一八六师师长李荣梧，广东高要人；团长为陈邦荣、欧阳康等。同时营、连级二部也已陆续派出。1949年1月底，第六十三军的番号重新在广东曲江出现。

---

\* 作者原名陈祖荣，曾任国民党军第六十三军参谋长。

## 三省用兵，镇压革命

1949 年 2 月间，六十三军军长刘栋材奉广州绥靖主任公署余汉谋命令，兼任粤湘赣三省边区"剿总"指挥，只补叶肇调缺六十三军副军长郭永镳，兼任副总指挥。因此，即命该军由西江开驻南雄。以原边总参谋处长孔令贵（广西贵阳人）升边总少将参谋长，抵补凌式汶调缺；中校参谋农先民（广西南宁七塘人）升参谋处长，只补孔令贵升缺；古荫源（广西桂平人）仍任总务处长。未几又奉派新任南雄县长华文治兼任三省边总副总指挥；奉派华颂尧为边总政工处少将处长。华文治、华颂尧为兄弟，均广东始兴人。后逃亡台湾，投依其在蒋军任兵站总监之兄华岳游。

六十三军抵南雄后，立即抽集各部队士兵成立谍报训练队、军士训练队、政工训练队，以加强反人民反革命反解放的反动政治资本。

随后派出各营连长分赴广东各县接领壮丁，充当炮灰，驱使人民走上死亡道路。

六十三军续成之前，国防部与余汉谋均想据为己有。国防部一则派原广东编余师长，新在陆军大学毕业的刘栋材为军长；二则派参谋长顾祝同亲信、毕业陆大的林杞为参谋长；三则曾指定该军驻吉安。余汉谋一再力保化装逃回的六十三军一八六师师长张泽琛为六十三军军长未得逞后，即以六十三军兵源在广东为借口，力争该军回驻广东，以便控制。虽则国防部又指定该军驻防南雄，可是余汉谋又金蝉脱壳地把该军主力（即该军欠两团）开往西江，看守他的家乡，南雄只留该军的番号及两个团而已。

1949 年 3 月，六十三军（欠两团）由参谋长林杞率领，开驻广东西江之高要、四会、德庆一带，军部驻肇庆，归广州绥靖公署西江指挥所主任叶肇指挥。该军留驻广东北江之两团，归边总指挥，国民党军一五二师四五四团团长欧阳康，驻始兴、仁化，国民党军一八六师五五八团团长陈邦荣，驻南雄。国民党军正副军长刘栋材、郭永镳因兼任边总正副总指挥，留驻南雄边区总部。

六十三军辖一五二、一八六两师，一五二师辖四五四、四五五、四五六三个团。除四五四团留驻广东北江归边总指挥外，余四五五、四五六两团随师驻广东西江。一八六师辖五五六、五五七、五五八三个团，除五五八团留驻广东北江外，余五五六、五五七两团随师驻广东西江。

六十三军各部队边接兵边训练的同时，均分别在边总及广州绥靖公署西江指挥所的指挥下，展开对地方革命武装活动的血腥镇压：计西江之高要、四会、德庆方面，击毙击伤地方革命武装约 150 名；北江之南雄方面，以六十三军一八六师五五八团为主力，协同以县长华文治为首的南雄反动地方团队，先后击伤击毙地方革命武装约 110 名；北江之始兴方面，1949 年 4、5、6 月间，以六十三军一五二师四五四团为主力，协同以县长饶纪绵为首的始兴反动地方团队，先后击伤击毙地方革命武装共三四十名。

特别是北江之仁化方面，1949 年 7、8、9 月间，由边总前进指挥所（驻仁化）副总指挥郭永镳负责，该前进指挥所参谋长为六十三军上校附员何堪（梧州人），指挥六十三军一五二师四五四团及湖南"友军"一个团，以及仁化、乐昌等县的反动地方团队，向地方革命武装根据地汝城（属湖南省）进犯，随即攻占，击伤击毙地方革命武装约 120 名，俘虏地方革命武装及居民七八十名。


## 曲江整备，不战而逃


1949 年 9 月间，江西方面解放军发展神速，华南军政长官公署①长官余汉谋闻风丧胆，急调驻南雄之刘栋材回驻曲江，兼任曲江整备指挥官，在曲江外围构筑工事。是时已由驻西江肇庆的军部调来所要的幕僚人员及特务，组成整备指挥部，以军部上校附员前一八六师归俘参谋长何堪为指挥部参谋长。同时驻南雄的

---

① 1949 年 8 月 31 日，广州绥靖公署改称华南军政长官公署。

边区总部也逃回曲江，未几散去。六十三军驻南雄之五五八团及驻仁化之四五四团随后也被当地革命武装撵回曲江。整备部的稽查队不时搜查民房，逮捕市民七八十人，闾阎骚然，人民恨之入骨。

沈发藻军（江西军）驻始兴的一个团被起义前的始兴县长饶纪绵，借请酒机会解除其武装，曲江反动派为之震动。加以曲江外围有地方革命武装袭击，更军心惶惶。直至曲江以北的犁头（曲江北 10 公里处）忽然调来一个军（广西军）据说有固守曲江决心，局势始稍定。

刘栋材也大言不惭地在报上发表确保曲江安全谈话，可是言犹在耳，枪尚未响，即于中秋节之日匆匆放弃曲江，各自抱头鼠窜，向北、向南、向西逃散。

六十三军最后撤离曲江时，还曾指挥华南军政长官公署直属工兵营倪营长爆破预先安好炸药的曲江大桥及其他铁路桥梁等六七处，以图阻止解放大军南下。

六十三军逃离曲江时，及逃经乳源时，更曾将步机弹数千发，及六十三军符号二三百个，接济曲江保安司令（兼专员）龚楚，并使其借用六十三军名义，出没山地，混淆视听。

## 闻风丧胆，逃往合浦

1949 年中秋节之夜，六十三军军长刘栋材率领驻北江之两团放弃曲江，越岭西窜，经乳源、连县、广德、德庆至罗定，与由广东西江逃出之六十三军主力会合，续经信宜，广西之北流、陆川、博白，至广西合浦之张黄墟集结。沈发藻军也随六十三军后，经罗定、信宜、北流向博白逃窜。

六十三军主力逃离西江时，由于该军正副军长在曲江，而在西江主持的六十三军参谋长林杞又已逃往台湾任朱致一军的参谋长，以致无人负责，指挥慌乱，在参四科上校科长谢树忠指挥之下，军部直属部队辎重，取道水路，经高明县境内，即被当地地方革命武装俘获。

六十三军参谋长林杞于中秋节前逃离该军后，由副参谋长陈祖荣升任少将参谋长，上校附员何堪调充副参谋长。

10月间，六十三军逃抵罗定以前，原拟取道茂名、湛江，逃离大陆，至罗定时情况起变化，信宜县城已为起义的广东省保安第九团前来解放。余汉谋大为震怒，立即自海南岛来电，令六十三军迅即驰赴信宜立将该保安团（团长为张赓桃）解决具报，不得违误。该军参谋长以信宜为他的家乡，生怕得罪地方父老累及在家的父母、妻子、亲戚朋友，乃力陈信宜山地地形险阻，易守难攻，若被其牵制，以致骑虎难下，泥足深陷，难以适应瞬息万变的情况，不利于我军的前途，不如将此事拟交我办，由我拟复，先报一个部署，再报一个情况了事。当即取得暂代军长职务的副军长郭永镳之同意。

11月初，六十三军到达合浦县北端张黄墟后，即在该处南北之线构筑工事。普扣留地工一名（六十三军卫生营担架队上尉队附），逮捕有刺探军情嫌疑的女中学生八人，逮捕有窝藏地方革命武装嫌疑的居民18名，先后派队进犯出动无常的地方革命武装，共击伤击毙四五十名，沿途强征民夫共1200名，强征民工共350名，强征民粮共达60万斤。

## 策应失败，自投罗网

六十三军原守备合浦南北之线，此为第三线；第一线为喻英奇部；第二线为沈发藻部。均为广西白崇禧把守后门。

11月下旬，六十三军奉海南岛余汉谋电令，向东推进，以策应广西国民党军张淦兵团之出击，不料11月30日行至中途广西博白县之龙潭墟附近，国民党军一八六师方面，突然出现剧烈枪炮声，未几，该师解体，师长李荣梧被俘。

在行军先头的一五二师方面，也同时失却联络，无线电报话两用机也未叫通。军部直属部队连夜向合浦回窜，翌晨（12月1日）行至合浦公馆墟附近，突然出现枪声，军长刘栋材令参谋长陈祖荣布置应战，随即率领卫士排仓皇逃去，副军长郭永镳也不知去向。参谋长见大势已去无法抗拒乃传知各部队放下武器接受解放。参谋长陈祖荣被俘，双方不伤亡一人一马。

国民党军一五二师也逃不出人民的天罗地网，未几也在广东廉江被歼，师长梁荫丹被俘。

当六十三军在合浦被解放时，该军炮兵营因无马无炮且系新兵，故早在钦县训练归张瑞贵（前六十三军军长）指挥，一闻该军在合浦被解放消息，即逃往海南岛，后改编为六十二军步兵营，原中校营长陈颐荣调充副官主任，原少校副营长陈英昌调充营长。后 1950 年 4 月海南岛解放后，该营也被俘。

六十三军从 1 月续成至 12 月覆灭，均无马无炮。

（本文选自《文史资料存稿选编·全面内战（下）》，中国文史出版社 2002年版。）

# 程一鸣*：国民党炸毁广州海珠桥的经过

1949年1月21日，蒋介石宣布下台，1月22日，副总统李宗仁代理总统。4月20日，李宗仁拒签和平协定，中国人民解放军打过长江，4月23日南京解放，结束了蒋家王朝22年血腥统治。

6月，李宗仁逃到广州，在广州设代总统府，7月中旬决定在广州市丰宁路建立广州卫戍总司令部，以参谋次长李及兰为总司令，二十三兵团司令刘安祺为副司令仍兼二十三兵团司令。总司令部参谋长谭煜麟，副参谋长李崇诗、邹其光，办公厅主任龚少侠，政治部主任谢镇南，作战部主任黄英华，后勤部主任谭南光，司法处处长曾昭贻，稽查处处长程一鸣。8月1日，广州卫戍总司令部正式成立，稽查处改为保防处。

9月，军统局兰州训练班第二期学生胡凌影率领同学6人到程一鸣办公室来，他们是北方人，说来拜见程老师。

程问胡：你们是经广州回台湾吗？

胡答：是从台湾来，暂派在广州卫戍总司令部秘密工作。

以后，李及兰曾在会议中透露，如广州万一守不住，决定将广州大破坏。原来大破坏的计划，按照规定，应由作战部草拟，会同保防处执行。保防处处长程

---

* 作者时任国民政府广州卫戍总司令部稽查处处长。

一鸣当场问李及兰：本部要做准备吗？李摇头不答。会议散场后，程觉得李及兰的态度含糊，突然想起胡凌影这些人，到总司令部来后，一直没有发表职位。而这班人，全是在兰州训练班专学爆破、暗杀的，肯定他们是台湾派来，直接由保密局指挥。他们可能就是破坏广州市的刽子手，表面上由广州卫戍总司令部掩护而已。

程一鸣用电话约胡凌影到太平馆吃烧乳鸽，胡在太平馆向程表示：上次拜见老师，因为同学多，谈话不便，由台北出发时，毛局长（人凤）曾告诫过，不可暴露此行任务。其实，我们要做的事，蒙不过老师。

又谈到，他率领的同学，是隶属保密局的技术总队，队长是杜长城，也是老师的学生，总队大部分人员多是同学，这次来广州，是准备在广州撤退时，进行彻底大破坏的，要炸毁广州的水电厂、交通桥梁和军事设备。

这是毛人凤告诉杜长城，杜把任务告诉胡凌影。还说美国方面不满意我们的军队，不打仗就把城市交给中共，保密局不应眼看着把完整的城市献给中共，应该在撤走时加以破坏。毛接受美方的建议，拟订破坏计划签呈蒋介石批准执行。

那时，台湾的国防部保密局正和美帝的中央情报局合作，在保密局内设立"中美联合办公处"，简称"联公处"，主任是前军统局中美合作所的翻译刘镇芳，办公处改在台北市厦门街。

9月底，李及兰在会议上告诉后勤部主任谭南光，要他向补给区多准备一些炸药、雷管、导火索，并令补给区将现存的废炮弹和一切可爆炸的东西集中卫戍总司令部备用。

广州设有一个"特种会报"，这是广东省的最高反共反人民的秘密组织。

这种"特种会报"是由蒋介石亲自主持的秘密反共反人民组织，秘书长是吴铁城。对外是不发表的，对内采用化名。省的特种会报，是由该省驻军的最高负责人或省主席主持，参加的人员是国民党省党部主任委员，驻军的最高负责人——如警备司令，省保安司令部负责人，警察局局长，宪兵团团长，军统、中统驻在当地的负责人。每星期召开一次会议，参加人因故缺席也不能派代表参加。

会议上不做书面记录，就是写过的纸条也不准携出会场，是高度保密的会议。会议上所报告的、讨论的、决定的，主要是对付中共及进步人士的活动，其次是治安和有关防范反蒋的活动。这个会报讨论后，可决定监视、逮捕、屠杀的处理办法，由参加的宪警、保安团队、驻军的负责人去公开执行，或交由特务秘密处理。

总之"特种会报"是与"特种工作"（特务）配合起来，进行反共反人民的反革命勾当。

广东的特种会报设在广州市，由绥署主任余汉谋主持，参加人：广东省主席薛岳、保安司令（保安司令由省主席薛岳兼任，副司令张炎元代表出席）、广州卫戍总司令部司令李及兰、国民党广东省党部主任委员余俊贤（未见参加）、广州市市长李扬敬、广州市警察局局长吉章简、保密局驻广州副局长徐志道，中统局驻广州的负责人不知其姓名，宪兵团缺席。每星期一次在余汉谋办公室举行。

10月初，程一鸣因为向特种会报告"万一广州撤退时，共军未入城的一段真空时间，如何防范歹徒、地痞、流氓向市民抢劫"的治安问题，特准随李及兰列席会议。

李及兰向特种会报提出，如果广州撤退，卫戍总司令部准备炸毁广州市的自来水厂、电力厂和海珠大铁桥。

当时，广州市市长李扬敬起立反对，他说："广州市的自来水厂和电力厂，根本与军事无关！"他感慨地说："我们在广州并没有为老百姓做过一点事，临走时还要炸毁他们日常需要的水电，给老百姓留下恶劣的印象。"全场默然，余汉谋也噤无一语。

10月12日中午，李及兰召开高级幕僚会议，会议前，副司令兼二十三兵团司令刘安祺密告程一鸣，说奉蒋介石的命令，他的兵团今夜集合广州黄沙车站，渡海向海南岛撤退，放弃广州。

在会议上，李及兰宣布明日放弃广州，本部官兵向河南撤退，部队通过海珠大桥后，将大铁桥炸毁。

当时，程一鸣认为李及兰所宣布"本部官兵向广州河南撤退"是不合理的，因为所有的官兵并不通过海珠大铁桥。大兵团是向黄沙集中开往海南岛。卫戍总部的全体官兵是乘船向中山撤退。在撤退前，李及兰令程一鸣向广州空军司令吴礼商量，加紧修好三灶岛的飞机场，紧急时，李及兰乘坐飞机直飞三灶岛转往澳门、香港，李及兰并没有决心逃往台湾。李之宣布炸毁海珠大铁桥只是借口军事行动才炸毁的。

9月间，胡凌影向李及兰报到时，已将大破坏的计划告诉了李及兰。估计当时保密局在广州存有的炸药不多，9月底才有李及兰命令后勤部主任谭南光向补给区筹备炸药的事。据程一鸣所知，补给区并没有多余的炸药，只将几卡车废弃的炸弹、炮弹、手榴弹等运到卫戍总司令部来。至于大破坏的详细计划，除执行人员外，是没有其他人能了解的。因为炸毁一座桥梁是根据这座桥梁本身的结构来决定用多少炸药和从什么部位才能破坏。按照特务工作的规定，除毛人凤和执行人员知道外，是不允许在事前泄露的。

但从海珠桥的炸毁情形，可以看出胡凌影并没有照原定计划彻底破坏。未彻底破坏的原因，是由于炸药不足。保密局为什么不从台湾给他们补充炸药？可能是时间急迫，因为国防部判断，广州至少可守半年，结果是两个月就垮了。另一种可能，台湾还来不及派船运送或缺乏船只。否则，他们对自来水厂和电力厂也不会罢手。

再从执行人员把大批废弹（包括各种炮弹、枪弹及手榴弹）堆在铁桥上爆炸而没有把桥墩炸毁这一点看来，显然是缺乏炸药。否则，铁桥本身和周围民房的破坏，它的范围还要广阔。

10月12日晚，卫戍总司令部的高级军官全部住在沙面的胜利大厦，其余官兵住在沙面对面白鹅潭的船只里，候命向中山撤退。深夜，大兵团开始集中撤走。

翌晨10时，李及兰下令开动，程一鸣保护李及兰在天河机场乘中航公司的民航机飞往三灶岛，再由三灶岛乘船到澳门。

以后程一鸣在香港与二十三兵团副司令兼广州市警察局局长吉章简相遇，吉告诉程，毛人凤和李及兰差一点把他和整个广州市警察局全体人员炸死。当时卫成总部的办公室主任龚少侠和政治部主任谢镇南都在他的船上。卫戍总部不但没有把爆炸海珠大铁桥的时间告诉龚、谢两人，也没有告诉吉章简。他们撤退的船只在 10 月 13 日黄昏时通过海珠大铁桥下驶中山，当他们的船只刚离开大铁桥不远，大爆炸开始，他们差一点被炸死。可见当时李及兰也不知道爆炸的时间，所有卫戍总部的官兵都得不到通知。

10 月 14 日，中国人民解放军进入广州，广州解放了！美蒋特务在广州市留下一笔血债，永远镌在广州人民的心里。现在海珠广场的空阔和新厦的建立，就是当年被炸毁的民房旧址，死伤多少人民？也很难找到确数。

1952 年冬天，程一鸣从香港到台北，听说蒋介石对李及兰在广州任职时很不满，有 3000 吨军用物资，在广州解放时，落在人民解放军的手上。李及兰到了台湾，没有发表公职。

炸毁海珠大铁桥的胡凌影，从广州回台湾不久因贪污案被枪决。

保密局技术总队，总队长杜长城，总队附胡凌影，都是军统兰训班行动系毕业。

陈诚任东北长官时，杜长城参加"四平街战役"，杜将大汽油桶装满炸药废弹，埋在各据点上，使人民解放军大量被杀伤，陈诚认为杜长城是一位爆破人才。

陈诚逃台湾后，任台湾省主席，对保密局技术总队总队长杜长城另眼相看，企图利用技术总队保卫台湾，给了杜长城大量黄金，扩充技术总队。

杜长城拿了大批金条在购买爆炸器材炸药和克扣队员薪饷上，贪污舞弊，将黄金送给保密局局长毛人凤，两人分赃。此事被"总统府资料室"主任蒋经国查获，上报蒋介石。蒋震怒，下令凡技术总队有"长"字者，如总队长、总队附、大队长、大队附、中队长、中队附等，均交军法处审判枪决。毛人凤向宋美龄求救，宋向蒋求情，毛人凤才被赦免。保密局技术总队至此宣布解散。

（本文选自《广东文史资料》第 31 辑，1981 年版。）

第 三 章

# 潜伏：暗夜中的生死较量

# 何君侠 *：中共广州地下党斗争片断

## 羊城夜光

日本投降后不久，黄松坚同志从北江来到广州，派我往三水县建立县工作委员会，并由我当书记。1946 年元旦后，黄松坚同志又通知我返回广州，告诉我说，目前已经成立了广州市委，决定调我回广州。从此，我就在市委领导下工作，直至广州解放。

那时候，我家有时成了市委开会活动的地方，地址就在河南龙导尾积善里 10 号。这是一座具有独家小院的两层混凝土结构楼房，房屋主人（一位华侨的老母亲）住楼上，我赁其楼下居住。我家掩护条件很好：环境僻静，不会惹人注目。且我家世居河南，邻近一带住有不少我的叔伯兄弟和亲戚，左邻右里亦相处得好，我和爱人、母亲、孩子，还有一个寡居的姐姐，合家居住，这就不易引起他人疑心。其时我以商人面目出现，佯称在香港经营买卖，客厅上常备算盘。地下党同志来接头时，就说是有客人来谈生意，从不曾暴露过，连我母亲也不知情。故解放后公布我为洪德区军管代表时，邻里亲朋无不大吃一惊。

---

＊ 作者时任《粤商报》《大光明》报记者，中共广州地下党员。

由于市委开会时我在场掩护，所以让我列席市委会议。据我所知，黄松坚同志是市委书记，市委委员有陈翔南、余美庆、饶东（现名饶华，云南社会科学院副院长）等同志。谢永宽同志亦常到我家向黄松坚同志汇报工作。市委曾在海珠北路设一交通站，由我领导。交通站的工作则由何琼同志负责。该站以车衣做掩护，由我姐姐和一位党员的母亲负责车衣业务。自日本投降后，各地转来广州工作的党员为数不少，在这些党员中，有些是由我和他们接头，了解基本情况后，把关系交回市委，再分到有关的部门工作。

当时采取单线联系的方法。市委先后交给我直接联系的党员，大部分是打进国民党军政机关内部从事秘密活动的。如在"财政厅"的王达、朱钟昌，在"广州行营"的张惠亮，在"税务局"的刘××（忘记名字），在"卫戍司令部"的陈超，在"卫生部"仓库的何瑞，在"善后救济总署"的余道平，在"警察局德宣分局"的伍少辉、余炳登，在"电话局"的黄××（忘记名字），在军统特务葛肇煌控制的所谓"洪门十四号"区元枢，在"军统"内部的邓××、李卓云等。此外，也有一部分是以各种身份隐蔽在社会各个角落的，如在大德路开设家私店的王培燊，在黄沙开设柴栏的邓维亚，在卷烟厂的黎沃能，在电力厂的陈汉威，在纺织厂的宋兆真，在自来水厂的赵式键，还有以协助其父开办私塾做掩护的张基，等等。他们在市委的领导下，遵照党中央指示的"荫蔽精干，长期埋伏，积蓄力量，以待时机"的十六字方针进行活动。打进国民党军政机关的党员，主要任务是搜集敌人的军事、政治、经济动态，组织机构，高级成员名单，官僚产业资料等。他们把搜集得来的情报转交给我，我则在夜深人静的时候进行整理。我用最薄的纸张、最小的字体写成汇报材料，这样便于传递，万一出问题也可放在口中吞掉。写好后，先交给领导同志，再转报上级，如打进军统的邓××、李卓云同志，每周都向党汇报军统特务的动向，先后掌握了大批军统特务名单、住址。在自来水厂的赵式键同志，深入联系和发动水厂工人，在解放前夕的护厂斗争中起了不少的作用。有个女党员，她以帮助抄写反共情报的方法，获取了大量重要情报。本来我家除市委领导成员外，其他党员是不准到的，但为了及时取得这些重要情报，黄松坚同志特别批准她可随时到我家来汇报。

1946年夏天，黄松坚同志调香港分局农村工作部工作，由钟明同志和我联系。钟明同志曾在我家向市委成员传达"七大"召开情况和决议精神，早已相识。他了解我的工作情况后，认为我直接联系这么多的党员，不符合"荫蔽精干"的方针，应该选拔一些党员分担联系工作。我遵照钟的指示，转出一部分关系，另由赵式键同志作为我的助手，协助联系一部分党员同志。

国民党反动派对我地下党的活动异常恐慌，戒备特别森严，特务活动更形猖獗，不时在马路上拦截车辆、行人突击检查。所以我外出联系时，为了慎重起见，都不乘搭公共汽车，远远望见前面检查时，就转入横街小巷。接头后回来，到靠近我居住的地区，常常绕道回家，以防敌特盯梢。在国民党统治区活动，比在日伪统治的沦陷区活动更要小心警惕。记得在广州沦陷区工作时，有一次我奉命运送一批马列主义书籍过海珠桥，我的同伴主动打开藏有革命书籍的皮箱让日军哨兵检查，日军哨兵也检查不出来。而国民党特务则不同，他们由于长期和我党作斗争，也摸索出我党地下活动的一些规律，搜查时特别细致，所以非有可靠的掩护，党员是不准携带文件出入的。

## 曙光初现

1949年，蒋王朝已面临覆没。国民党总统府南迁广州，妄图以广州作为最后顽抗的基地，更视我地下党为心腹大患，千方百计搜索我地下党行踪。这时，我们遵照党中央"保存力量，做好准备，迎接大军解放城市"的指示精神，采取了相应的措施：撤退可能暴露的党员（主要是从事学运等公开活动的党员同志）。留在城市坚持斗争的，尽量做到更加隐蔽。我的工作则转由余美庆同志领导，钟明同志只有时来交代一些任务。是年3月，余美庆同志对我说，根据当前斗争形势，我没有职业掩护，易引起敌人注意，决定由在《大光报》当记者的党员介绍我在新出版的《粤商报》当经济记者，同时兼职《大光报》经济记者。《粤商报》是以

"商办报"的面目出现的，但与国民党官办的《大光报》关系极为密切，总编辑由《大光报》的核心人物黄甘良兼任，新闻业务大权完全由黄掌握。《粤商报》聘用的记者工薪虽较低，但黄给予《大光报》的兼职以资弥补，使记者乐于为该报效力。老板单宾予，政治面目未弄清楚，只知他长期办有一份《经济行情报》，颇为商场所欢迎，当时广州市的报纸，绝大多数是国民党官办或是特务系统所掌握的，言论反动，满纸反共叫嚣。市民尤其是商场多不愿订阅，而《粤商报》打着"商办报"的幌子为号召，政治态度故作不偏不倚，又不时发表为工商界叫苦的专栏文章，故商场上乐于订阅，获利不少。据情况分析，估计该报可能是借"商办报"为名，企图在广州解放后还继续存在，与我党作合法的斗争。

我采访的对象，主要是市商会、工业会和各行业的同业公会，任务是每天只交三四篇新闻稿，每周写一篇另给稿酬的专栏文章。其时国民党反动派阴谋搜捕我地下党员，到处成立所谓"防奸五人小组"，由国民党的区分部书记、伪保长、宪兵、警察、特务各一人组成。他们除在伪党政机关外，还深入各重点街道及团体、学校活动、余美庆同志认为我四出采访，出入报馆，仍易出问题，嘱咐我通过另一记者出面介绍何瑞同志也进《粤商报》当经济记者，逐步减少我的采访工作，并代我交稿回报馆。从此，新闻战线上的公开活动，多由何瑞等同志负责，我只接触工商界上层人物，做一些重点采访而已。在广州解放前的七八个月中，我们利用记者身份的有利条件，搜集政治、经济、物资和各报馆的情况，为将来接管做些准备。同时，我还通过新闻稿、专栏文章曲折地暴露国民党反动派统治的黑暗，在市民怒火中添薪，同时掌握了工商界的基本情况，开展统战工作，配合其他方面的同志，为解放初期推荐工商界代表、接管市商会、筹建工商联打下基础。

正当全国人民欢欣鼓舞庆祝南京解放，羊城上空已隐隐露出曙光的时候，国民党反动派一片慌乱，连忙委任反共老手、号称"杀人王"的叶肇为广州警备司令。叶上台后，即强迫工商界筹集经费，成立所谓"义勇警察总队"，归伪市警察局领导，由市商会理事何信泉任总队长。另外更要商会筹款给他扩充警备部队，以加强对广州人民的镇压，一时杀气腾腾，凶相毕露。

一次，我刚好在长堤一间茶楼和党员接头，忽然马路上传来几声乏力的口号，探首下望，只见几辆宣传车，跟着是零落的队伍，其中杂有一些服装妖冶的妇女，正在无精打采地走过，活像送丧的人群。原来这是国民党反动政权导演的所谓"反共救国军"大游行。事后听市民议论，那些参加游行的人，全都是些流氓打手、官太妓女，真是一出极端荒唐的丑剧。

不久，我联系党员的任务亦做了调整：减少联系国民党政府机关中的一些党员，逐渐增加联系在经济部门中的党员，如在先施公司的肖泛波、马文羲、黎秀琼，梁培基药厂的梁尚任、徐思，以及在其他工作岗位上的陈有、王俊生等几位党员同志。另外还联系"新经协"成员、白粥同业公会理事长关道源。

## 迎接解放

南京、上海相继解放后，我军乘胜长驱南下，广州解放已指日可待。广州市民深恐我大军未抵达广州前，国民党军队闻风先逃，出现所谓"真空"，土匪乘机抢掠。为了防卫起见，银行钱庄汇集的西荣巷、十三行一带，倡先成立街坊自卫队，由各商户科钱雇人购枪组成，并在街口建木闸防守。接着各街道纷纷仿效，一时自卫队、木闸遍于广州。当这些情况初出现时，提出了一个新问题，究竟成立自卫队的企图如何，会不会被国民党反动派利用作为最后顽抗的工具？我和何瑞以采访为名，进行了调查研究，反映一如上述。首倡成立西荣巷自卫队的银业公会的拳师许子珍，他的弟弟和我是旧相识，平日交谈较密切，我曾以言相探，他坦率表示：他们所担忧者只是"真空"，解放军一来就放心了，哪敢反抗！为了掌握这些自卫队使其确实能为我所用，便布置王培燊担任大德路一带自卫队的中队长，马文羲担任靖海路一带自卫队的副中队长，同时由何瑞通过当中队长的朋友掌握杨巷、上九路一带的自卫队，使与西荣巷地区的自卫队联成一片。

为了使广州解放时城市生活能正常进行，必须保证水、电、米粮、柴薪供应不缺，地下市委都做了认真的部署。我领导下的同志只担负如下的任务：由关道源与人合股开设柴栏，大量购存柴薪，并动员其他柴栏老板也这样做。何瑞则以采访为名，调查了粮食及花纱的储存情况。

一唱雄鸡天下白，一轮红日从东方冉冉升起，广州人民渴望已久的翻身日子终于到来了！1949 年 10 月 14 日，余美庆同志通知我午前在一德路源源茶楼紧急碰头。当我路过海珠桥时，看见海珠桥面一侧，放着几箱伪装了的黄色炸药，桥上桥脚都有国民党军队紧张地活动着，我已意识到国民党反动派正在狗急跳墙蓄谋炸毁海珠桥。这时，解放大军已直薄广州郊县。余美庆同志说，已派人与解放军联系，但没有联系上。我们交换了工作意见后，就分头离开去布置工作。在我们碰头的短暂时间中，马路上的行人，忽然惊慌奔走，潮水般涌了一阵又停下来。大概由于警察撤岗，人心惊惶所致。余美庆同志临时通知我，目前任务紧急，我们明天到关道源家中，以便及时指挥工作。那里地方僻静，便于隐蔽。我离开茶楼后，先到先施公司找肖泛波同志，把当前紧急情况告诉他，嘱咐他掌握好马文羲那个自卫中队，严密监视敌人，防止破坏，尽可能支援五仙门发电厂工人的护厂斗争。并与王培燊那中队联系，相互配合，同时通知他在东亚酒店打电话给伪靖海警察分局长，说我解放军先头部队已抵达广州，责令他保护好辖区尤其是五仙门电厂，否则追究责任。跟着又找邓××、李卓云，要他们密切注意军统特务的动向，及时汇报。最后到与何瑞约定接头的市商会，把形势和任务告诉他。当我刚踏入市商会大门时，商会那位年老的文书，突然朝着我大声叫喊："接管大员来了！"把我吓了一跳，原来他是和我开玩笑。这时，市商会的理事只有建筑业同业公会的理事长吴瑞翘一人在会中。我把国民党军队正准备炸毁海珠桥的情况告诉他，他大叫海珠桥如被破坏，那就对商场影响太大了，并打算同各理事商量，由商会出钱收买国民党军队，使其停止炸桥。我知此人素有"大炮"之称，且在市商会威信不高，姑且鼓励他几句就走。本来还打算找其他党员交代任务，但时间已晚，只好等明天再去。回家时不敢再经海珠桥，改乘小艇返河南。抵家还未坐定，忽然一声轰隆巨响来自海珠桥方向，知道海珠桥果然被国民党反动派罪恶之手炸毁了，内心无比愤怒，又担心五仙门发电厂也难幸免。由于我家僻处河南，夜间不便外出，辗转反侧，深夜难眠。翌晨一早，便赶赴关道源家，沿途只见晨曦照眼，一片光明，心情无比兴奋。及抵关道源家与余美庆等同志相会后，获悉市面上出现打着"华南局"旗号的小汽车四出活动，接管国民党的银行企业。我们知道只有"华南分局"而没有"华南局"这名称，定是敌人残余势力趁我解放大军刚刚进城，真相未明之际，乘机浑水摸鱼。为了揭露敌人的阴谋，号召市民起来协助解放大军接管城市，安定社会秩序，地下党组织曾起草了一个用党的外围组织"新民主主义学生联合会""民主妇联""新民主主义工人协会""新民主主义经济工作者协会""新民主主义教育工作者协会"等名义联合发出的"告广州市民书"，由地下党员、外围组织成员广为散发。

关道源家虽然有一间空屋，但不能容纳多人工作，约在 16 日便由华南分局联系的温盛湘同志提供在长堤的"中原行"作为地下市委临时办公及活动的地方，不久就与市军管会取得联系，在"中原行"集中办公。当时敌人残余势力活动还很猖獗，军管会要求迅速搜集敌情、社会动态及时汇报。经过地下党员及外围组织成员的努力，搜集到的大量情报，每天都如雪片般飞来。于是，决定分组进行整理。我负责一个组，肖泛波同志协助。王达同志也负责一个组，整理历年搜集得来的大批敌产和接管有关的资料。这时地下党员来汇报情况、接受任务的络绎不断，工作十分繁忙，常常彻夜不眠。及至新市委成立，我便在市委协助余美庆同志整理地下党员分配工作的资料，任务完毕后被派以军事代表名义接管"市商会"，挫败何辑屏妄想继续操纵筹备工商联的企图。当我走进市商会时，那位老文书不禁瞠目结舌，想不到以前所开的玩笑，竟然成为事实。第二天我又被委任为河南洪德区军事代表、区工委书记兼区长。从此，便踏上了新的战斗途程，永远告别了一生难忘的地下斗争岁月！

（本文选自《解放战争时期广州的地下斗争》，1984 年版。）

# 程长清*：解放前夕广州市警察局部分人员起义的经过

## 打入广州市警察局

1946年冬，天气阴冷，赤裸的田野上，只有深而沉的暮气，一切都好像在等待着春天的到来……

有人来找我。他是中共粤桂边区陈信才（陈柱）同志派人来的，他给我捎来了一封信。原来，是让我到中共粤桂边区去工作。

很快，我就动身了。途经香港时，中共华南分局副书记林平同志（即尹林平同志），分配我到广州从事地下工作，指定了潘古帆同志与我单线联系，1948年下半年，改为陈坤同志。

到了广州，我的公开身份是国民党的编余军官，国民党行政院也曾给我颁发了退役陆军步兵中校的军衔。我就利用这个身份，设法打进广州市市长欧阳驹的圈子里，成为他的亲信，以利于开展工作。

我是广东警官学校毕业的学生。我读书时，欧阳驹是警官学校的校长。我通

---

　　* 作者时任国民政府广州市警察局警察总队第三大队大队长、保安警察独立大队大队长，中共广州市地下党员。

过各种办法，找到了欧阳驹，说明了我是他的学生，请他帮忙谋个差事。

过了一段时间，我又找了同乡，他是我的老上级，广东省会公安局局长何荦，让他向欧阳驹推荐我。这以后，欧阳驹渐渐对我有了好感。

不久，欧阳驹委任我为广州市警察局警察总队第三大队大队长。我手中有了一点小权力，可以自招军官和大兵。两个多月后，我手下有了一支约 800 人的警察队伍。

广州市警察局长黎铁汉对我心怀疑忌，派了一个姓王的当我的副大队长，还调换了我手下三个中队长。

"这怎么行！"我心里挺着急，为了保住这支队伍，我极力和新派来的四个人打好交道，让他们能在黎铁汉面前说我几句好话。

后来，我为姓王的大队副在海南岛某县谋了一个县长的职位，把他调走了。这样，我就把旧部下李铮然招来任大队副。

这时，警察局局长换人了。黎铁汉被内政部长李汉魂撤了，改由朱晖日接任广州市警察局局长。朱上任后，把我手下许多营、连、排长都撤换了。

我跑到欧阳驹那儿，说："我的队伍都成了空架子，怎么能起到保护你的作用呢？"

"可不是。不能让他们走，要全部留下来。"欧阳驹觉得有道理。

警察局局长又换人了。由欧阳驹兼任警察局长。这对我来说，是再好不过了，我让旧部下全部官复原职。我自己也升了官——保安警察独立大队大队长。

我乘这个机会，经欧阳驹同意提任了李铮然为三大队大队长。可是，由于欧阳驹与广东省主席薛岳有矛盾，不久他就下台了。在他下台前，任命了吉章简为广州市警察局局长。

我保住了警察独立大队大队长的职务，也紧紧地掌握住了这支武装力量，在迎接广州解放中发挥了一定的作用。

## 策动起义，迎接解放

1949 年秋，虽然，广州市被白色恐怖笼罩着，国民党反动派到处抓人，警笛声常常打破夜晚的沉静，而且几乎天天在杀人。但是全国的形势大好，中国人民解放军已逼近广州，广州解放指日可待。

中共华南分局又派人来给我指示：为迎接解放大军南下，为解放广州做好准备。

10 月初，形势更加明朗，国民党反动派纷纷溃逃，广州一片混乱。卫戍总司令李及兰和副司令兼警察局局长吉章简，对撤退的情况十分保密，表面上不露声色，可是他们在紧张地做准备。

我心想：要利用手中所掌握的武装力量，准备在敌人撤退时，尽量保护好广州市人民的生命财产安全。我也投入紧张的筹划工作中。

10 月 11 日，我把李铮然等人秘密邀集起来，对他们说："现在时局迅速变化，我们每个人都要做好应变的打算。"停了一会儿，我又说："你们有什么打算？可以和我说清楚。"

他们听完后都说："我们跟牛哥（我的绰号）走，牛哥说怎么干，我们就怎么干。"

"既然这样，那就听我的吩咐行事吧。"我分派了一部分人到各处去侦察国民党军队的动向。

10 月 14 日清晨，广州市警察局副局长何名泽任命我为保卫组组长，任务是保卫局长吉章简的安全。接着，广州市政府自卫常备队队长黄玉辉来找我。我让他去见吉章简。黄问吉章简："我的队伍归谁指挥？"吉答："归程长清。"

我让黄玉辉派几个人到我这儿做联络员，好传达我的命令，让他听从我的命令行事。

广州市商会会长何辑屏也找到了我，他说："我是代表广州市民来要求你的，请你的队伍不要撤退，留下来维护治安。我们可以负担粮饷。"

我带他去见了警察局人事室主任黎钟，由黎钟带他去见了李及兰和吉章简。然后，他又回到了我这儿，说："李及兰和吉章简说了，保警队伍半个不留，武装警察好的也要撤退。""现已委任太平分局局长黄逸民代理警察局局长，黄沙分局局长练秉彝代理警察局副局长，由他们负责广州市治安。"

我得此消息后，就去找练秉彝，说："现在，我已掌握了武装力量，你是否愿意起义？"

"好！我同意。"他还把黄逸民找来了，我们把起义的事说了一遍，黄也表示同意起义。

随即，练秉彝打电话给所有警察分局，有13个分局长接受起义的动员，留下来维持治安，有15个分局长不接受起义，他们弃职逃跑了。

上午9点左右，我收到卫戌司令部传令兵传来的命令：马上带领队伍随他们撤退到海南岛，并立即找好撤退的船只。

我早已布置好队伍，留在广州不走了。接到命令后，我表面上派大队训练员郭温诚去找船，实际上则让他去沿江侦察。保警总队副队长李启英，又带着李及兰和吉章简签署的命令来了：命令立即带走队伍跟他们上船。

我带着李启英来到警察局礼堂，这里没有人，我说："你跟李及兰和吉章简走只有死路一条，如果愿意跟我走是有前途的，你究竟跟谁？"

"我愿意跟你走。"他交出了两支3号左轮手枪。

"你要留在我身边，不要离开指挥所一步，否则安全就没有保障了。"

下午5点钟左右，保警总队长古某亲自来找我，他一进指挥所，见我拿着手枪对着他，慌忙举起了双手，向后退了几步，边退边说："不要这样，各走各的路吧！"

他退到了门外，跳上吉普车跑了。我无意杀他，所以让他跑。我知道敌人开始撤退的时间快到了，是以炸毁海珠桥作为总撤退的信号。我派第九中队长周文保带他的中队跑步到海珠桥去抢救。他们还没跑到一半的路程，就听见"轰隆"

一声巨响，海珠桥被炸毁了，而且殃及了附近的居民，房屋倒塌了一大片，死伤2000 多人。

当时，广州市的警察武装队伍，第一大队由吉章简的侄儿吉承浩任大队长，下面中、分队长都是他的人。我无法接近，这队人马跟吉章简撤走了。但是，独立大队是属于我的，一中队长陈贤、二中队长邓鸿谟、三中队长魏治成都是我的人，尤其是第三大队长李铮然是我的亲信。第七中队长吴威勋、第八中队长黄杰安原来是黎铁汉派来的，第九中队长周文保是朱晖日派来的，这些人经我动员后，都愿意跟我起义，还有一个保警队第二大队大队长吴国泉，他原是李汉魂的特务营长，但他与吉章简有距离，故尚未表态。

14 日上午，我把吴国泉请来，他带了十几个带枪的卫兵。我说："现在情况紧急，立刻要决定走还是留，你打算如何？"

他对我存有戒心，但也不想跟吉章简走，态度犹豫，叹息地说："如果留下来，就要准备打仗。"

"你回去想想再决定吧，可以用电话和我联系。"

他部下有两个中队长陈元正（原由钟岱派来的）和黄隆秀（原由黄镇球派来的）已接受了我的动员，表示愿意跟我起义，听我的调遣。

不久，我打电话给吴国泉："现在你想走也走不了了，我已布置了警戒，你自己可以去看看。"

他别无选择，只能表示愿意跟我起义。我命令他带领队伍到广九车站警戒，确保车站安全，同时协助警戒珠江河面，断绝船只向北岸驶来。因为，有消息说李福林的一些旧部和石围塘的吴佳原（他们都是"大天二"和土匪）想趁火打劫。接受我动员愿意跟我起义留下来维持治安的警察，还有人事室主任黎钟、督警李鼎英、李达才和沙河分局局长杨智佳等。

晚上 8 点多，电话响了，我拿起来一听："报告，解放军已到达沙河。"是沙河分局打来的。我马上派车赶到沙河去迎接。

晚上 9 点多，我接到了五十五军兵团参谋朱国才同志，他一到警察局，就问：

"有没有关押政治犯？"

"有些政治犯在国民党军撤退前被杀害，其余被带走。现在关押在警察局和黄华路、仓边路监狱的都是刑事犯。"

朱国才同志听完后，打电话请示，半夜3点多，他命令将全部关押的犯人释放。

国民党反动派撤退时，炸毁了海珠桥、黄埔鱼雷库、天河飞机场和白云机场，造成一定的损失。但是，广州市其他公共设备，如水厂、电厂及其他工厂等，在地下党的保护下，都没有遭受到破坏，也没有发生抢劫和骚扰。

27日，广州市公安局正式成立，陈泊同志任局长，孙乐宜、陈坤任副局长。我调任警训总队副总队长。

15日早，我把广州警察局所有的武器，都点交给了人民解放军，各种步枪及机关枪共740支。我策动的广州警察局部分警察起义、迎接解放的工作也告结束。

（本文选自《广州黎明前夜》，广州出版社2004年版，标题为本书编者加。）

# 赵式健*：自来水厂的秘密斗争

## 初到广州

1945 年 8 月日本宣布投降时，我在台山县斗山一带从事地下党的工作，主要是配合游击队的武装斗争。在我党中央发出《关于同国民党进行和平谈判的通知》后，台山县地下党布置了复员工作：在部队的战斗员中，原来是学生的要回到学校去读书，原来是农民的要回家种田，有条件的就往外地转移，少数同志准备随同东江纵队北撤，其余的同志立即进行隐蔽，并组成武工组分散继续活动。

1945 年底，我胞兄为我在广州利济船务行找到一份往来广州三埠的花尾渡上当服务员的职业。经台山地下县工委的负责人黄文康、余经伟同志同意，我于1946 年农历正月初六离开家乡，到达广州。

到广州后，我住在长堤潮音街一号利济船务行。后因利济船务行的花尾渡办不成，而我当时身患肺病，只好暂时治病，另找工作栖身。碰巧有一同乡赵剑光，他是伪广州市市长陈策的人，当时担任广州市自来水管理处副经理。我通过他的

---

* 作者时任国民政府广州自来水管理处工作人员，中共广州市地下党员。

关系，在自来水管理处找到一份工作。

有了职业掩护，我爱人陈凤锦同志也随后来到广州，在广州市惠爱西路（中山六路）惠吉西福泉二巷 21 号二楼定居下来。7 月底一个星期天，何君侠同志按广州地下党领导人黄松坚同志的指示到来和我及陈凤锦同志两人联系。从此，我便在广州地下市委的领导下进行工作。

## 进入自来水管理处

广州市自来水管理处属下有增埗、沙面、东山等三个水厂，还有西关、越秀山水塔，负责供应全市用水。当时有职工 700 多人。增埗水厂创办于 1905 年，官商合办。抗战前后国民党政府的工厂不多，自来水管理处是属国民党的主要企业之一，早在省港大罢工时期，我党的力量被国民党破坏很严重，水电两厂的工人遭国民党屠杀的也不少。此后，国民党特务通过国民党市党部、伪机器工会及其他黑社会组织，严密控制水电两厂。凡是自来水管理处的职工都要填表集体加入国民党，行动上受到监视。

自来水管理处除几个水厂外，还有外勤装水管工程队，这些工人是自来水创办以来的世袭工人，从祖父、父亲到孙子都有。大部分工人视自来水的职业为"铁饭碗"，有一部分工人自己一家老少开设承装店（即承接装水管工程的商店）搞工程生意，赚取外快，生活比较安定。这些人不谈政治，怕惹来横祸。

工人中有相沿下来几十年的地方封建把头势力，他们画地为牢，瓜分了外勤工程队和增埗水厂，宗派观念根深蒂固，不易触动。我党的力量要打进去是困难的。

自来水管理处委任我为工务科装修股修表房的管理员，是最低级的职员。初去报到时，工务科主办科员杨庆权接见我，我把简历表填交给他，当他看到我简历上填写曾任"赤溪县国民党县党部宣传组长、赤溪县政府会计员"的政历时，有点惊奇地问："你年纪不大，已经做了不少事啊！"因为这些政历是我伪造用来欺骗国民党的，我镇定地回答："这个社会是混饭吃的嘛！"这简单的对话引起我的警惕，国民党对每一个新来的人都密切注意（后来了解杨庆权其人是原番禺（北）国民党军队伍观琪的部下，是个军统特务）。修表房负责保管、修理水表工作，是自来水管理处一个基层单位。我是一个低级职员，环境复杂，面对现实，只得下决心学会做城市工作。

## 学做城市工作

当时我是个年仅 20 岁左右的青年，在农村干了几年工作，初到广州这么一个大城市，和工人接触是一个新课题。何君侠同志与我联系上后，他介绍了当时敌人在广州的活动情况，要我注意了解周围环境，并说在白色恐怖下我党力量比较薄弱，强调做好隐蔽工作，希望我以后利用机会，再介绍人打入自来水管理处工作。另外，他把王培燊同志（当时他在大德东路 18 号开设一家"大德"家私店，是我们活动接头的地点）介绍给我，随后，又把几个党员的关系交给我联系。其中有：张惠亮同志（当时在国民党军委会广州行营任上尉科员，是张发奎从广西桂林带来广州负责接管日本投降工作的）、邓维亚同志（当时在如意坊开一家柴店）、何瑞同志（当时在国民党军政部特派员的卫生器材仓库工作，夜间在国民大学读书）等。这几位同志年纪比我大，斗争经验比我丰富，内心感到党对我的信任，只有想办法把工作做好。

抗日战争胜利后，广州市自来水、电业管理处的总经理是郑星槎，他是国民党军统特务广州站的头目。当时水电两管理处合并在长堤（即现广东人民银行）办公、营业。我所在的修表房有修理水表的工人张凌、妣顺、陆广安、苏应梅、苏仁余、梁百坚、陈达民、陈华等人。还有机械工余信、木工余龙等十多人。1946 年 8 月，宋子文系的刘鞠可接替郑星槎当自来水管理处的经理。新任装修股长兼工程师是李镜章，他是刘鞠可的亲信。李镜章当了装修股长之后，带来一个工目叫钟志新，在修表房附设一个工具房，设有外勤装水管工程所用的工具，供装水管的工人每天借用。在这种情况下，我既直接管理修水表的十多个工人，又有机会与外勤装水管的 100 多工人接触，这使我有机会与工人交朋友，向工人学习。

## 与工人交朋友

1947 年，我改由余美庆同志（他当时叫老麦）领导。他听取了我汇报自来水管理处的基本情况之后，提出把王培燊、张惠亮、何瑞等同志的党组织关系交回他转交别人联系，要求我专心搞好自来水厂的工作，并对自来水管理处的情况做了详细的分析。根据地下市委所获得的情报，抗日战争胜利后，自来水管理处是由军统特务广州站站长郑星槎接收的，军统在水厂安排了不少人，其他特务组织也派了不少人潜伏下来。自来水厂是全市一个重要部门，国民党特务不会轻易放过。郑星槎下台以后，刘鞠可上台，特务势力还是雄厚的。要加倍警惕，严格实行单线联系；要胆大心细，着重点点滴滴的工作，积聚力量，先调查研究，把这个厂的敌情摸清楚；要以修表房为基地，与工人交朋友，开展工作。

我遵照余美庆同志的指示，放下架子参加劳动，向修表工人学习，先动手拆洗水表，再学修表，又学会验表，与工人打成一片。在与工人接触中，知道这班老工人大部分是抗日战争前留下来的。日本鬼子占领广州时，他们也是修理水表的工人。他们对国民党腐败无能、不关心工人生活表示不满。由于修表房没有饭堂，中午只好到茶楼去吃饭，生活开支很重。我和工人们商量后，在修表房自己开办了一个小食堂，轮流买菜、煮饭，同食同劳动，节约开支，大家很满意，互相之间的关系很融洽。

陈华是负责检验水表的工人，抗日战争期间他在香港一家木材店当店员，喜欢看《华商报》和进步小说，又是老乡，所以我便先与他接触。在与陈华交谈中，逐步了解每个工人的情况。他们反映，梁百坚修表质量不好。原来他不是工人，他是在郑星槎接管日伪财产时跟随来的。初时是修表房的管理员，郑星槎下台之后，梁百坚才转为当工人。老工人对我反映这一情况，说明地下市委的分析是正确的，更加引起我的注意。我耐心地对梁百坚进行长期的观察，发现来访他的客人多而且杂，有国民党军官，有带枪的便衣，有商人打扮的，经常在星期六那一天提前下班，对我说是返老家三水县西南镇，有时到下星期一还不回来。他是个50 岁左右的人，仍是单身汉，好饮酒，爱上茶楼。为了突破缺口，我投其所好，请他到长堤金轮酒家去饮茶、吃饭。有一次吃晚饭时，灌他喝了半斤酒，当他酒醉三分之后，便滔滔不绝。他说他是郑星槎的人，原来当水表房管理员的职务，文化不高，还是当个工人好。又说他老家是三水西南，发现那里附近有个秘密电台，要经常去查查。还说他对长堤一带的黑社会很熟悉，如有什么事情他可以帮忙解决。有一次我堂姑姐从台山乘三埠花尾渡到广州，在长堤大同酒家门口的码头一上岸，就被小偷偷去一个皮箱。于是我便把皮箱的外形、颜色和失窃的时间告诉他。过了两天他果然把皮箱原件找了回来，这说明他与黑社会的关系很密切。我记得有一个星期天，请他到惠爱中路（中山五路）占元阁茶楼（即现华北饭店）饮早茶，他说他和伪广州警察局的侦探长李彦良很熟识，他有事要找他，叫我也一道去。饮完茶之后，我便跟随他到维新路市警察局直上二楼找李彦良。当时李彦良不在，所以未能见到面。这也说明他的身份是非常值得怀疑的 ①。

## 逐步开展工作

　　工具房是修表房的附设机构，外勤工人每日要借用装水管工具，我利用这一有利条件，向外勤工人发展。当时外勤的工目（相当班长）有黄万、程文、何劳、李林、梁加、梁元、王仁、黄均、谭叶、关文镇、罗汉生、何重、梁北、姚泽、姚杰、伍宽、王根等。每个工目领导三四个工人，还有几十个专挖马路的杂工。外勤工程队队长梁国开，是清朝广州开办自来水厂时的一个装管工人。这一工程

---

　　① 梁百坚在广州解放后镇反运动时，经查明是军统行动爆破组组长，由人民政府逮捕，后死于狱中。

队属工务科工务股领导，有技术员叶佳武、苏照、张子衡、黄子森等人。

每天来借工具的工目，总希望我借给他们新的、好的，便于工作，这些工目每天干装管工程，有时有外快收入，或休息时去"炒更"（即加班）。因此，不少工目经常请我到茶楼去饮茶，我便利用这一机会与他们交朋友。经各方面交谈，知道工目之中黄万为人比较正直，讲义气，在群众中有威信，曾在省港大罢工时受过革命的影响，没有宗族关系，是中间势力派；梁国开是三水县派的头头，外勤工程队中他的势力较大；梁北是花县派，他是伪工会主席国民党国大代表曹汉的得力爪牙；李志、李昌是李镜章的同村兄弟，入厂不久，还未有资格当上工目；谭叶的花名叫"花仔叶"，为人好赌好嫖，收入最好，不问政治；伍宽、王根是伪警备司令部的便衣。这些人当中有的参加小芦同志社、联谊会、力行同志社、国术社、洪门等黑社会组织。伪工会主席曹汉是广东省机器工会主席李德轩的助手，又是中统特务，与国民党广州市社会局往来密切，是个工人贵族，工人恨之入骨。还有一批青年工人如叶佳、何濂、陈均、徐醒雄、冼光、姚根、梁正等，他们爱好打球，搞正当娱乐，比较纯朴。了解这些情况后，我向余美庆同志做了汇报。他认为这些情况很重要，指出：对敌人要加倍警惕；对黄万要进一步了解，作为培养对象；对青年工人要进一步团结，根据他们的爱好，帮助他们组织体育队（踢足球）；对上层人物如技术员、工程师、科股长则要争取机会接触，尽可能通过各种渠道，设法了解整个自来水管理处的上层和其他科室情况，工作要推向全面发展，才能把自来水管理处的工作做好。我想上级这一指示是正确的，但任务很艰巨，困难不少。1947年底余美庆同志工作较忙，加派何澄宇同志协助他，负责联系我。

## 同流不合污

要向上层人物做工作，又要同流不合污，注意隐蔽，从一点一滴工作入手，是余美庆同志和我见面时经常给我的教诲。工务科长李德耀，台山人，是美国留学生，我们是同乡。为了我的工作岗位稳定下来不致被开除，逢年过节，我要送礼给他。装修股长李镜章、工程股长潘应江两人是刘鞠可的亲信，而李镜章更为刘鞠可所赏识，人们说他是刘鞠可的"干儿子"。他有技术，能干。按余美庆同志指示，要千方百计接近李镜章，争取他的信任。李镜章和潘应江、叶继武、苏照、张子衡等技术员往往每天早上工程任务安排完毕后，便到长堤一带的上等茶楼去饮早茶。我是一个最低级的雇员，难与他们接触。这些人当中，我与技术员叶继武接触较多。我便通过叶继武搭上关系，与他们一齐上茶楼，打入他们的小圈子里去，在比较高级的一景、大三元、六国饭店等茶楼饮茶，轮流做东，一次要花20多元港币。当时我每月工资只有 80 元港币，一家三人，很难应付。他们有外快收入，我则两袖清风。为了党的工作，只好与爱人陈凤锦商量，要她在美国的父亲汇款支援。经过长期接触，我与李镜章的感情加深了，和他交了朋友。他的女儿满月，或是他的父亲生日都请我去做客。但我在政治上、生活上都严格保持共产党员的纯洁性。通过这些工作，我了解了自来水管理处的一些上层人物的基本情况，如：经理室秘书陈通曾、工程股长潘应江是军统特务，张子衡、刘缉熙是力行同志社的黑社会人物，人事室主任张秋山是国民党区分部书记，并对刘鞠可、陈柏令的权力之争等情况，有了基本的了解。上级指示要利用矛盾逐个击破。

## 利用矛盾，各个击破

搞垮曹汉。曹汉是自来水管理处伪工会主席（名为广东省机器工会第十一分会），1947 年当上伪国大代表。米市路 11 号二楼名义上是工会会址，实际是他的家。他在这里开设麻将档，从中抽水或承接装水管工程捞油水。他整天与冯镐、高信等中统特务密切来往，工人恨之入骨。

盘踞西村增埗水厂的陈柏令历来与曹汉是对头人，水火不相容，陈企图把势力伸到市区自来水管理处来，则先要夺伪工会主席的权，作为与刘鞠可较量的本钱。陈柏令通过他的爪牙陈兆楷、黄志东，勾结三水派（即三水县人）何重。准备搞垮曹汉。

我与梁百坚交谈中发现他们的企图，便通过黄万等在外勤工人中揭露曹汉与刘鞠可勾结，不关心工人生活，游手好闲，不务正业，指手画脚，充当工人贵族的丑行。1948 年初，乘改选工会主席之机，选出了以黄志东、陈兆楷、何重三人为常委，把曹汉搞垮了。当时因为在国民党统治下，我们力量薄弱，一时还未能培养出自己的工人领袖来。

新工会常委上任后，把工会地址搬迁到丰宁路（即人民中路交电商店对面）办公。当时我办公的地点从长堤搬到长寿路（曙光路）西关水塔大院内，相距较近。我也经常到工会去多和工人接触，特别争取机会与何重、陈兆楷、黄志东接触聊天，从中获取情况。

赶走陈柏令[①]，把工作推向增埗水厂。1948 年底，刘鞠可企图稳定其经理的职位，亲自控制西村增埗水厂。水厂厂长是江河，总工程师是陈柏令。其实整个水厂都是陈柏令的势力。水厂每月购入煤炭和原材料，除柏令从中获利不少，刘鞠可见了眼红，那就非赶走陈柏令不可。从我与李镜章来往中了解到刘鞠可可能派李镜章进入增埗水厂接替陈柏令。于是，我们的对策是支持李镜章，并利用李镜章的关系进入增埗水厂。

西村增埗水厂邻近海事学校。解放后我才知道当时地下党通过地下学联派出黄宗令、魏宣宏、潘宪仪等同志，利用黄伟亨（当时是水厂技术员，又是海事学校教师）关系，借口到增埗水厂实习，和水厂工人交朋友，举办工人夜校，组织读书会，从中秘密开展工作。

我考虑李镜章要入增埗水厂接替陈柏令总工程师之职，必带一些工人去改朝换代，以巩固其地位。与我同在修表房工作的钟志新，是李镜章共事多年的老部下，抗日战争时期从粤北曲仁煤矿就在一起，估计他会把钟志新调入增埗水厂。我与钟志新在修表房共事两年，关系是密切的。对李镜章的意图，是从他交谈中

---

① 陈柏令有"水厂皇帝"之称，于解放后"民改"时，经工人群众揭发其罪行，由人民政府逮捕法办。

了解的，我顺水推舟，让钟志新进入增埗水厂，以借此关系把工作伸向增埗水厂。李镜章征求我的意见，我表示支持。

后来，经广州市伪市长欧阳驹批准，任命李镜章为增埗水厂总工程师，由陈通曾陪同去增埗水厂上任，赶走了陈柏令。搞垮曹汉，赶走陈柏令之后，我们则集中力量对付刘鞠可。李镜章上任不久，调方春、钟志新、梁林等人当助手，掌握各车间，李镜章名义上任总工程师，其实在管理处上班的时间较多，靠钟志新当他的耳目，做他的得力助手。

李镜章到增埗水厂后，把原来陈柏令手下的骨干力量雷任、杨有仓、陆腾等14人开除，造成了增埗水厂的"十四人事件"。此事发生后，增埗水厂工人极力反对。陈柏令通过伪广东省机器总工会主席李德轩出面干预，结果，敌人内部矛盾加深了。

## 散发宣传品，进行攻心

1949年4月21日党中央发出"向全国进军的命令"后，广州地下市委把工作重点转移到"迎接解放，护校、护厂，准备接管工作"方面来。我根据何澄宇同志的传达布置，将自来水管理处股长以上及技术员、工程师、职员的姓名、地址，进行调查登记，向他们寄发中央有关文件。计有《将革命进行到底》《中国人民解放军布告》《向全国进军的命令》等等。我把从香港带来的《华商报》交给黄万看，动员鼓励他向工人宣传有关党的政策。特别是上海解放后，我们着重宣传共产党纪律严明，对人民秋毫不犯，人民拥护共产党，拥护人民政府等，在群众中引起热烈的反应。

1949年8月初，天气很热，李镜章约我和曹汉到九曜园（即现南方戏院侧的花园的休息室）饮夜茶。席上，我们随便谈谈时事，曹汉收到我们寄给他的宣传品，心情很紧张，以试探性的语气说："时局紧张，广州的'老八'（指共产党）活动很猖狂，我们自来水管理处的文员（指职员）很多人收到'老八'的宣传品，看来，水管处的文员中一定有'老八'的人潜伏。"我以半开玩笑的口吻顶驳他说："你不能这么说，'老八'到处有，我们水管处那么多工人，难道你敢担保工人中没有'老八'！你是工会的头头，你有责任啊！"回敬他几句后，还随便说说笑笑，然后就一齐离开九曜园了！

　　事后，我将情况向何澄宇同志做了详细汇报，过几天老何来通知我，说余美庆同志估计敌人会察觉我，加上向台山方面调查可能会暴露，决定我要撤退香港，把老婆、孩子带去，并且一定要订购二等舱船票，买到船票后要向何澄宇汇报。我遵照上级指示，回去向爱人陈凤锦同志转达了上级意见，两人做撤退赴港准备。

## 最后的坚持

　　1949 年 8 月，当时我住在海珠中路枣子巷 18 号地下。要撤退，则要先向二楼房东退房。我购到省港航线"佛山"号轮船去香港的船票三张，把日期、座位号码向何澄宇汇报了。刚好那天是星期六晚上，开船时间是夜间 10 时。"佛山"号轮船停泊在"博济医院"对面的码头（即现广州港务监督码头）。我把要带的行李整理好，准备前往码头。晚上 8 时许，余美庆同志突然亲自到我家里，叫我一齐去海珠中路和惠福路口交叉处的得心茶楼。我们坐在卡位里，他向我说："经地下市委研究决定，你不能撤退，要坚持下来，估计敌人不会那么快对你动手，曹汉是向你摸底，不能上他的当，如果你一撤走反而暴露了自己。为使你今后活动方便，无后顾之忧，今晚还是陪老婆孩子坐船去香港，船到香港是明天早上 6 时，把老婆、孩子安置后，即坐香港九龙往广州第一班火车回来。明天下午 5 时，我们在三角市东如茶楼二楼碰头，再谈下一步的部署。"话说完后，我俩分别了。回到家里，我摆出有钱人逃港的姿态，租小汽车到码头去，下船找到座位，是上下共四张的厢房。我夫妇两人和两个女儿占了三个床位，还有一个床位是一个中年男子，我们没有察觉到什么①。一夜到了香港，船抵码头时，我的同乡赵育欣同志（香港地下党员）来接船。我把老婆、孩子送到他家里后，即过海到九龙坐火车返回广州，按时到达东如茶楼二楼与余美庆同志见面汇报了情况。

余美庆同志要我找一家房子住下来，并强调住的地方要绝对保密，多安排几个住宿点，行动上要十分警惕，要和敌人捉迷藏。另外，身上随时要准备有几百元港币，万一发生情况，可以坐飞机或车船去香港。我遵照他的指示，通过亲戚关系，找到海珠北路仓前新横街 5 号一幢新建二层楼的小洋房，是一个建筑商人建成而未出售的，我就一个人秘密住在那里，一直坚持至广州解放。

## 组织抢修、护厂队

1949 年 4 月，南京政府迁到广州，在石牌新建行政院办公（即现华南师范大学校址），形势紧张。我根据余美庆、何澄宇同志的传达，一方面着手进行整个自来水管理处的财产、设备的调查工作，登记职工名单，另一方面考虑护厂工作，重点是增埗水厂和市区水厂及自来水大水管的安全。

西村增埗水厂远离市区，交通不便，当时未有公路通车，我没有能力对增埗水厂方面进行工作，有时只从钟志新接触中了解一些情况。内心估计地下市委另有安排。解放后才知道由李镜章②出面组织护厂自卫队。自卫队组成以后，陈文、钟志新任正副队长。

---

① 1959 年在一个会议上，我第一次与曾聚堂同志（市建工局第二工程公司党委书记）交谈，他对我说，1949 年 8 月我与陈凤锦和两个女儿坐船撤退香港时，地下市委派他暗中护送我们。这件事以前是不知道的。

② 解放后我才知道解放前夕，香港地下党派李梓高同志（后任省航建设计院党委书记）通过李镜章一位朋友介绍，秘密来广州与李镜章（后任市建设局高级工程师）会面，通过李镜章出面在增埗水厂组织自卫队进行护厂工作。另外，解放前夕李镜章把自来水管理处的厂房、机器设备、地下水管的设置等有关资料，复制以后，藏在皮箱的夹层里，与他爱人坐飞机带往香港，交给我香港地下党作为解放广州接管之用。

在市区的自来水管理处重点是保护水管，抢修水管的问题。这件事我与黄万商量，提出假如共产党解放军南下，要解放广州，国民党逃跑，广州城出现真空状态，可能出现什么问题？怎么办？我提出这个问题也是地下党对整个形势的估计。黄万回忆了广州沦陷时出现的情况，说："国民党逃跑前，很可能破坏、炸毁水管。我们首先要组成抢修水管的抢修队，及早铸造大水管的弯喉、十字管、水掣等部件，以便一旦水管被炸毁后有备件抢修，保证供水。其次，要在广州接近解放时找刘鞠可谈判，要求发给工人生活费。"他还说日本占领广州前，他曾代表工人前往包围刘鞠可，要求发给工人生活费。我听取黄万的意见后，知道在市区重点是保护大水管和抢修工作，于是立即着手酝酿组织抢修队，并经过和仓库股长朱本夫商量，得到他的同意，做好大水管铸件加工，以便备用。

抢修水管工程队的组织问题。有一天，我找外勤技工老工人黄万、冯文、程文、李林等商量，向他们提出说："目前广州市区的街道纷纷修建街闸进行自卫，万一广州解放时，大水管受到破坏，我们如何对付？"议论结果，要成立抢修队，制一袖章，有一个标志便于戒严时通行。对从西村增埗水厂通向市区干管，路经广雅中学、牛皮寮附近（即现少年官）至观音山水掣室，还有中华中路与惠爱路（即解放中路与中山六路）的十字路口及西关水塔、沙面水厂、东山水厂等露出地面的干管实行重点保护。我认为技术员叶继武比较了解地下水管的埋设情况，征求他们是否请叶继武参加，他们赞成。商量之后推黄万负责抢修队，做好定人员、编班组等准备工作。

我购买了几尺蓝士林布，缝制成袖章，用锚水书写"广州市自来水管理处抢修队"等字样，蓝底白字。1949年10月13日，我接何澄宇同志通知，说解放军已到达从化、花县了，我便发给抢修队袖章以便使用，并定西关水塔为值班地点。当时装管工程队、修表房、仓库、汽车队均在西关水塔大院内办公，一切比较方便。

## 迎接解放

广州解放前几天，根据地下市委的指示精神，确定了加强联系的办法。我居住在东桥六二三路我哥哥的"立信行"里，以便何澄宇同志用电话与我联系，我凭业务上的关系，每天用电话向沙面水厂陈力行、黄玉生（老工人）、东山水厂周灼尧、观音山水掣室黄志国、西关水塔汽车队欧坤等人密切了解情况。这期间并加紧对欧坤进行教育，因为他手上掌握着几辆大卡车和两三辆小汽车，万一发生情况可以调用。

10月14日下午，我还坚持到西关水塔去上班，那天传闻解放军下午到达沙河，4时左右我离开水塔步行返六二三路东桥，行至丰宁路大德路口（人民中路）时，突然间"轰隆"一声，海珠桥被炸了！我跑回六二三路"立信行"，马上用电话与东山水厂、观音山水掣房、沙面水厂、西关水塔等地联系，都说平安无事。吃过晚饭，夜幕降临，从门缝里看到马路上解放军追击国民党败兵，向黄沙渡口码头的方向跑去，并在沙面东桥一带架设迫击炮，射击黄沙渡口码头之敌。

我守在电话旁，曾接过何澄宇同志来电话检查了解情况。深夜用电话与西关水塔欧坤同志联系时，他提出驻长寿路警察分局的解放军要求他派汽车去载运战利品！我回答支持他去！欧坤同志亲自开汽车去载运缴获的枪支，直到天亮还未回来。天亮了我赶到西关水塔去上班，找到叶继武与黄万佩戴上抢修队的袖章，一齐去海珠桥，见到桥被炸断，一片断墙残壁，不少自来水管被炸断后漏水。黄立即派工人去拆除。

接着，我与黄万等人到达一德西路自来水管理处，登上三楼经理室，见到副经理钟韶、秘书陈通曾。我以职工代表身份，向钟韶和陈通曾提出警告，要求他们照常上班，照常营业，保证全市供水，等候解放军接管。

长堤青年会西侧中原行，是地下市委临时集中的办公地点。从10月15日开始，我每天前去汇报。10月21日，市军管会派出军管小组，有尚景波、王炎、木萍等同志共 10 多人，进驻自来水管理处开始接管工作。从此，地下党的工作告一段落。直至 1950 年 7 月 1 日，公开了中共广州市自来水管理处党支部，我共产党员的身份，在那天才向自来水管理处的职工公开。

（本文选自《解放战争时期广州的地下斗争》，1984 年版，标题为本书编者加。）

# 梁振业 *：打进国民党中央宣传部的前前后后

## 在《粤商报》的秘密活动

1949 年 6 月，解放大军渡江以后，形势的发展比预料还要快。大专院校都已停课，为适应形势的需要，文化大学地下学联通知我们：尽量参加社会职业，配合做好迎接解放的准备工作。7 月间，我被介绍到光复中路《粤商报》当广告员，干编排广告的工作。左建业（现名左奇，是我在文化大学地下学联的直接联系人）、陈周尧（文化大学新闻系同学，地下学联成员）等同志则转移到市区的小学任教做掩护。

我进粤商报后，地下学联就给我任务：利用粤商报作为各种情报、文件的投转站。由我的直接联系人左建业预先和我约定：每周的周末把假收件人的名字交给我，我则每天凭这些假名字到信箱收取，并迅速转交给左建业。为安全计，这些假收件人的名字，每周更换一次。

9 月上旬，地下学联又给我一个新的任务：调查了解《粤商报》的性质、人事关系、产业资财等，然后写成详细书面材料。我除了把粤商报的情况写成书面

---

* 作者时任广州《粤商报》广告员、伪中宣部临时雇员，广州地下学联情报人员。

材料做了汇报外，还把我所知的《环球报》《建国日报》《商报》和伪《中央日报》等的情况写成书面报告，交给组织。

## 老虎头上钉虱㧌

9月中旬，因广告业务的关系，我到伪《中央日报》经理部聊天，该报的经理林明通（是同乡）对我说，张希哲（也是同乡，前广州日报社长，国民党广州特别市党部执行委员，我于1948年上半年在该报营业部当收发员，该报停刊结束，我留下办理结束移交，并看管和变卖该报的器材家具）现任（国民党）中宣部第四处长，中宣部要他找一个刻蜡纸的人，问我是否愿意去。我把这件事向左建业报告，他又向上级请示（通过文化大学地下学联线头，当时的地下党员沈潜同志），上级很快便批准我打进国民党中宣部工作。当时我的心情既激动，又觉得责任重大。因为那里是敌人的机要部门，当时国民党的什么"行动组"就在那里。但想到能为了革命事业深入虎穴，又觉得无限光荣，即使有万般危险也在所不计了。这样，我就去找张希哲。张约定时间叫我到伪中宣部考试，考试的科目是用蜡纸缮写一篇小楷的《总理遗嘱》全文，油印后交给一个秘书卢××（忘记）评阅。过了几天，伪中宣部便批准我为临时雇员，通知我上班。

9月23日，我回《粤商报》社向社长单缤余辞掉广告员职务，9月24日便正式到伪中宣部上班。那时的国民党中央，设在长堤路五仙门电厂附近的旧楼房里，伪中宣部则是在其中一幢楼房的二楼，大约有三间30多平方米的小房子。伪中宣部的人员只有六人，其中部长任卓煊（即叶青），秘书卢××、第四处长张希哲、干部胡兰亭、×××两人和一个油印员。中宣部的隔邻就是农工部。

我进伪中宣部时心情既愉快，又害怕。愉快的是：能够在这个"老虎头上钉虱㧌"，能为革命干这样艰险的工作，虽死犹荣。害怕的是：这里是一个阴森可怖的地方，里面有老牌特务头子毛人凤，托洛茨基分子叶青，万一暴露了身份，被魑魅们识破，可能造成革命的损失。

我到伪中宣部的第一件工作是先向它的中、下层干部入手，打好必要的关系。我很快就和干事胡兰亭等交上了"朋友"。通过聊天，尽量了解各方面的情况，甚至守门的警卫，也和他们谈得颇投机。我了解到的情况，经常是用口头向左建业汇报，有时也写成书面交给他。

　　起初，我的工作是缮写蜡纸，交付油印。过几天，张希哲问我读新闻系是否学过新闻资料管理，我说学过。他说，那很好，你就每天剪报，分类整理罢。此后，我每天就把那个卢秘书用红铅笔圈定的全部报纸资料剪下来。

　　一天，我上班比较早，翻阅张希哲办公台上的一堆文件，见有待发的戳有"密件"字样的干扰"匪区"（指解放区）波场的指示文件多份，便把其中一份取出交给我的直接联系人左建业。

　　反动派临近总垮台的前夕，白色恐怖也到了无以复加的地步。大街小巷突击检查、逮捕是常事。为了发送各种革命情报及文件，组织要我拿出套蓝印的"中国国民党中央宣传部"衔的大、小型信封及信笺，我便利用工作的方便，取出以后分批交给左建业。后来知道，其中一部分是用来寄发由沈潜和陈周尧刻印的关于党的入城政策等宣传文件的。

## 解放后的余波

　　10 月 14 日上午，也是广州解放的当天早上，我准时上班。当我踏进伪中宣部办公室时，就见室内烟雾弥漫，魍魉们都在翻箱倒柜，把一沓沓一捆捆的文件、档案往火堆里送。当张希哲见到我时，就马上对我说："我们今天飞往台湾，已买到飞机票，因你是临时雇用人员，公家不能买飞机票。你如果要去台湾的话，也可以自费代买。"我说："我不去了。"（想试探他，对广州解放后还有哪些阴谋。）他说："不去也好，家兄希杰已来广州，现住我处，今后望能互相照顾。"在这忙乱的时刻，我乃是一个无事人，于是趁机找那两个平时和我谈得拢的干事摸底。干事胡兰亭有家属在穗，决定留下来随机应变。另一干事则离穗，暂避香港。我问了他们的地址。

　　广州解放后的第三天，我按址到文昌北路胡兰亭家里和西关张希哲家里，以探访为名进行调查了解。随即把情况写成书面向组织做了检举报告。后来，张希哲新建的房屋被没收，并把其胞兄张希杰（是潜逃来穗、作恶多端的阳江县的"党棍"）逮捕惩办。

　　（本文选自《解放战争时期广州的地下斗争》，1984 年版，标题为本书编者加。）

# 林仙凤*：顺利接管陆军总医院前后

广州的国民党陆军总医院是国民党军队的重要医院。医院设备好，物资多，医护技术人员多，医疗水平也较高。由当时的国民党广州行辕主任张发奎的弟弟张某任院长。该院是迎接广州解放斗争中保护和接管的重点单位。

当时，国民党想在撤退前把医院迁走，由于地下党及时注意，派我（地下党员）和地下学联成员廖汉芳、邓惠芳、李克意、江德娟等人"应考"进入该院护训班，搞出了接管材料，团结了一批医护人员，因而医院完整地回到人民手中。但地下工作者开展工作的条件十分艰苦，充满惊险。

## 二十青年学护士，一个女郎是特工

护训班有学员 20 人，男女各半，成分复杂，有穷学生，有无业青年，有退伍的国民党军人，还有敌特组织安插进来的特工。有一个本地籍的女学员骆某（解放后自杀），行动诡秘，学员们称她为"神秘女郎"。偏巧，这个女子又安排和我及其他人同一宿舍。这个女子常常歇斯底里地大喊大叫，说是她的什么东西被人偷了，什么东西又被人摸过了，虚张声势，借此观察我们的反应。为了弄清此人

---

* 作者时任国民党广州陆军总医院护训班学员，中共广州市地下党员。

的真面目，我和廖汉芳约好，在一次全院开大会的时候，秘密离开会场回到宿舍，检查了那女子的东西，发现此人的母亲是国民党国防部二厅的特工。她全家都跑到台湾去了，只有她一人入了护训班，明显地她是敌人安插进来监视学员的特工。我们心里有了数，对她提高了警惕，没有上过她的当。

## "霸巷鸡乸"当管教，护训学员做囚徒

医院对护训班的学员管教得很严，专门派了一名独身主义者（老处女）到班里当管教。这个老处女马脸、金鱼眼，双颧突出，整天阴沉着脸，像个恶煞。她总是翻起金鱼眼盯着学员们的一举一动；看你不顺眼时，便大声呵斥，一手叉腰，一手指伸到你眼睛下面，仿佛想把你的眼珠子抠出来，十足的"霸巷鸡乸"样。她自称是"一眼关七"，意思是，只要她眼光一瞥，便可扫描到七处地方，比眼观六路的能人还多了一分能耐。院方还特意把她的住处安排在学员们的宿舍出入口处。学员们上课、上班、吃饭、睡觉都在她的监视下，一举一动都逃不出她的视线范围。她还画地为牢，规定学员们的活动范围，只许在教室半径 100 米以内活动，否则就要受罚，限制了学员的人身自由。她又常常和院方一起，在学员们上课或上班时，对学员宿舍进行突击"卫生检查"，检查得十分仔细，连裱在墙上的白纸也要揭开来，看里面是否藏着什么或写着什么。所以，党组织再三叮咛我们要片纸不留，任何痕迹都不要被敌人发现。但既要开展革命工作，又不能没有文件、材料、书籍，于是我们把大部分材料转移出去，极少必需的则藏在身上。那时，流花桥一带是个偏僻所在，荒坟孤冢很多，我们就趁夜把秘密材料转移到墓地里。

## 欲接头爬铁网，侦敌情装病人

这是一所国民党军队直接管理的医院。医院周围都围有军用铁丝网。正门有

全副武装的士兵站岗，敌工人员还不时盘查进出人员。院方规定学员平时不准外出，不准会客，连星期天外出也要请假，不按时回来要关禁闭。有一次，我的党组织联系人约我外出接头。但没有假条，正门是出不去了。我心急如焚，不去接头是不行的，党组织会以为是出了什么意外，接着会带来一系列的麻烦。我和廖汉芳商量，认为只有冒险穿越铁丝网才能出去。于是由廖做瞭望掩护，在医院东北角一处浓密的草丛（今友谊剧院对面）中爬过了铁丝网到指定地点接了头。

又有一次，上级党组织的一位同志想进陆军总医院实地看一看。在一个下午，我让他装作病人，先安排他看病，然后带他在医院里走了一会儿，向他汇报了情况。不知怎的，让管教知道了，她大发雷霆，关了我的禁闭，叫廖汉芳当看守，监视我的行动。这事真是滑稽，自称精明的"一眼关七"的"霸巷鸡乸"却让一个共产党的地下工作者去看守共产党的另一个地下工作者，廖汉芳和我都不禁捧腹大笑。

## 这恋人非真恋人，此同学系彼同学

也许是敌人已经觉察到了什么，或听到了什么风声，一天中午，当学员们准备午睡时，一个剃光头的高个子突然来找廖汉芳。此人名叫符之龙，是个特务，公开身份是学生，和廖还有我是侨二师的同学。符为了追求廖汉芳，曾向廖汉芳透露过自己的特务身份，并将如何接受特务专门训练的情况告诉了廖汉芳，以此炫耀自己。廖汉芳在参加地下学联时曾将此事向组织汇报过，表示和他断绝来往。党组织认为可以和符继续周旋，进一步摸清他们的底细。

此次突然来访，立即引起廖汉芳和我的高度警惕。当廖汉芳和符之龙在课室坐下来之后，符之龙仔细查看学员座位表上的名单，当他看见我的名字时，颇为震惊，立即追问廖："林仙凤在这里吗？"因为我在侨师的活动敌人有所察觉。廖汉芳沉着而冷静，不动声色地回答："天下同名同姓的人多着呢，这个林仙凤可不是二师的林仙凤。"符听后才平静下来。此后，符之龙还来过几次，我被地下工作者机智地掩护过去，总算化险为夷。

党组织知道这一情况后，认为这是一个危险的信号，几次指示我，陆军总医院虽然很需要我们留下来坚持斗争，但为了安全，党组织随时同意我撤退到香港然后转入游击区。我们在进入陆军总医院前，已做了充分的准备，为了应付突然事故，准备了回答敌人的"口供"，会随时采取应变措施，随时准备牺牲个人的一切。我经过冷静分析，认为自己还没有暴露，不到迫不得已不撤退，因此坚持下来，直至解放接管。

## "两朵花"支持革命，众医护拥接管

表面看来，敌人控制得严丝密缝，党的地下工作者难以开展工作。其实问题的关键在于人心。由于国民党政府腐败无能，民怨沸腾，又不断强化法西斯统治，镇压人民，早已失去民心。只要群众认清了形势，了解了我党的政策，就会拥护我们。而且，国民党里面也不都是坏人。党的地下工作者像是种子，只要依靠群众，就能生根、开花、结果。我们深入群众，在群众中找依靠。护训班里有位学员叫龙满花，十七八岁，顺德人，端庄秀丽，思想单纯，朴实诚恳，追求进步。她有一位姐姐叫龙层花，是本院医务人员。姐夫魏征，是一位技术较高的军医，又是护训班的任课老师，为人正直，平易近人，政治态度好。于是，我们先做龙满花的工作，主动接近她，向她宣传解放军取得的胜利，和平解放北平的成功，解放军的入城政策等。然后，让她去向她姐姐和姐夫做宣传。这时，她们也都为自己将来的出路彷徨，因此，都很相信地下工作者向她们说的话，倾向我们，思想也安定下来。这个办法取得了成功，我们又用同样的办法去串联发动其他同学。

另一个工作面是给护训班讲课的军医。他们都是各科室的医务骨干，联系着本科室的一班人。地下工作者尊重他们，接近他们，从平日的上课和日常的闲谈中，认真观察、分析他们的言行和举动，在不暴露自己观点的情况下，引导他们谈出对时局的看法，用试探和启发的方式让他们自己提问题，自己作答，判断他们的政治态度，经过近半年的观察了解，发现他们都是工作认真、诚实正直的医务工作者，没有明显的错误论调，我们便做团结他们和安定他们思想的工作，使他们坚守岗位，等待解放接管。

对于没有到护训班任课的部门和医务人员，如 X 光科等，地下工作者通过"五同关系"，个别拜访，细致工作，逐步把全院大多数医务人员团结起来。

在地下党的直接领导下，经过近半年艰苦深入的工作，地下工作者终于欣喜地看到，我们完成了进入医院前党组织交给的四项任务：一、摸清医院机构、人事、物资、设备的基本情况，画出医院的平面图；二、秘密串联、动员医务人员（特别是专家、骨干），不给国民党骗走；三、防止拆迁、疏散或破坏各种设备、物资和房舍；四、尽力保护人员和设备的安全。这所名为"联合勤务总司令部陆军总医院"终于完整地回到人民手中。连院长张某也站到人民一边。

李日升 / 改写

（本文选自《广州黎明前夜》，广州出版社 2004 年版，原题为《入"虎穴"得"虎子"——打进陆军总医院并顺利接管的回忆》。）

# 吴世民 *：保护广州市地籍蓝图纪实

1949 年 4 月，龙川县解放，原国民党龙川县田粮处处长黄龙生逃到广州，住在中山大学医学院他胞弟家里。此时，他情绪很不好，迷惘彷徨。我和他是同乡，并早已熟悉，知道他是个有正义感的人。并从侧面了解到，他在河源、龙川县工作时，曾暗中帮助过共产党的游击队，保护过我地下党员。因此，我想争取他。我们见面后，常在一起闲聊。交谈中，我发现他对国民党政权已完全失去信心，但自己却苦于不知何去何从？在这种情况下，我向他指出：眼下只有两条路，一条是跟国民党走，一条是跟共产党走，两条道路的结果是完全不同的。但无论选择哪条路，现在都是该下决心的时候了。黄龙生表示有意跟共产党走，但不知道怎样才能找到共产党。我向他暗示，如你决心投靠共产党，我可以想办法帮你搭上线。

## 意外收获，领受使命

是年 5 月的一天，黄龙生在与我闲聊时提供了下列情况：国民党广州市地政局内存有大批各种地籍图册，包括分户图、市区和郊区的地籍图，以及市区经界

---

* 作者时为中共广州市地下党员。

图等。据说：日本人进攻广州前，曾出巨款收买有关人员，企图得到这些地籍图册，结果没有得逞。日本人占领广州时，这些地籍图册已被埋在广州沙面。抗战胜利后，地政局又组织人员进行测绘，前后共用了 20 多年时间，尚未能完成这批地籍图的绘制工作。

这批地籍图册是十分宝贵的重要档案材料，尤其是广州市区地籍图，其重要作用在于：一可按图索人，二可按图问业，三可按图征税。如果我们得到这批地籍图册，当我军解放广州后，依靠此图册即可开征房地产税及没收国民党政府及反动官僚的一切公私房产。

黄龙生接着说，现任地政局第一科掌图股股长刘笃材和掌图员吴永修均是他在测量学校时的同学，而且他们还在一起共过事，又同是兴宁客家人，与自己是小同乡。我即叫黄龙生争取刘笃材、吴永修偷出地籍图册，并策动他俩弃暗投明，倒向人民，参加革命。我吩咐黄龙生抓紧时机，设法将他们争取过来。并对黄龙生说："我设法尽快与共产党取得联系，以便决定如何保护这批地籍蓝图。"

与黄龙生交谈后，我立即向组织做了汇报。[①] 很快，上级下达了指示：渡江战役后，我军以摧枯拉朽之势迅速解放了江南大片国土，国民党军队已兵败如山倒，争相逃命。据可靠消息，敌人准备将广东省市各部门的机要档案统统运往海南。我们一定要设法阻止敌人的阴谋得逞。要求我抓紧做好策反工作，伺机行事，一定要设法保护好这批重要的地籍蓝图。

## 争取人员，开始行动

几天以后，我与黄龙生碰头，告诉他我已与共产党的地下组织接上了关系，他们要求我们设法保护好这批地籍图，如有可能，则将这批地籍图册偷送出来。

---

① 我们这个组织，原由华南分局副书记尹林平直接领导，后尹调粤赣湘边区任职，由分局书记方方介绍给陈坤领导。

现在关键是设法争取刘笃材和吴永修。我们认真分析了情况，商量后决定：由于黄龙生与掌图员吴永修的关系较密切，因此第一步要先将吴永修争取过来。一方面加紧从政治上争取他们，另一方面帮助他们解决生活上的一些困难。

那时筹款是很困难的。国民党统治区物价飞涨，有时一日数涨，人民生活苦不堪言。我本人没有家底，但知道黄龙生尚有一些小家财，于是我动员他捐献出一些，并对他说，现在花一些钱，但可以为革命立大功，以后人民政府也会论功行赏的。黄龙生当即表示，愿以实际行动表示自己对人民解放事业的忠心。他捐献黄金二两多、港币和物资若干，以利帮助刘笃材、吴永修俩人。后黄龙生又陆续捐献港币共 2000 多元和金戒指多只。我也请中山大学何作霖教授代我向他的华侨亲戚借了港币 1000 元，我的老乡邓吉初（当时是工程师）、陈德裕（当时在广州开店做生意）等人也筹了一笔款子，这些钱均交给了当时在国民党广东省政府任职的黄江涛①，我嘱黄江涛保护省市府档案公物，不要让国民党运走和烧毁，并送给他去串联活动的费用。

我与黄龙生分手后，他再次到吴永修家面晤。他向吴永修指出国民党大势已去，共产党必胜已成定局，并向他指明是否愿意加入共产党的地下组织。吴永修当即表示已有此愿，但不知怎样才能加入？并要做些什么事情？黄龙生向他指出，地政局现存的地籍图册是很重要的资料，国民党花了大量人力物力，用了 20 多年的时间仍未能将它全部绘制完成。为避免在国民党撤退时将其运走或烧毁，从而造成巨大损失，现在必须设法将它偷送出来交给共产党的地下组织，这事弄不好是要掉脑袋的。黄龙生问吴永修敢不敢干？吴永修表示，既然决定投靠共产党，那就总得有所表示，干这种事是免不了要担风险的。

掌图员吴永修决定参加我党领导的地下工作后，很快就开始采取行动。在偷运地籍图册的过程中，他的行动被掌图股股长刘笃材发觉，吴永修迅即将情况向

---

① 黄江涛原为国民党广东省府秘书，临解放时在国民党广州市府任职。1948 年秋，我策反他倒向人民，参加了我党领导的地下组织。

黄龙生做了汇报。黄龙生认为，刘笃材虽察觉了吴永修的行动，但他并没有去告密，这说明他对国民党也是不满的，如能将他争取过来，将更有利于我们完成保护地籍图这一重要任务。更何况我们原本也打算争取他的。于是黄龙生决定，先由吴永修向刘笃材进行试探，同时，也将这一情况向我做了汇报。

吴永修旋即找到刘笃材，把与黄龙生谈话的内容直截了当地告诉他，并暗示，何去何从，只有一条出路。刘笃材沉思后表示，国民党大势已去，为国民党当殉葬品，只能遗臭万年；既然共产党找上门来，自己也有决心跟共产党走。吴永修立即将刘笃材被争取过来的情况向黄龙生做了汇报。

5月中旬的一天，吴永修带黄龙生来到刘笃材家，见面后，他们彼此寒暄了几句后就言归正传。黄龙生首先说明了这批地籍蓝图的重要性和它的价值，并指出了这件事所要冒的风险，然后询问吴永修和刘笃材是否已下决心跟共产党走。吴、刘二人表示，国民党大势已去，日薄西山，现在只有跟共产党走才有出路。既然决心已定，决不反悔。黄龙生便对他们说："为解决你们目前生活上的困难，同时也为了解决在晒图、搬运等过程中支出的费用，现在先给你们一些活动经费；待广州解放后，人民政府会像对待其他有功之臣一样对待你们的。除同样安排工作外，也要给予奖励。"接着，黄龙生将二两多黄金、若干港币物资等交给刘笃材、吴永修两人。而后，他们三人一起详细商谈了行动计划。

国民党广州地政局存放的这批地籍蓝图中，最重要的就是广州市地籍图，共有 600 余幅，其中有 300 余幅是新晒制的。他们三人商定：首先由刘笃材和吴永修将所有地籍图详查一遍，其中有两份的抽出一份偷送出来。其余部分由刘笃材批准，让吴永修拿到晒图室当作工作用图重新翻晒一份，以后陆续偷送出来。从这时起，刘笃材和吴永修将这些地籍图分成多份，化为小量，每天下班时，将它藏在身上，陆续秘密地偷送出来。刘笃材每次公差外出总需要带些地籍图册，于是他也乘机多带一些出去。

这些被偷送出来的地籍图册首先存放在吴永修家，然后再由黄龙生转移出去。黄龙生每次转移地籍图都在晚上。他到吴永修家后，一般均由吴永修出外观察，待见无人路过时，他即携图离去。

在此期间，我奉令到广州禺北太和乡策动当地反动武装起义，不料事泄，当时番禺县参议长伍观祺警告我注意，说国民党当局现正在注意我的行动。故此，我不敢再回太和乡，随即写信通知武装队长吴其均，嘱其将我行李送回广州。

## 使命接力，马到功成

我的身份暴露后，随时有被捕可能，我已先发动罗斯石等一批大学生赴香港学习，我又发动中山大学黄立诚等一批学生赴东江参加武装斗争，同时发动邓建伟等一批大学生与我一同奔赴北江参加武装斗争，我的关系转至中共曲江工委和五岭地委。我离开广州时，将黄龙生介绍给黄江涛，由他们直接进行单线联系。（据广东省档案馆材料，当时华南分局情报人员密悉，蒋特正注视我在中山大学等校为革命的活动情况，即密电方方、尹林平转告我注意。）[1]

我临走时，又嘱黄江涛亲自到香港向党组织汇报。他到香港后，由梁侠、高深介绍会见华南分局情报负责人陈坤。为了保证让这些地籍图册能安全地转移到解放后的人民政府手里，陈坤指示，偷送出来的地籍图册要分散交给黄江涛的爱人招毓华和吴世民的爱人黄菊芬保管。这样，每当黄龙生将地籍图册送出后，招毓华就将它藏到广州市郊区石井她的娘家，黄菊芬则将它藏到她的一个亲戚家。这两个地点都比较安全。以后，也曾有少量地籍图册藏到工程师邓吉初家。

我到北江后，经组织同意，曾两次返广州，继续帮助他们开展工作。陈坤也有八次从香港秘密到广州，了解这一工作的进展情况。根据刘笃材、吴永修两人在保护广州地籍图册行动中的表现，经组织同意，约在8月，让他们两人填写了一张简历表，算是正式加入我党领导的地下组织。

从1949年5月下旬开始，直到8月中下旬止，前后经过约4个月时间，刘

---

[1] 见广东省档案馆 **19** 卷第 **29** 页。当时电报以甲、乙代号，即方方、尹林平。

笃材、吴永修将广州市区地籍图册共600多幅全部偷送出来，终于完成了这项任务。

## 地籍图发挥作用

广州解放后不久，黄江涛、黄龙生与我一起将这批地籍图搬到高深（省参事室研究员）住处；然后又由高深、程长清（当时任广州公安总队副总队长）、梁侠（当时任广州公安局处长）、黄江涛（当时任广州市救济院院长）和我（当时任乐昌县人民法院院长）一起再将这些地籍图册搬到陈坤（当时任广州市公安局副局长）住处，由陈坤亲自点收。

1950年1月，陈坤通知广州地政局局长陈远高，要他派一名内行者去他家核实一批重要的地籍图册。于是，陈远高派刘笃材、黄龙生前往。刘笃材在陈坤处看了这批地籍图册后，确认就是他们偷送出来的那批广州市地籍图册，他向陈坤再次陈述了这批地籍图册的重要作用及价值。不久，陈坤即派人将这批地籍图册全数交送到地政局，陈远高局长派刘笃材去点收，而后就交给了掌图股收存备用。

这批地籍图册回到人民手中后很快就发挥了它的重大作用。我们利用它没收了国民党政府及其反动官僚的公私房产。1950年春，广州市开征房地产税及追收旧欠房地产税。至年底，我们利用保护下来的地籍图册、税册等共征收房地产税几千万港元（当时人民币仍未广泛流通，征税仍用港币计算）。这些税收成了当时省、市人民政府重要的经费来源。

1950年冬，人民政府拨了100万元人民币到地政局，分别奖励给已安排在地政局工作的吴永修50万元，黄龙生和刘笃材各25万元，以奖励他们为人民所做出的贡献。同时，市地政局还公开表扬了他们。

高宏 / 整理

（本文选自《广东党史资料（第20辑）》，广东人民出版社1992年版，原题为《保护广州地籍蓝图的回忆——涉及一宗已平反了的大冤案》。）

# 罗文运[*]：一场争夺军用地形图的斗争

1949 年，人民解放军渡江前后，广州解放已为期不远。这时，我们都投入了迎接广州解放、准备接管城市的紧张斗争。根据党组织的指示，我找文理学院何中和同志（地下学联成员）联系，进行争取广东省地政局驻大良土地测量队第二队队长兼顺德地籍整理办事处长张火兰起义的工作。

张火兰是马来西亚归侨，出身贫苦，早年毕业于广州陆地测量学校，参加过测绘广东五万分之一军用地形图；日本投降后参与整理日军侵华（主要是粤、桂）和东南亚、印度洋沿海各国各种比例的秘密军用地形图和海岸地形、要塞位置、水陆交通路线等地形图的工作。1946 年，他参加接管南海诸岛工作团，负责测绘西沙群岛主岛永兴岛的地形图，是一名既了解情况又有真才实学的技术人员。广东的测量人员（包括军事人员）几乎都是他的同学、同事。因为他们在抗战中经受过共同的苦难，对国民党反动派都怀有不同程度的不满情绪，只要把张火兰争取过来，不但伪地政局驻大良第二队和地籍整理处两个单位可以掌握在我们手中，而且国民党国防部陆地测量总局驻广州第七图站和测量三队驻穗办事处也就有可能争取过来。这对我们接管工作是十分有利的。特别是第七图站，它负责保管、调配、检发秘密军用地图，被国民党视为"军队"的"眼睛"。把图站争取过来，

---

＊ 作者时为广州市新闻记者，中共广州市地下党员。

不但在政治上、经济上有其作用，而且在军事上更有重要的意义。于是，我叫何中和马上整理材料上报，并找甄文宇同志研究。

数日后，甄文宇同志通知我，党组织原则上同意我们进行这一工作，但要我对张火兰做进一步了解，以便决定接头办法。我找何反复了解和调查，把张火兰的政治身份弄清楚了，我决定与张火兰直接见面，但不露身份。4月中旬，何乘张火兰来省地政局汇报工作和领经费之便，邀我与张火兰到新陶芳酒家吃晚饭，我以新闻记者的身份出现。寒暄后，整个过程是何与他交谈，我只偶尔插些话。从接触中，觉得此人确是比较老实，有真才实学，同何中和汇报的情况基本一致。随后我与文宇同志认真进行分析，研究工作部署，并由我将详细情况和工作方案写成书面材料报送组织审查。我们的行动计划很快得到了批准：根据指示，可以在广州与张火兰接头，但我与张火兰见面仍不露身份，何中和则要脱离文理学院学生运动，除我之外切断与任何同志联系。于是，一场争夺军用地形图的斗争就这样开始了。

## 何中和秘密赴大良，打开工作缺口

广东省地政局土地测量二队驻在顺德大良，张火兰只是每月回广州做一次例行汇报和领取经费，这对我们进行工作和掌握情况都不方便。因此，我请求组织批准派何中和到大良开展工作。因为何中和原为该队描图员，是苦学生，为人正派，张火兰与之私交较深。张火兰主动替何中和每月描 24 幅透明图交差，何中和因而得以不回队而能在文理学院读书。现在何中和回去自然就顺理成章，不会引起别人的怀疑。何中和回去后认真做艰苦细致的工作，对张火兰进行形势教育和政策宣传教育，工作进展得很快。张火兰也不时向他反映伪机关内部和周围人员包括伪省地政局郭汉鸣的情况，最后连国民党《严防异党分子活动》等密令，也私下给何中和看。此时，张的态度已十分明朗了。我与文宇同志研究，认为中和同志可以恳切地向他指出投向人民才是唯一的出路，并示意可以为他"搭线"。经过启发，张火兰当即表示愿意弃暗投明，投向中国共产党，为人民的革命事业贡献自己的力量。在对他进行组织纪律和秘工教育后，就由中和同志传达地下党给他的两项任务：一、无论在任何情况下，要团结全体人员，把他管辖下的地政局土地测量二队和顺德地籍处全部档案、图籍、契证、仪器、物资切实加以保护，待解放后移交人民政府接管；二、负责做国民党国防部陆地测量总局驻广州第七图站和第三测量队办事处两单位人员的思想转化工作，争取站长凌育英（少校）、三队办事处负责人姚功美（少校）率部投诚起义，并切实保护各种比例的秘密军用地形图以及档案、仪器，不被运至台湾或海南，解放后负责移交我军接管。当时张火兰表示不惜牺牲生命保证完成这两项任务。缺口终于打开了。张火兰一争取过来，广东地政局测量二队和顺德地籍整理办事处就掌握在我们手中了。地政局有什么机密文件和张火兰每次到地政局汇报的情况，张火兰都向我们汇报，并按我们的布置，乘工作之便或找借口，来广州做凌育英、姚功美等人的思想转化工作。当中我曾去检查过一次工作，但仍像过去一样不露身份。后来又介绍叶国华同志去测量队工作，以协助中和同志，十分痛心的是叶去了不久就患急病死于大良。中和同志团结张火兰坚持战斗，工作不断取得进展。

何中和同志经常不在校，曾引起文理学院地下工作同志的注意，怀疑他搞"特务"活动，一回去就对他"盯梢"，这说明他对《秘工条例》是遵守得十分严格的。为了防止由于内部误会暴露目标，组织同意我向有工作关系的陈培玉同志暗示何中和的情况我们了解，请文理的同志不用管了，陈培玉表示理解，误会从此冰释。

## 凌育英起义，七图站为我控制

1949 年 4 月 21 日，解放军强渡长江，23 日解放南京，国民党反动统治宣告覆灭。张火兰领导的测量二队和地籍处两机构奉命裁撤，只留少数人员留守，其余 100 多人停发工资。张火兰实际也赋闲了。根据这一新形势、新情况，我与文宇同志做了认真的分析研究，调整了工作部署，请示上级批准后，即派何中和同志（那时他已回广州）去大良向张火兰传达：一、要他速同家属迁来广州，集中力量解决七图站问题，以防国民党把秘密军用地形图提前撤运到台湾和海南岛；二、大良方面可落实可靠人员留守，保护测量二队与地籍处的档案、仪器和一切物资财产。张接通知后，即秘密布置他的亲信总务科长黄善祥、契据专员刘宇民、勤杂欧友以办理收尾工作的名义，负责留守保护（其实当时全部档案、财产、仪器均已按类分项列册，准备解放接管的了），随即举家迁到何中和为他安排的东华东路 220 号二楼居住。

张火兰来广州后，工作很积极，严守纪律，听从指挥。他抓住凌育英、姚功美两人，交替对七图站和三队进行策动起义工作，但主要力量放在七图站上。因这两机构人员和内部情况我们早已弄清了，过去又做了大量的宣传教育工作，所以，策动他们起义已有了一定的思想基础；张火兰又与他们交情很深。而当时解放军即将挥师南下，形势迫使他们不得不迅速做出抉择。经过张火兰的一系列串联工作，先是少校站长凌育英表示愿率站来归，接受我党领导，服从指挥；接着姚功美也率三队驻穗办事人员投向人民。至此，张火兰领导和联系的广东地政局土地测量二队、顺德地籍整理办事处、国民党国防部陆地测量局驻穗第七图站和第三测量队驻穗办事处四个单位全部解决，为我们控制。

国防部陆地测量总局驻穗第七图站是国民党军事保密单位，站长一人，站员二人，库兵九人，受国防部陆地测量总局和国民党广州绥靖公署双重领导。这个站拥有各种比例的地形图，特别是拥有五万分之一的秘密军用地形图 150 万份（广东全境，广西部分）。这种地形图连村庄、大小道路、桥梁负荷、河流深浅、海岸、渡口等都有精密详细标志，被视为行军、作战的眼睛。国民党各部队调图必须经广州绥靖公署机要科核准，图站才能验发。随着战事南移，国民党对这批有军事价值的秘密军用地形图必然严加控制或者撤运到台湾、海南岛。对此，我们做了充分思想准备，研究了斗争对策。

事态的发展完全符合地下党的估计。不久，撤退的信号来了。贵阳三队总部通知：广州办事处人员携带仪器回贵阳集中待命，或待南京总局迁台路经广州时将仪器、档案缴交随运，人员仍回贵阳，七图站也有撤退的消息，只是因为作战的需要，不能提早撤走。地下党组织指示要设法拖延，不能让他们撤走。于是，何中和通知张火兰叫姚功美去函贵阳总部，以经费无着为名，要求拨给专船运费和家属旅费，以此进行拖延。同时，乘国民党对二队防备松懈，将一批贵重的仪器、公物（10余万元）有计划地秘密转移到惠吉西路26号掩蔽。这样，我们就可以集中力量进行保卫七图站军用地形图的斗争了。

## 短兵相接，智斗顽敌

解放大军进入广东后，势如破竹，迅速向广州推进。广州的敌人惊恐万状，纷纷准备逃窜。10月12日，国民党广州绥靖公署下令，限第七图站13日晚前将所有军用地形图捆装押运至文德南路海军码头装船撤运海南岛。当时我们的对策是拖延捆图，拖延运图，好坏地图分别包装加记暗号，保存好图。

13日，我军进抵广州外围，国民党开始撤退，达官贵人争相逃命，整个广州陷入一片混乱之中。一早，我们派张火兰到东皋大道第七图站向凌育英等传达保图对策并相机进行协助。此时，国民党国防部陆地测量总局也派了一个姓郑的尉级军官来催运军用地形图。郑先将其行李装运上船，然后专门回来图站催运押运。于是，一场短兵相接的斗争开始了。我们认为只有智取，不能硬拼。张火兰对凌育英传达组织指示后，乘忙乱之际，避开敌人的注意，先将凌育英一个皮箱提走。由于捆扎包装进展很慢，敌军官不断来回号叫："快！快！"图站人员一时说绳子不够，一时又说人手不足，不断叫苦，搞得姓郑的团团转。中午凌育英安排站员黄振辉陪姓郑的去茶楼吃饭，让他喝得醉醺醺的。其他人则避开敌人，将加上记号的完整的军用地形图掩蔽藏好。下午，风声越来越紧了，姓郑的如热锅上的蚂蚁，不断催促要将捆扎好的先行起运装船，凌育英等同志利用他与绥署机要科不通气的空隙，说绥署命令要人、图一齐上船进行搪塞，弄得他毫无办法。后来他再号叫催运时，就派库兵（姓张）从市府押运一小车残缺不全的地形图到海军码头装船（当时地形图分存东皋大道图站和市府两个地方）。下午 4 时左右，凌育英说现在形势紧迫，任务紧张，佯作下令全体人员不准去吃饭，加紧包装捆扎，以赶运上船，叫姓郑的自己出去吃饭，回来后人、图立即起运。他们等郑走远后，立即将所有地形图藏好，关锁门户，所有人员按计划撤出分散隐蔽。姓郑的回到图站，一看大门已上锁，以为人、图已先行押运上船，立即赶回船上。回船后才知道中我圈套，不禁大惊失色。此时，解放军已逼近郊外，且图站人员已全部隐蔽，郑某没法，只好起锚向珠江口逃窜。就这样，抗战前测绘、后经日寇加工的 150 万份五万分之一精密的秘密军用地形图，一份不缺地回到了人民的手中。

另外，在大良由黄善祥、刘宇民、欧友三人保护的伪省地政局驻大良土地测量第二分队和顺德地籍整理办事处的档案、图籍、契证、仪器，也顺利地保存了下来。

（本文选自《广州黎明前夜》，广州出版社 2004 年版。）

# 谢岳<sup>*</sup>：组织工人迎接广州解放的斗争

辽沈、淮海、平津三大战役后，全国解放战争取得了决定性的胜利。在革命形势迅速向前发展的情况下，广州地下党逐步把工作重点转移到迎接广州的解放方面来，强调每一个共产党员必须积蓄力量，发动群众、组织群众。当年我的上级领导人是陈友，我和他实行单线联系。他布置给我的任务是利用各种方式，组织工人起来团结应变，迎接广州的解放。

## 从"义衡社"到"解放军之友社"

我长期生活、工作在广州，在工人群众中建立了一定的基础。1947年，土匪出身的反共老手李福林为了扩大自己的势力范围，以"在戡乱救国时期，洪门兄弟要团结各阶层人士，互相支援、互相帮助、互爱互勉，为繁荣广州做贡献"为名，成立"广东义衡社"，企图使之成为夺取下届广州市市长宝座的本钱。由于李福林的爪牙颇多，加上有些人想投靠他的势力而发财，纷纷领取分社的番号，不到一年时间，"广东义衡社"遍布广州市各地区各行业。当时，李福林小老婆的亲戚《国华日报》社工作人员潘振声也领取了"义衡社第十分社"社长的头衔，他

---

* 作者时为"谢志记"云吞面摊老板，广州市中共地下党员。

纠集了该报的编辑记者，向社会各界网罗人员。当时我在光复路经营"谢志记"云吞面街边摊档做职业掩护，送消夜面食到该报社时得知这一消息的。我想，如果我能打进这个组织，便可以披上合法的外衣，既可以刺探到更重要的情报，又能联系到更多的群众。我把这些情况和想法向陈友汇报。经广州市地下党领导人钟明和余美庆批准，同意我打入"义衡社第十分社"，并认为这对地下党联系工人、店员、摊贩等劳动群众是很有利的。于是我主动接近潘振声，说明自己可以发动一大批朋友来参加，以壮大分社的力量。潘听后很高兴，说事成以后许我以理监事之官职。我即联系了报馆（排字）、三轮车、商店、摊贩一大批工人参加了该社，顺利地当上了理监事。此后，我以这个组织作为掩护，把控制的范围扩展到荔湾区大部分地区。有数以百计的工人被吸收入社。我利用义衡社的名片，公开出入国民党控制的大团体，出席李福林召集的重要会议，将收集到的情报及时向上级报告。同时，我利用组织活动的方式对工人灌输革命思想、提高他们的觉悟，从中培养积极分子。

但是，由于当时的斗争形势很复杂，我们对工人只是进行侧面的引导，未能将组织起来的工人从政治的高度加以全面教育，也不搞群众性的大规模斗争。后来，广州国民党内部的矛盾进一步激化，李福林建立的"广东义衡社"被市政府下令解散，我们所控制的第十分社也只好停止组织活动。为适应形势，我们后来采取其他形式，继续将这批工人组织起来。

1949 年初，我经请示上级同意，请了原"义衡社第十分社"的头面人物、《国华日报》编辑黄伟强、肖金声等人带头，将原班人马改作"协义金兰会"。为了便于活动，我又挑选其中一批积极分子 20 多人，组成"敬义堂"。后来，根据上级的指示，我们将一部分经过考察合格的积极分子吸收入党的外围组织——"解放军之友社"。陈友为此与我做了专门的研究和部署后，他将一份《解放军之友社章程》交给我，嘱咐我对培养对象经过考察后认为可以发展的，才能把《章程》送给其看，由本人提出入社要求，然后报上级批准。记得第一批发展的有黎文信、陈沃、周俊卿、梁兆雄等；第二批发展的有张植生、冯中心、吴耀、关洪、肖金声、梁坚（女）、谢金、黄联、邵慕鎏等。这些人都是逐个发展，逐个送陈友同志审批同意的。后来陈友同志委托我为广州工人方面的"解放军之友社"的负责人。广州解放前夕，我即以"解放军之友社"成员为核心，组织"敬义堂""协义金兰会"成员，发动工人团结应变，开展迎接黎明的斗争。

## 迎接解放的具体工作

我们迎接解放的工作是多方面的，但有三件工作是主要的，也是上级规定我们必须完成的。

一是收集当地反动分子的材料。在人民解放军大举南下之际，敌人做好了逃跑的准备，并策划了逃跑前进行大破坏，布置敌特转入地下，与我们作长期斗争等。因此，广州地下党决定加紧调研工作，弄清反动人物的阴谋及具体情况，以便揭露与动员群众起来监视和防止他们的破坏活动，弄清具体人物的反动面目，以便在解放军入城后迅速加以逮捕。我们接到上级的指示后，便展开了深入的调查。经过分工合作和大家的共同努力，收效不小。黎文信、梁兆雄收集到警察局探长李彦良的材料。李彦良实际上是个军统特务的头目，他建立了特务的外围组织——"小卢同志会"以及特务控制的"广州国术联谊会"，曾指挥这些组织成员乔装工人，手持木棍、竹担向参加"五卅一"游行的中大学生大打出手，率领特务搜捕共产党员和革命群众，监视各种合法和不合法的团体活动，周俊卿反映了《国华日报》社社长刘劫余是国民党"国大"代表，解放军渡江后，刘将其财产疏散，把五彩大型滚筒印刷机运往香港。周俊卿还反映了《国华日报》社总编辑冯典成是个特务分子的材料。陈沃收集到粤东二分社社长何凛然是个特务分子、恶霸的事实；肖金声等收集到报社的信息、反动政府内部的情报以及报馆头头的动态；等等。我们将收集到的材料，及时地送交上级，上级即派人和动员群众来对这些反动分子进行监视。解放军入城后，那些潜伏下来或没有来得及逃跑的坏分子，迅速地被缉拿归案。

二是散发革命传单。做好宣传工作，是广州地下党迎接解放的措施之一。记得有一天，陈友约我到广州河南宝岗街一户客家人的家里会面，他向我说明任务后，将印着《将革命进行到底》（1949年新年献词）的传单交给我时说："这是你们散发的第一批传单，这份传单是一个振奋人民革命精神的号角，必须迅速散发到广州人民当中去。"于是，我带回后发动工人在最短的时间内将传单发了出去。此后，陈友常常通过梁坚等同志直接或间接给我的传单，我们都按照要求发了出去。传单的内容主要有：《将革命进行到底》、《向全国进军的命令》、《论人民民主专政》、《中国人民解放军布告》（约法八章）、《告广东同胞书》等。我们散发传单的方法一般以半夜或凌晨乔装作报贩（广州解放前报贩都是半夜或凌晨挨家逐户派送报纸的），装一大袋旧报纸，将传单夹在中间，以不同对象，事前准备好派发地点，指定路线，分工负责。通常以两人为一组，一人放风，一人执行，规定暗号。部署完毕后，向陈友汇报，由陈友审定并提出预防万一出事的撤退措施后，统一时间行动。由于我们有了一批有觉悟的工人，又有坚强的领导核心，每次的任务都完成得比较好，没有让敌人发现我们。通过散发这些传单，宣传了党的方针政策，扩大了党在人民群众中的影响，打破了敌人的谣言，消除了群众的疑虑，使广大的人民群众在广州解放前夕，能够自觉地起来维护社会秩序、护厂护校、团结应变、迎接新广州的诞生。同时，我们通过将一些警告信寄发给反动分子，使他们感到了惊恐，使他们反动气焰有所收敛。

三是组织和发动工人起来，保护工厂、保护人民的生命财产，维护社会秩序，防止敌人破坏。在这个工作上，我们首先通过"解放军之友社"的成员组织起"义衡社第十分社"的部分原班人马，串联其他工人群众，在本单位、本街道进行。其次，我们通过向一些工厂、单位发送传单，发动更多的工人群众起来斗争。例如：我们将《广州新民主主义工人协会宣言》由黄联、吴耀、邵慕銮、谢金、周俊卿、梁兆雄几位同志送到广州五仙门电厂、西村自来水厂、西村水泥厂、石围塘火车站、西濠口码头客运站、茶楼工会、医务公会等单位，极大地鼓舞了工人群众的斗志，后来他们的工作都很有成绩。广州工人在党的领导下，机智勇敢，无所畏惧，为迎接广州解放做出了成绩，起到了重要的作用。

（本文选自《广州的解放》，广东人民出版社 1989 年版，标题为本书编者加。）

# 马禧 *：广州升起第一面五星红旗

1949 年 10 月 14 日晚上，解放大军浩浩荡荡地开进广州，结束了国民党的反动统治，广州宣告解放。

15 日晨，当红日从东方升起，市民们热烈欢迎解放军进城时，一面鲜艳的五星红旗在长堤大马路东亚酒店（即现东亚大酒店）三楼的窗口悬挂出来。这是广州悬挂的第一面五星红旗。

第一面五星红旗能够在东亚酒店升起，是有着不平凡的历程的。解放前，我在东亚酒店做工，这间酒店的住客多是官僚、政客、宪兵、大天二（土匪）、恶霸、地主、资本家等。这些人来到酒店，都把店里的工人当作奴隶来使唤，服务员没有政治地位和人身自由。工人的正式工资十分低微，只能靠收"小费"过活。但资本家对此也不放过，不仅把所谓"交际费""试餐费"和到各处"视察"的差旅费均由这些小费开支，而且规定小费的分配资本家占 10 份，男工占 1 份，女工更少，只占半份。加上当时物价飞涨，工人生活十分困苦，多么渴望早日翻身过好日子。

1946 年春，中国共产党广州的地下组织派了萧响三同志（即肖泛波）打进东亚酒店，以酒店职工的合法身份开展党的工作。他组织酒店工人成立了"东亚酒

---

* 作者时为广州市靖海区民众自卫队第一中队副队长，广州市中共地下党员。

店职工同乐会"，以开展文娱体育和学习文化为活动形式，团结工人，组织广泛的统一战线，与资本家和反动分子进行针锋相对的斗争。"同乐会"先后迫使资本家不敢随意开除工人，对女工的小费分配也从原来的半份增加到 0.75 份，从不准女工生孩子到有 30 天的产假，还争取到每月给工人报销两次理发费，等等。工人看到了团结起来的力量，希望早日解放，当家做主人。

1949 年，解放战争胜利的消息不断传来，广州的国民党反动派当局预感末日来临，企图垂死挣扎。广州警察局也纠集一批匪徒在龙津东路洞神坊一间房子召开秘密会议，布置在广州解放前夕把长堤五仙门发电厂炸毁，使全市陷于黑暗之中，他们则乘机抢劫，进行破坏。广州的中共党组织获悉后，立即通知东亚酒店党组织协助保卫这座英雄城市。我原是地下党员，打进靖海区（管辖长堤至大德路一带，现已并入越秀区）当义勇警察分队长。1949 年初，改为区民众自卫队后，我任第一中队副队长。这个分队负责长堤一带地段。我利用副中队长的合法身份，组织先施公司（现在华夏百货公司旧址）、东亚酒店及长堤的商店工人和附近连珠街等地的居民成立自卫队，保护厂、店和居民的安全。10 月 13 日晚上，我带领长堤的民众自卫队到东亚酒店对我们平时掌握住在店内的特务进行检查，防止他们在解放军进城时搞破坏活动。同时把全体自卫队员留在东亚酒店，轮流值夜班，做好保卫工作。

与此同时，东亚酒店职工同乐会全体会员在萧响三等地下党员的带领下，积极做好迎接广州解放的准备工作。10 月 14 日晚上，当解放大军进城的消息传来后，萧响三等地下党员与同乐会会员，找来了红布和黄布，按照萧响三的爱人黎秀琼同志寄来香港《大公报》刊登的中华人民共和国国旗——五星红旗的模样，由同乐会会员马明同志裁剪并把旗身车缝好，然后工人们精心合作，一针一线地把五颗黄星镶在红旗上。15 日清晨，当萧响三、梁江佛、刘广源、刘亨、马寿和我等把五星红旗从东亚酒店三楼的窗口向马路悬挂时，反动的酒店总管马兆麟（警察局安排在店内的特务）出面恐吓，阻止我们挂国旗，说什么："你们这样做太过莽撞了，你们不怕国民党回来……国民党打回来，你们就像 1927 年的大灾难了，到时还会连累我和酒店。"工人们针锋相对地对他说："睁开你的狗眼吧，新中国成立了，广州解放了，我们再不像过去受你的欺压了，快滚开！"他只好灰溜溜地走了。悬挂好国旗后，我们又把欢庆广州解放的红布大标语，由东亚酒店门前横过马路，挂在对面广东省银行（现中国银行）的门前。酒店的工人都为能够升起第一面五星红旗而感到自豪。

（本文选自《曙光耀羊城》，广东人民出版社2000年版。）

# 第 四 章

# 民心：国统区的第二条战线

# 侯瑞珍<sup>*</sup>：我所知道的"七二三"大逮捕情况

## 突如其来的搜捕

1949 年 4 月，人民解放军强渡长江，以摧枯拉朽之势挺进江南。国民党伪总统府于 4 月 22 日南逃广州，其政权已分崩离析，朝不保夕。反动派在面临全面覆没的关头，进行垂死挣扎，于是年 7 月 23 日凌晨包围了石牌中山大学，对这个学生运动的中心，进行了空前的大搜捕。他们出动了数以千计的军警特务，全副武装，杀气腾腾地封锁了学生宿舍和教授住宅区。

我那天晚上正好回家，住在家里（教授住宅区九一八路 26 号）。黑夜中我被吵醒，感到气氛很紧张，便一骨碌爬起床来看个究竟。由于组织上的教育和地下斗争中养成经常处于戒备状态的习惯，因此，一听到动静，便睡意全消。我起来后看见我的二哥侯晖昌（当时是中大理学院物理系助教，后来我才知道他是地下学联的成员）在烧文件、材料，藏匿进步书刊。他见我起来，小声告诉我："九一八路有军警封锁着，看来反动派已包围了学校，并进行搜捕了。"我从二楼窗户往外看，周围一片漆黑，只隐隐约约看到一些人影在移动，同时听到不大清

---

* 作者时为中大附中学生、地下学联成员，中共广州地下党交通员。

楚的说话声。为了预防反动派到我家来搜捕，我也赶快把一些"违禁品"，包括学生运动的一批照片，1947年记录中大学生"反饥饿、反内战、反迫害"斗争的《血债》一书，以及《新民主主义论》等一批进步书刊，塞进了平日准备好的隐蔽地方。不久，看到有的教授住宅亮了灯，但异常紧张的气氛还未解除。

## 恐怖的中大校园

当时我想，一定要设法把搜捕的情况了解一下，以便及时向组织报告。可是天还未亮，情况不明，盲目闯出去既达不到目的，又可能暴露自己，因此，继续在楼上监视外面的情况，并盘算着拉一些教授的女儿装着看热闹的样子去观察情况。天麻麻亮后，九一八路的反动军警岗哨开始撤走。在教授住宅区里，有些人在家门前观望议论，说张作仁、张清鉴、肖伟信、贾国永等好几位教授被抓走了。反动派是拿着事先准备好的黑名单，包围了所有男女学生宿舍及教授住宅区，撬开大门进去翻箱倒柜地搜查、抓人的，连手表、戒指、钢笔、较好的衣物等都被抢掠一空。……趁着人们议论之机，我对几个比我年龄小的教授女儿（记得有丁颖教授女儿丁如君，一位体育系教授女儿吴洁等）说："我们去看看热闹吧！"她们也很好奇，说："好，我们一起去。"这时，我看见我二哥从家里跑出来，向五座学生宿舍的方向跑去。我们几个也装成小女孩的样子蹦蹦跳跳地朝五座学生宿舍的路上走。我的目的是寻找被捕师生的集中地。我们途经体育馆、孙中山铜像广场，只见沿路警戒森严，到处都有反动宪兵和戴着墨镜、穿黑胶绸的特务把守着。特别是出入校门的路上还封得死死的，整个中山大学校园仍笼罩着恐怖气氛。当我们来到湖滨路时，看到一大批卡车排列着，每辆车上都有戴着钢盔的宪兵，架着机枪。当我们走到五座学生宿舍前面时，见反动军警押着一批批同学向湖滨路走，我们也跟着走到湖滨路。只见反动军警把被捕同学一个个押上车，被捕者面对强暴的匪徒毫不畏惧，每个人的眼睛里都放射着仇恨的目光。我一边看着一边数着，记得好像数了140多人。突然我看到自己直接联系的两个中大附中地下学联成员邵以娴和何明慧同志也被捕了。邵以娴同志我已安排她打进一间工厂当工人，任务是团结工人，发展地下工联组织和了解接管的情况资料，为迎接广州解放做准备。我正想思考一下她为什么也在这里被捕时，却被一个更紧迫的问题代替了，我担心她身上有什么材料会被反动派发现。当她被押着走过我面前时，她正好看见了我，我便用手势暗示她要毁掉这一切，她也示意领会了（出狱后她告诉我，她趁车上拥挤的机会，把一些工人姓名、材料毁掉了）。

当被捕同学全部押上卡车之后，我注视着一辆辆开走的卡车，默默地向被捕的同学告别，同时以满腔的仇恨怒视着卡车后面那些荷枪实弹的军警特务。我感到应该把这一严重事件马上报告组织。那时，整个校园的人们都愤怒起来了，人们纷纷对反动派这一暴行提出抗议，呼吁社会营救被捕学生，这种情况使我更迫切地感到赶快请组织研究对策的必要。可是，整个石牌区的道路全被封锁了，怎么走呢？我回想起1947年"五卅一"大逮捕时沙河、石牌都封锁过，我是从小山坡向瘦狗岭走出去的，这次也可以这么走法。这时，各通道还未解除戒严。我和几个小女孩各自回家，不料，我一踏进家门，就看见工学院的杨泰芳同志（后来才知道他是工学院地下党的一个线头）和一位女同学、两位男同学共四人到我家来，我二哥把他们带进房间（后来二哥说：杨是在黑名单上有名的。当夜被捕学生全部先围在一座教职员宿舍内，那是一个"四合院"式的大楼，只有两三个门出入，容易看管。杨被抓后，他想起身上还有一个金戒指，便把金戒指塞给一个守门的士兵，士兵就把他放了出来。出来后，他找到一位女同学装成一对恋人似的，后来又增加了两位男同学护送到我家。二哥给他换了一套衣服，简单化了一下装，他们才离开我家，但当天夜里又回我家住了一晚，第二天早上才撤退到安全的地方）。这时我父亲正好从楼上下来，我向父亲介绍了我所目击的情况，并告诉他，听说他的学生和挚友、农学院的张清鉴教授也被捕了，我以抱不平的样子请求父亲和一些教授联名去声援营救被捕同学，他答应了。后来他告诉我找到伪教育厅的张建，张建去找了伪警备司令叶肇，反映了教授们的要求。我说完就趁家人不在意的时候，溜了出来，当时既来不及吃早餐，也没有同家人打个招呼。

我偷偷从家里出来后，不走大路，只走山路。我翻过一个小山坡，爬上了瘦狗岭。在高处可隐约看到和听到从沙河通往石牌的公路上反动军警气势汹汹地吆喝和斥问过路行人。看到此情景，我想从瘦狗岭直下沙河是不行了，于是又翻过瘦狗岭旁边的一山坡绕过沙河直奔市内，当即找到黄菘华同志，准备向他汇报。他即带我去胡泽群同志处，由我详细向胡同志汇报。组织上考虑到我直接联系的两个地下学联成员被捕，决定不让我回家或回校，另安排地方让我暂住和工作。

过了数日，邵以娴、何明慧两同志被释放，向我讲了被捕后审讯的情况。由于她们不是因有黑名单被捕，而是因为去中山大学游泳，在大学女生宿舍内借宿，搜捕时因无学生证而被捕，反动当局看到她们较年幼，因此，在组织的营救和社会舆论压力下，第一批就把她们放出来。8 月初，黄菘华同志通知我，组织上决定她俩离开广州转到游击区，我便按组织上安排的联系办法布置她俩撤离广州。

## 重建党的领导

"七二三"大逮捕后，一时中大各学院地下党及地下学联的组织联系中断了，有许多情况不大清楚。被捕的线头有哪些，他们下面联系的同志又如何，没有被捕的同志是否转移了住地，有无躲藏起来，有无被敌人暗中监视，跟踪追击？领导上认为摸清情况，迅速接上组织关系是当务之急。我因当时担任交通工作，又家住石牌，对中大校园的地形房舍比较熟悉，熟人也较多，适合作为协助领导驳接线头的耳目。因此，大逮捕后三四天，胡泽群同志要我和他一起潜进中大。事前，他向我交代这次进去可能出现的情况和对策，特别对我进行了一次自我牺牲精神和纪律教育。到了石牌以后，他带我到当时处于教授住宅区和学生宿舍中间小路上一家小饭馆坐下来饮茶，要我按他提供的宿舍房号去找司徒梅芳同志，并交代我设法把她带出来到饭店见他。还教我，如果找不到人，出了问题要如何机智对付等。结果，第一个关系接得很顺利。后来又叫我去找其他人，名字忘记了（因当时有严格的秘密工作纪律，不该知道的人不准问，叫我去联系后就要设法忘记，而这些人我都不认识，加上事隔 30 多年更记不起来了），记得一次是在路旁的一棵大树下见面的。各个组织关系又重新接上，党和地下学联的组织活动立即又恢复起来。

"七二三"事件后，地下党为了揭露敌人的法西斯暴行，以"广州市学生联合会"的名义散发《告各界人士及全体同胞书》，还大量印发了《中国人民解放军布告》。并对一些官僚特务发了不少警告信，指出反动派的末日即将来临，他们还执迷不悟就后果自负。组织上还想尽各种办法发动一些教授和知名人士出面，利用国民党反动派内部的矛盾，施加压力，进行营救，结果被捕的同学分三批出狱，只有赖春泉和洪斯溢同志到了广州解放才放出来。

（本文选自《解放战争时期广州的地下斗争》，1984 年版，标题为本书编者加。）

# 梁锦昭等*：广州地下斗争十五个月

我们这批中山大学的同学，于 1948 年 7 月中下旬起，在中大同学、农工党成员李显仁同志的启发、指引下，走上了革命道路，在广州从事反蒋的地下民主革命活动，直至广州解放。我们由李显仁、丘克辉俩同志介绍，先后于 1948 年底至 1949 年初参加了中国农工民主党组织。现在回忆我们在广州解放前的地下活动的几个工作片断。

## 结新光学社——走新的光明之路

1938 年 7 月，广州学校暑假开始，梁锦昭多次到香港探望同学李显仁（李原在广州《每日论坛报》工作，该报被反动派查封后，避居香港经年）。在几次的梁、李晤谈中，李介绍了国内解放战争的形势发展，最后并表白自己是农工党成员。梁自抗战胜利后，对反动派的腐败统治，已有不满情绪。此时，梁向李表示愿意参加农工党组织，为新民主主义革命、为迎接广州解放贡献力量。李欣然表示欢迎，愿做介绍人。在梁最后离港返穗前的一次晤谈中，商讨了联系发展多一

　　* 此稿为多位作者经过集体回忆，由经历全过程的梁锦昭执笔写成初稿，经郑方植、丘培华、李小松审阅，提出了必要的补充、修改意见，再由梁雄补充、修正定稿。经李显仁、梁锦昭、梁雄集体讨论、修订全稿，并根据现存原始资料核实审定。梁锦昭时为广州中山大学学生，中国农工民主党党员。

些可靠同学，共同工作。当时决定香港方面由李联系黄荣谦、陈孚素（黄、陈当时在香港的中学任教）。广州方面由梁联系梁雄、郑方植、刘根耀、阮文治、黄树全、丘培华、李小松、林强、梁伯行等人。梁返穗后，当即与上述同学一一访晤详谈，结果甚为顺利。他们都对旧社会不满，眼看蒋家政权日益腐败无能，社会治安混乱，通货膨胀，物价飞涨，加上私人交情的影响，故都愿意参加革命工作。至此，梁再次往港与李商量，决定港穗两地已联系上的同学都到香港聚会一次，以进一步阐明革命形势的发展和革命的任务，借此提高认识，商讨具体行动。遂于1948年8月下旬，大家聚会于港岛的新光大酒店，参加者有李显仁、黄荣谦、陈孚素、郑方植、刘根耀、梁伯行、阮文治、李小松、丘培华和梁锦昭。梁雄、黄树全、林强因事未往港，事后也向他们传达了经过和决定。大家都表了态，愿意跟共产党走，为新民主主义革命、为迎接广州解放效命。大家还同意取"新光学社"名义，纪念此次行动。"新光学社"并无具体章程和组织，寓意走"新的光明之路"而已。至此，我们在不同的岗位上，开始做共同的革命工作。

## 武装头脑 宣传革命

从香港回穗之后，鉴于广州方面的同学过去难得接触进步书刊，革命的理论认识偏少，为适应开展革命工作的需要，必须加强学习革命的理论。为此，梁与李商量，得到香港方面的支持，李、黄、陈三位集资购买了几十本进步书籍，如《论联合政府》《新民主主义论》等，以及一年的《华商报》合订本。这些书报大多数得到梁锦昭的哥哥帮助（梁的哥哥当时任一艘行走港穗货轮的轮机长），部分由郑方植设法，分批偷偷运进广州。书报首先藏于梁的寓所，然后分发给每个同学，看完各自交换。《华商报》因体积大，不敢外露，一直存放在梁家，要翻阅的到梁家去。这样，经过一段沉静而又紧张的时间，我们的革命理论水平有了一定提高，观察、分析能力也有所增加。

我们在隐蔽地分散学习的同时，也隐蔽地开展宣传和争取群众的工作。当时淮海战役刚结束，国民党政府南迁广州，蒋介石政权崩溃之势已成，我们接触到的同学、朋友以至旧时的老师，都存彷徨恐惧的心理，看不到出路。有的准备跟反动派逃跑，有的打算跑港、澳，有的不知如何是好。有鉴于此，我们认为应对他们宣传，启发他们，争取他们不要跟反动派走，也不必跑港、澳，留在内地为建设新中国贡献力量。此时，又通过香港陈孚素引介，接触了另一位中大师院同学陈同。他是广东南路人，由他协助，我们做了广南中学的几位行政领导和教师的工作。并且进而通过他们接触了两位以前中大师院的老师：张良修和夫人陈希秦。他们都是留法博士。（张曾任中大师院教授兼院长，当时任广东省立法商学院院长；陈任中大和法商教授，是当时国民党某元老立法委员之女）梁一次访晤他俩于私邸，谈及国事形势，张氏夫妇亦认为腐朽的国民党败局已定，广州解放在即，同意爱国者应有所选择其前途的看法。梁建议由张以院长的身份出面，约请多一些毕业同学座谈，以扩大影响，争取更多爱国之士留在内地，为新社会效力。张同意了。座谈会在文德路私立广州法学院一间课室举行，参加者除我们七八人外，还有 10 多位后届毕业同学。张主持了座谈。由于态度比较鲜明，座谈者较快取得一致的看法："不跟国民党走，为建设新中国效力。"在座谈中，我们起了促进作用，我们建议学习新理论很重要，并愿设法提供进步书刊。这次座谈起到预期的效果，争取了群众，扩大了影响。据知，广州解放后，参加座谈的大多数人没有离开广州。张良修夫妇也留在广州继续任教授。

在这期间，我们虽然通过香港李显仁在农工党领导下，隐蔽地从事宣传和争取群众的工作，但我们仍未正式参加农工党组织。

## 参加中国农工民主党组织

1948 年底，梁锦昭往香港办理了参加农工党组织的手续，地点在当时章伯钧主席的公馆。章其时已北上参加新政协会议的筹备工作。留港中央委员杨逸棠、陈卓凡、王深林在场，介绍人是李显仁和丘克辉。梁问及在广州的其他同志如何办理手续时，杨逸棠嘱不必都来香港，可照登记表样式在广州复制，由申请者填写妥，但不要携带或邮寄这些登记表来港，以免出事，将填妥的登记表随即秘密烧掉，将姓名及主要情况报来香港便可以了。梁返穗后，照此办理，在穗各人大都先后填表办了手续。当时仅梁伯行、刘根耀因故未办。解放后梁参加了民盟，刘参加了民革。

参加组织后，广东直属小组刘俊、萧介农曾不定期分别对我们做过分析革命形势的谈话，还学习过党内刊物《人民周刊》（油印本），也不定期进行过组织讨论。这些活动均在极秘密中进行。

当时我们在广州分散工作，力量不集中。为了有利于工作开展，我们决定分成河南与河北两片，分头开展工作。河南片以李小松、林强为核心建立组织，以广东儿童教养院为隐蔽的工作据点，后来发展了该院教师张云、张汉良、黄珏等人为农工党党员。河北片以梁锦昭、梁雄、郑方植为核心建立组织。在我们接办光复中路的广州通讯社和南方印务局后，该地即成为工作据点，共同工作的有刘根耀、丘培华、阮文治、梁伯行。黄树全虽在河南，因工作需要，仍主要参与河北据点工作。

## 建立地下工作据点

**广东儿童教养院** 当时李小松任院长、林强任教务主任的广东儿童教养院，自成为农工党广州地下工作据点后，经常与河北农工党据点联系，并积极支持河北据点的工作。该院有无依无靠的儿童千余人。李、林及张云、张汉良、黄珏等人在农工党的领导下，团结当地农民，争取该院其他职工，积极做好迎接广州解放的工作。所以，广州解放时，这个据点保存了大量物资，避免了千余无依无靠儿童流散到社会上，受到解放军接管当局的表扬。该据点的具体工作，由李小松另文专述，在此不赘述。

**广州通讯社** 河北据点集中力量于文化宣传工作。我们侦得广州通讯社领有登记证，具有合法身份，社长为中山大学教授陈劻南，至 1949 年初已停止发稿多时，原社内人员也先后离散。我们为了建立隐蔽的工作据点，通过郑方植、刘根耀与陈有旧的关系，找陈商谈接办该社，结果顺利达成协议。为了避免重新登记，仍由陈挂社长名义，刘根耀为副社长，郑方植为总编辑，梁锦昭为经理。其余在通讯社的农工党党员俱为编辑。社址在光复中路 103 号三民主义学会合作社楼上。楼上近 30 平方米面积。仅存破烂手推油印机一副，破方桌、烂藤椅各一张，长条凳两张。我们经济力薄，没有添置任何物品，因陋就简，便于 1949 年 3 月 29 日，即黄花岗革命烈士纪念日正式恢复发稿。经费开支靠香港资助一部分，我们自筹一部分。消息来源除靠我们大家采访、搜集提供外，通过郑方植约了几位外县青年为特约记者。后来由梁锦昭推荐，聘请黄以庄为仅给生活补助费的专职记者。黄后来也成为农工党党员。

我们发稿的原则是：坚决不发"反共"消息，不为反动派粉饰太平。但我们也审慎地不直接暴露自己的观点立场，以防反动派抓把柄。我们的稿主要是揭露事实，即一些在反动派统治下的黑暗、不合理、不民主、贪污腐化等事实。一旦抓住，即加以发挥，扩大其坏影响。如当时石牌中山大学教授，因反动当局欠薪，生活陷于困境。他们发起庞大的"索薪"运动，痛斥、揭露反动当局的腐败无能。刘根耀当时供职中大，首先接触这一事实，及时组稿详加报道。当时市内各大报如《建国》《大光》《前锋晚报》等，都采登了我们的稿件，香港某报也全文照登，对反动当局是一次颇有力的冲击、鞭挞。又如当时北方解放了一大片土地，反动派南逃，不少大、中学生也被迫随着来到广州。反动当局不得不设立一个专门机构，负责安置这批学生，安置地点分散设在市区一些中学校园内。我们曾到西华路第四中学了解，发现他们的住地肮脏、拥挤，各种生活设施异常简陋，简直非人待遇。我们决定把这个事实公布于社会，引起人民以及"流亡学生"对反动当局不满，激化他们之间的矛盾。于是我们派黄以庄前往各住地采访，一连多天做了专题报道。果然，不少"流亡学生"来到通讯社找我们，诉说他们对当局的不满。我们接待了他们，并表示同情。终于他们按不住怒火、怨气，结队前往管理他们的机构，抗议虐待他们，弄得当时管理机构的负责人石某狼狈万分。石某亲自来拜访我们，尊称我们老大哥，请求笔下留情。（石为后届中大同学，彼此认识）我们表示，我们是尊重事实，不是对他个人，如果一切都好，学生是不会抗议呼喊的。石某无言可对而退。

通讯社的工作时间在下午，稿件由总编辑审核定稿（有时大家一同审核定稿）后，大家随即刻写蜡纸，并校对无误便动手油印，直到最后订装。然后请楼下三民主义学会合作社的一位青年杂工代我们分送光复路各大报社。报社4时截稿，稿件必须赶在下午4时前分送完毕。因此，我们每天下午工作颇为紧张，稿送出后，才松一口气，各自回家。这段时间经常参与工作的有郑方植、刘根耀、梁雄、阮文治、丘培华和梁锦昭。1949年6、7月间，丘培华去了中山，阮文治返回新会，刘根耀去了海南。由于人手不足，通讯社由每天发稿改为不定期发稿，一般是两三天发稿一次。8、9月间，我们把复稿以来的稿件，秘密送往香港，由李显仁转交香港《华商报》和新华社香港分社请求指导。广州解放后，军管会取缔了24间报社和通讯社，我们的通讯社仍获发稿资格，被列为进步机构。

## 南方印务局的活动

我们接办广州通讯社时，楼下的三民主义学会合作社的印刷业务也几乎陷于停顿，欠发工人工资多月，欠交电话费、水电费近半年，该社经理也是陈劭南。我们认为借此机会再与陈洽商，租借这间合作社的全部器材搞印刷业，则楼上楼下连成一体，工作也可扩大范围；如果经营得好，还可得到经济上的收益，支持通讯社工作。于是又通过刘根耀、郑方植、黄树全等人与陈劭南商定，由我们集资清发工人欠薪和清交水电费、电话费，作为该年租金，从1949年7月起，把合作社的经营权承接过来。经全体同志会议决定，由我们各购若干股份，后来还吸收了部分关系密切的亲友入股，开办南方印务局。我们成立董事会，并推出董事长黄树全，副董事长郑方植，经理刘根耀，副经理梁锦昭和梁雄。于是，印务局仅以 4500 港元开办起来。合作社原有正式印刷工人三人（何滔、邓明、冯桐），学徒杂工两人，营业员一人全部留用。

当时，广州市面动荡不安，民办的商业性的印刷业务不景。每天维持工人开饭，也不容易。我们决定尽可能利用社会关系，承印反动政权机关的文件。一借此猎取情报；二争取经济有所收入。我们第一宗生意就是通过郑方植与当时省府总务科科员王泽棠的关系，承印《省府通报》。（后来才知道，王原来是中共地下党员，解放后曾任广东省石油化工厅副厅长）《省府通报》载有不少广东省政府与地方县府的各种内情，我们曾猎取了一本送往香港农工党中央，转香港中央组织参考。

第二宗印刷生意十分重要。就是通过郑方植之弟郑方略引线，利用当时国民党中央党部副秘书长的郑彦棻是郑的亲故关系，还利用中大校友、郑的表亲袁国维任国民党中央秘书处总务科长的关系，承印了国民党中央党部的"密电码"。"密电码"仅供该党中央常委 20 多人之间通信之用，机密性极高。我们承印时，国民党中央党部派出一名监察委员或一名专员每天临场监印。每天工人检字排版，上机印刷，收工拆版，俱亲自在场监督进行，不多一页，不留片纸。我们深感下手困难。经分析研究，后来我们大施"拉拢"手法，陪他在楼上玩牌。招待吃喝，扯权贵关系，渐渐取得他的信任，监视行动才放松下来。此前，他将每天印就的数目点足后，即焚毁多余的一纸半页。后来他放松后，我们启发和说服了印刷工人，将每页字版上机试印的第一张，迅速收藏起来。全部印妥后，未露破绽。此后，我们又千方百计说服了该专员不要外送订装，以保机密。由于他已信任我们，于是放心地交给我们在印务局内订装成册。为此，我们召集两名青年徒工连同梁锦昭、郑方植、梁雄共五人，通宵进行工作。凌晨 3 时全部册数订装妥后，叫工人返家睡觉。剩下我们三人，即把收藏的页数取出，尚欠页数原拟由梁雄用摄影机拍摄，只因光线不足不行，乃迅即分工，实行手抄缺页数。凌晨 6 时左右，全部完工，梁锦昭即携带窃取的一本，乘三轮车回家。为防途中遇搜查，梁上车时即把册子放进坐垫下。幸平安无事，抵家后即把它藏在衣柜底板下。梁雄、郑方植守护印妥订装好的"密电码"，待该专员早上到取，方始离开。取得"密电码"后，梁即通知香港李显仁，告之翌日由郑乘飞机携带往港。讵料第三日李从香港来信谓尚未见郑抵达。梁怀疑郑上飞机时出事，即通知梁雄，嘱勿返印务局，以防反动当局拘捕。梁两人也不敢回家，整天在街上来往走动，不时打电话回印务局找陈华俊（杂工），借口有事未暇回局，询问有无特别情况要处理。几次电话未发现受反动当局注意，始敢回印务局。后来才知道郑并非翌日乘飞机去，而是为了安全延至第三日改乘火车前往，至此才算度过这场虚惊。"密电码"送港后，交李显仁转农工党中央，由李陪同农工党中央负责人之一陈卓凡将该电码送交中共负责人罗理实同志。后还受到中共负责人饶彰风同志嘉勉，并嘱咐我们要注意安全。

第三宗印刷生意是最大的一宗，如果不是形势急转，我们的经济将可从紧到宽，可是这宗生意竟在经济上陷我们于山穷水尽的地步。我们通过郑方植与国民党政府立法院简任秘书吴某的关系，承印当时在广州召开的立法院全体委员会议文件，会期一周，文件很多。他们对我们没有监视措施，我们顺利取得一些重要的文件及全部议案，通过梁锦昭哥哥的帮助运送到香港去。这次印刷分量大，而立法院未预付印费，我们为此到处周张，已感吃力。讵料印妥之后，立法院仅开出千多元大洋支票一张。当时解放形势迅猛发展，国民党中央各部都仓皇迁走，立委们也各自出逃，银行关门，支票无法兑现，致使我们负债累累，连给工人开饭钱也难以张罗。在山穷水尽之时，我们想起旧时广雅中学老校长，又是农工党老前辈黄慎之同志，他一向乐于为革命捐输，梁遂往求助，蒙他捐赠港币300元。梁同时向直属小组反映困难，萧介农同志亦捐助港币100元，才稍释燃眉之急。后闻银行迁重庆，又由郑方植将支票低价卖给赴渝的人。虽然如此，由于经济亏损过大，迫得出售以前购置的一台"马达"和一辆自行车，勉强维持工人伙食。

经济上我们无疑是打了败仗，但政治上我们的收获却愈来愈明显。尤其是在解放前夕，我们南方印务局在十分冒险的情况下，做了一件很有意义的工作，就是以中国农工民主党名义印发了广州解放时第一张进步的政治传单——《欢迎中国人民解放军告广州市民书》。过程是这样的，梁锦昭参加直属小组一次碰头会，黄弘通汇报反动派已撤，广州解放在即。刘俊知道我们有印刷设备，建议准备一份在解放军进城后散发的政治传单，这样可以起到欢庆解放、安定民心的作用，大家同意，由萧介农执笔，萧稿成后交梁携返印务局等待印刷。事关重要，不能早印以免出事，迟印又会削弱政治影响，并且还要靠工人动手检字排印，开机印刷。这样明显暴露身份，处理不好，就会引致杀身之祸。经几番商议，关键在准确掌握解放广州的时间和做好工人的思想工作。10 月 14 日傍晚，海珠桥爆炸声传来，这一爆炸声又表明反动派军队已完全撤离，广州解放快成事实。郑不断做工人的思想工作也逐渐成熟。解放前夕，郑方植、梁锦昭、梁雄都在印务局，是夜借着微弱烛光，与工人们秘密排好字版。凌晨 3 时左右，远闻几发枪声，知解放军进城，我们马上开机印刷。清晨 5 时左右，刚印完 2000 份红字传单，解放军战士已睡在我们铺外的道路两旁，我们与战士们只有铺门一板之隔。不久，从门缝窥视，铺外已站着一个持枪的解放军战士，嘹亮的号音也在此刻响起。我们随即打开大门，不久刘俊同志也赶来。我们决定利用自行车和劝留的省府机关汽车司机开车散发传单，由杂工陈华俊骑自行车在西关一带散发，刘俊和郑方植坐黑色福特小车在惠爱路、财厅前、东山口沿途散发，还有一部敞篷大卡车，由梁锦昭、梁雄等人环市沿途散发。所到之处，市民争相传阅，景况异常热烈，确起到解除疑惧、安定民心的作用。当我们回到印务局时，不少青年男女，挤拥在门前，要求参加革命工作，我们被他们的赤诚热忱深深感动！经我们劝勉，久久始散。

继第一张政治传单之后，我们不久又印刷发行了广州解放后第一份政治刊物——农工党的《人民周刊》。它是直属小组在地下活动时，刘俊在家秘密刻写油印后，秘密分送所联系成员阅读的刊物。广州既已解放，我们转为公开活动，在粤穗的农工党人也陆续会晤。刘俊要求我们铅印出版《人民周刊》，第一期为迎接解放专号。我们虽穷，也一口应承担起义务印刷、义务发行的任务。该刊除分送成员及所联系群众和单位外，由我们发给报刊摊贩代售。当时市内到处的报刊摊贩都摆有《人民周刊》出售，增添了广州解放后迅速恢复正常秩序的气氛。

南方印务局到底由于经济损失过大，我们无法支撑。工人们要吃饭，我们又不能置之不理。经采取劳资合作的办法，度过一段时间。后来军管会清理印刷业时，我们主动造册将全部印务局的机器、铅字等设备，由郑方植报送军管会新闻出版处张其光同志，请求处理。经军管会请示中共华南分局批准，拨给广东军区政治部使用。最后由梁雄、梁锦昭移交给广东军区政治部印刷厂接收，并妥善安置工人工作。此外，教育厅由梁雄保存了一些物资和档案，民政厅由叶柱淮（广雅同学）保存有一些物资和档案，解放后也顺利移交了。至此，南方印务局已移交结束，广州通讯社也主动停止发稿。它们完成了光荣的历史任务。我们也分别参加各条战线，开始新的革命工作。

（本文选自《天地存肝胆·广州市民主党派史料专辑》，广东人民出版社1999年版。）

# 钟岱 *：我在广州解放前的秘密活动

1949 年，伟大的解放战争进入第三个年头。国民党反动统治崩溃的速度，比人们预料的要快。这年的 4 月 21 日，毛泽东主席和朱德总司令发布了《向全国进军的命令》，人民解放军即奋勇前进，横渡长江，国民党反动派的都城南京以及上海、杭州、南昌、武汉、西安，接连解放，广州这个国民党苟延残喘的巢穴的解放，也指日可待了。

## 准备起义，迎接解放

"准备起义，迎接解放"，这是中共中央华南分局方方同志交给我在广州的任务。这个任务的中心一点，就是要使广州完好地回到人民的怀抱，免遭敌人破坏。

要完成这个任务是不容易的。因为当时的广东省主席薛岳是凶狠成性的豺狼。在抗战期间，当日军有进占长沙的企图时，他就亲手把长沙投入火海。时下，他盘踞广东，就经常提出：放弃广州前，一定要实行"三光"政策，首先破坏广州的公营事业和重要建筑物。无奈广州当时系行政院的直辖市，与省是平级的，他一时还管不着。为了把广州置于他的铁蹄之下，从 1949 年的 4 月起，薛岳发动

---

* 作者时为广州市政府设计委员、保安总队少将总队长，民盟成员。

一场改广州市为省辖市的攻势。他利用平时内政部长李汉魂与广州市市长欧阳驹有矛盾，进行挑拨，并向李汉魂提出："两广要大团结，以保卫大广州"，"将广州直辖市改为省辖市，以便统一领导"。他还大造舆论，并向李宗仁、张发奎、余汉谋等游说，希图尽快实现其把广州改为省辖，逼走市长欧阳驹的阴谋。欧阳驹当时处于极为孤立的境地。市府的大小官员也认为市长不易维持下去，多怀退志。"改辖"的风声传出以后，市府的主要经济来源——税收随之锐减。市长在这种内外压力下，亦有一走了之的念头，但内心又有所不甘。那时参谋总长顾祝同已逃到广州，因为考虑到顾不能不依靠广东的实力派——余汉谋和薛岳，如果余、薛联合逼走欧阳驹，顾祝同也无能为力，所以欧阳驹不便急于去乞求顾祝同的支援。在这种情势下，薛岳垂涎下的广州，已是岌岌可危。广州一旦改为省辖市，落入薛岳囊中，则很难使广州完好地回到人民的怀抱。

## 解放前的争夺与反争夺

为了保全广州，完成方方同志交给的任务，我利用敌人内部矛盾，开展了一场反争夺的斗争。

列宁在《共产主义运动中的"左派"幼稚病》中说："要战胜比较强大的敌人……必须极仔细、极留心、极谨慎、极巧妙地一方面利用敌人之间的一切'裂痕'，哪怕是最小的'裂痕'，……另一方面要利用一切机会，哪怕是极小的机会，来获得大量的同盟者，尽管这些同盟者是暂时的、动摇的、不稳定的、靠不住的、有条件的。"[①]毛泽东在《论反对日本帝国主义的策略》中也曾指出，大狗、小狗、饿狗之间又痒又疼的矛盾，对于革命的人民都是有用的。"要把敌人营垒间的一切争斗、缺口、矛盾，统统收集起来，作为反对当前主要敌人之用。"我分析了在广州市问题上国民党内部各派系之间的矛盾，认为必须利用他们之间狗咬狗的斗争，

---

① 见《列宁选集》第4卷第225页。

把欧阳驹的市长的位子稳住。欧阳驹市长维持愈久，距解放的时间愈近，对保全广州市就愈有好处，他们之间狗咬狗的斗争愈激烈，愈能加速他们的崩溃。否则，如果薛岳阴谋得逞，他控制广州的时间越早，广州所遭受的破坏就越不堪设想。

为此，我进行了一系列的活动。我向市长欧阳驹详细地分析了薛岳和余汉谋之间过去的矛盾，现在薛岳独揽全省政权，还想再霸占广州市，余汉谋肯定会起猜疑，在广州市改辖问题上一定不会跟薛岳采取联合行动。为了稳妥起见，还可以利用梁世骥跟余汉谋谈"邻之厚君子之薄也"的意见，让余采取"作壁上观"的态度，不要和薛岳联合。我还向欧阳驹建议，要他物色适当的人把真实情况向顾祝同分析清楚，当解除了顾对薛、余联合的顾虑之后，他再亲自向顾祝同提出要求，要他坚持广州不能改辖，只要顾的态度明朗，就能稳操胜券。我还向他指出：如果两广真正团结的话，对李宗仁有利，对蒋介石却不利。因此，蒋介石对广州改辖也不能不有所顾忌。我再三鼓励他：一定不能让出广州，绝对不能退却。

市长欧阳驹完全同意我的分析、论断和建议，马上进行各种活动，他同钱大钧商量以后，并得到顾祝同的支持，由行政院宣布广州不改为省辖市，广州市府的局势转向稳定。不久，就对薛岳控制的省府进行反击。

薛岳的如意算盘以为市长是不堪一击、一逼就走的，结果行政院出面干预，市长不但逼不走，反而稳定下来，对省府进行反击，便恼羞成怒，对市府进行多方攻击。这一场省府争夺市府的斗争，一直延续到广州解放前九天，欧阳驹下台后五天，薛岳也夹着尾巴秘密坐船逃跑了。

欧阳驹下台前，在我的说服下，一直未同意薛岳破坏广州市的阴谋，欧阳驹下台以后，我接着和梁世骥商量，劝余汉谋对广州不要加以破坏。

## 组织自卫队，稳定社会秩序

为了迎接解放，保全广州，我认真地思考着这样的问题，在解放军来到广州之前，国民党军队必然闻风而逃，不可能在市内抵抗解放军的。那么，广州必然出现一段真空时间。在这段真空时间内，如果没有一定的武装力量进行维持，广州市很难免遭洗劫。那时，在广州的河南有"大天二"李福林几千人，叶肇的散兵游勇也有一两千人。小市街的金银首饰商店、十三行一带的钱庄银号，早就为这些土匪们所垂涎。一旦广州出现真空，他们必然乘机洗劫。为了保全广州市民的生命财产，我认为组织全市的自卫总队是有效而又可行的办法。

按照行政院的规定，广州直辖市可以设立自卫司令部或自卫总队，并规定由市长兼司令或总队长，民政局局长、警察局长各兼副总队长，另设一位负专责的副总队长。我、市长欧阳驹促成此事，他派我任负专责的副总队长。接任此职以后，我便着手组编广州市的自卫总队，共建立了100多个中队，有1万多人。在全市重要交通线上和街口，还构筑起铁皮栅栏和铁丝网等防御工事，以防匪兵袭扰。当构筑这些防御工事时，市府的布政会议上，有些局长以有碍观瞻为由，反对构筑；我坚持为了防范匪兵洗劫商店，保存人民生命安全，必须构筑；市长欧阳驹支持我的意见，防御工事的构筑得以顺利进行。

自卫总队组编起来以后，我还要市长向全市100多名自卫队中队长进行动员，要求自卫总队所有的人和枪绝不向海南岛或台湾撤退，为了保护市民的生命财产，随时做好准备，反击匪兵抢劫烧杀。

广东省主席薛岳没有把广州市抢到手，一气之下，把他安插的广州警察局长也撤了回去，局长一职便由市长欧阳驹兼任。保安警察总队是市府的一支武装力量，欧阳驹要我兼任保安警察总队的总队长。兼任了这个职务，更加有利于完成方方同志交给的策反、起义的任务。在兼任保安警察总队长以后，大约在1949年6、7月间，我就积极调整警察总队的内部人事，先后更换了七八个中队长（全总队有12个中队）。有一次，李世浩告诉我，林平（即尹林平）领导的粤赣湘边纵队将由东江方面进攻广州，要我听见他们的枪声时，即在市区内起义响应。为了做好起义的准备，我详细侦察了行政院长阎锡山、参谋总长顾祝同、绥署主任余汉谋、省主席薛岳等四名战犯的住址和警卫情况，同时侦察过总参谋部、绥署、省保安司令部、广州卫戍总部等指挥机关的实际情况，并且筹备了10万元左右的港币，准备奖赏到时击毙上述四名战犯，袭击四个军事指挥机构的"勇夫"。（后来情况变化，起义事未成，解放后我把这笔钱上交给中共中央华南分局统战部。）不料，到了 10 月 1 日晚，市长欧阳驹突然告诉我："老头子（指蒋介石）又要踩西瓜皮了，广州市改属省府了，由李扬敬接任市长，5 号就要办交接。明天我先把警察局交出去，保安警察总队他们很快就会来人接收。"我于是在当天晚上召集七八个中队长到我家里，向他们交代一些事宜，要他们一定要配合自卫总队，尽量设法保护公营事业，不受破坏；国民党军队向海南岛撤退时，不要跟着去，要坚决留下来，保卫市区的安全，以迎接解放大军。到了 10 月 3 日，我就把所有的中队长交给凌璆（解放后为广州市参事室副主任）指挥。10 月 12 日国民党军撤离广州，到 14 日广州解放时，保安警察总队没有一个向海南岛撤退，都留了下来。策反、起义的任务虽然没有实现，但是在自卫总队和保安警察总队的互相配合下，匪兵洗劫广州的企图未能得逞，全市的公营事业和工商业都完整保存着，迎接解放，保全广州的任务，算是完成了。南方的重要城市广州，终于完好地回到人民的怀抱。

（本文选自《广州的解放》，广东人民出版社 1989 年版，标题为本书编者加。）

# 莫子静、邓业燊、陈宝贤 *：广州解放前夕的护邮斗争

1949 年 4 月，南京解放后，蒋家王朝已临末日。广州中共地下组织加紧布置，秘密进行保护工厂、企业、学校等工作，以迎接广州解放。民盟广州市地下组织积极参加了这一斗争。

## 接受任务

1949 年 5 月中旬，民盟港九支部孔静之同志通知广州邮政局莫子静到香港，介绍给民盟南方总支部的叶春同志（党员），莫正式参加民盟，并立即接受盟组织布置给莫的任务：响应党的号召，在广州邮局内进行工作，采取合法的和公开的或隐蔽的斗争，全力保护邮局的公物财产，迎接广州解放。叶又通知民盟广州地下组织负责人陈宏文同志与莫单线联系，直接指导民盟在广州邮局的护邮工作。

## 敌我形势

当时，广东邮局及广州邮局以局长黎仪燊为首的上层人物掌握行政权，黎又

---

* 作者时为国民党广州邮政局职员，民盟广州地下组织成员。

是广州邮政及电信部门国民党特别党部邮电区党部的主任委员。同时，以工会理事长陈某为首的特务集团控制职工活动。陈是国民党国大代表，是广州的中统特务头子之一。工会的理、监事中，有中统特务四五人，与邮管局人事室主任中统特务郑某共同监视职工，开列黑名单，以"异党"嫌疑诬陷群众，随便拘押监禁，行凶打人。职工群众对他们恨之入骨。

局内特务们一面串通行政巧立名目，疯狂搜刮，预做后路；一面扬言要彻底破坏邮局。

局长、邮务帮办（副局长）等一班人感到很彷徨：一则未经邮政总局批准，他们不能弃职而去，怕失去职业和他日的退休金；二则不了解共产党的政策，留下来怕受清算镇压。就在这彷徨的时候，一班高级职员分别接到了中共地下组织的传单，要他们保管局内一切财产、公物、档案等等，不准破坏，要完整移交，立功受奖，否则应负全部责任。这对他们既是压力，也为他们指明出路。他们知道自己与特务不同，认为共产党可能区别对待，故此，表面装作镇静，而内心则各有打算。

在全邮局 500 多职工中，少部分人思想比较进步，是平时我们联系的中、下层。他们也关心政治，向往革命。由于邮局的特殊性质，职工一向依靠邮局作为终身职业，素有"铁饭碗"之称，因而大部分人不问政治，认为邮政有"超然"地位，有国际性，任何朝代都要维持，不愁打破饭碗。最怕邮局被破坏，业务一停就没有工资，全家即有冻馁之虞。因此，他们都有护邮愿望，面对特务的言论破坏，甚为激愤，急求自救。

我们就在这样有利的形势下开展护邮斗争。策略是掌握群众自救的高昂情绪，团结进步力量，争取中间分子，一致护邮。同时，利用行政上层集团保命保职的动摇矛盾心理，引导其寻求保命保职的方法，使其不自觉地跟我们走。这就逐步削弱分化了敌方势力，集中力量对主要的敌人——工会的中统特务做斗争。

# 反复斗争

### 第一阶段——保邮互助会的成立和中止

以莫子静、邓业燊、陈宝贤三人为核心（邓、陈两人一开始即参加护邮工作，经过一段时间工作的考验，于1949年9月初旬经上级批准正式吸收为盟员），加紧秘密联系工作。莫子静当时在邮局内任设计考核委员会的设计专员，可以经常在各部门行走联系，并经常参与上层高级人员的会议或应酬聚会，他便利用职务上的方便，负责了解敌人的活动及行动计划，并在中上层职工中物色联系对象，秘密策动。邓业燊（包裹组主任组员）负责在生产部门物色、联系，稳住中下级职工。陈宝贤曾被特务迫害两次入狱，在难友中结识被认为"异党分子"的信差程杏林。他们出狱后仍保持经常联系。陈通过程的关系联系发动下级邮工如信差及听差等。经过一段时间的工作，全局上下联系的基本群众已有30多人，分布于各部门，作为骨干。我们又继续在职工中宣传解放战争形势及共产党的政策，驳斥谣言，揭露特务分子破坏邮政阴谋及搜刮钱财的罪行。职工们对解放战争形势的认识一步步提高。

约在6月间，有一天，地下党的传单贴到邮局外墙，特务们十分惊慌，职工又惊又喜。形势十分紧急，斗争更加尖锐。南京解放后，邮政总局的一部分人员由总局局长翟锡祥率领迁来广州。同时，总局发出了所谓"应变措施"的通令，其中有要求各局设法保全公物、档案、人事等等，这一点对我们护邮有利。

根据形势的发展，莫子静等研究并取得民盟组织同意，从秘密活动方式转入公开与秘密、合法与非法相结合。由莫利用职务关系，在"设计考核会"设计组内（组内有三个设计专员，组长由邮务帮办兼设考会副主任吴超明兼任）提出建议，按照总局通令要求，在局内公开设立保邮的群众性组织。莫等则暗中以行政领导名义作为掩饰，布置骨干进行实际工作，全力排除特务的干预破坏。莫的建议在设计组内通过，并交由莫子静起草成立组织机构办法以及保邮工作方案，办法与方案很快交"设考会"讨论通过，并经局长兼"设考会"主任黎仪燊批准，立即施行。

组织机构办法定出以行政名义召开各部门职工代表会议，讨论保邮工作方案，成立群众性组织，选举组织负责人及委员。保邮方案定出在组织内设几个专组，由专人负责各部门的保护公物措施、消防措施、职工日夜值班护局办法，职工及家属安全措施与粮食储备等。办法及方案通过后，我们依靠骨干力量，在各部门暗中布置提名可靠的职工代表，排斥工会反动分子及其爪牙。

行政通知下达后，各部门即日顺利选出预定代表共约百人。第二天上午，又抓紧时机迅速召集全局代表大会。行政方面局长及副局长（邮务帮办及财务帮办）、业务股长（等于现在的处或科长）、设计组专员等为当然代表。工会特务们一个都没有当选，只有信差组内（信差组是工会的堡垒）工会的一名理事梁某（他不是特务）渗入了代表之中。这次会议由局长黎仪燊主持，提出了组织机构办法及保邮方案交代表们讨论。会上群情激奋，邓业燊、陈宝贤在代表中暗中鼓动，坚决要求立即成立群众性组织，保邮互助。会议进行中，工会理事长中统特务陈某得知开会才匆匆赶到，听到会议内容对他们不利，即大肆咆哮，气势汹汹，反对组织机构，大叫："你们要保护邮政，我就要全部破坏。"一部分代表被吓住了，有退缩情绪。莫子静即挺身而出，以邮局全体职工及家属的饭碗问题、安全问题，据理驳斥，并以邮政总局通令为根据，鼓动代表们发表意见，促使行政表态。会上斗争激烈，局长黎仪燊不得不表示同意组织机构。莫子静马上提出举手表决，以绝大多数代表同意通过，定名为"广州邮局职工保邮互助委员会"（简称保邮互助会）。随即提名选出委员，委员名单是我们事先研究后草拟的，即席逐一由代表分别提出，举手表决通过。局长、副局长、业务股、设计专员等作为代表行政的委员，其他很大部分委员均是我们的骨干及进步职员。委员共 30 余人。特务头子陈某受到排斥，悻悻而去。莫子静、邓业燊均被选为委员，陈宝贤因两次被捕入狱，已入黑名单，不便公开露面，故意不选入委员会内，只叫他着重在职工中做工作。

"保邮互助会"第一次会议进行分工，局长黎仪燊为主任，副局长吴超明为副主任，财务帮办办公室秘书陈炳钏为秘书。陈炳钏是莫子静第一个联系的骨干，思想进步，有才干，有一定声望，出面处理"保邮互助会"的工作。我们又以联系的骨干任保邮互助会组长，实行分工负责。邓业燊为公物组长，掌握主要部门。莫子静只任委员，不兼实职，避免公开出面，以便暗中策划。

"保邮互助方案"的具体细节亦经委员会详细讨论，定出执行计划。方案执行计划以"保邮互助会"的名义发出，用行政命令下达各部门。我们立即分头进行工作，并取得成果，各部门的公物、档案、人事记录等都有保护办法；消防器具经过检查整理，专人使用；汽油库有专人保护；各部门职工排好了轮值守局的名单；可以利用的木棍、利器、工具等都收集安放适当位置，可随时取出做武器使用；指定局内的地下室为紧急临时安顿职工家属之用，又商定由行政拨出款项储备粮食。几天之内，工作布置好了，人心也稍安定了。

特务陈某对此切齿痛恨，立即进行破坏。一方面向局长黎仪燊恫吓威胁，当面骂黎说："你上了共产党的当，做了他们的傀儡。"要黎下令停止"保邮互助会"的活动，又认定莫子静是共产党嫌疑分子要逮捕。但因莫过去在邮政总局工作，与局长霍锡祥有交谊，又是霍的广东同乡，霍正在广州，陈要下毒手应先向霍请示。我们放在工会内的"钉子"——工会理事之一的骆荣基（骆是陈宝贤通过程杏林发动联系的一个骨干，程、骆两个都是共产党外围组织的读书会会员，思想比较进步，常常将工会的行动、计划及内部情况告知莫子静）侦悉陈要对莫施毒手的阴谋，马上通知莫。莫当晚离家隐蔽。第二天到霍锡祥家问霍："陈某是否要逮捕我？"霍说："是的，陈说你要搞护邮是共产党，他来请示可否逮捕你？"莫对霍解释，保邮互助会系局长黎仪燊当主任，是行政措施，是执行总局的通令。至于我是否共产党员，我们多年交往，你当可了解，不能由陈某人随意陷害。霍答应打电话通知陈，不同意逮捕。原来，霍锡祥之子系地下共产党员，在上海工作，霍本人思想比较开明，后来在广州解放时拒绝去台湾，退休在香港，1954年返上海，当上海市政协常委。当时他是有意保护莫子静的，莫知道不会被捕，第二天便上班。

陈某未能对莫加害，极不甘心，随即在局内找莫，大肆咆哮，骂道："我是额头凿了字的，共产党要来剥我的皮，但我未走时，你不要活动，否则我随时拉你去打靶。"莫当时与设计组的其他专员陈齐名及林兼行三人一起和陈说理，斥其诬陷。陈悻悻而去。但事情仍未平息，骆荣基又通知莫，陈派其爪牙丁某对莫"盯梢"，要提防。不久，黎仪燊却屈服于陈的威胁，竟以行政命令通知各部门停止保邮互助工作。莫子静将上述斗争情况，报告陈宏文，陈叫莫坚守阵地，不可撤离广州，继续和邓业燊、陈宝贤等在职工中进行联系发动，等候时机。于是"保邮互助会"暂停活动，局内表面沉寂，但工作仍在暗中进行。陈某等认为已破坏了护邮，转而全力搜刮金钱，准备后路。黎仪燊、吴超明等在特务压力之下，也顾虑重重，便向总局申请退休。

**第二阶段——策反与恢复护邮活动**

到 8、9 月间，大军南下，势如破竹。局长黎仪燊、副局长吴超明、财务帮办罗广榴、人事室主任郑某等先后被批准退休，各得退休金港币数万元，纷纷逃港。工会特务分子乘机巧立名目，诈取局中一大笔现款，分赃备逃。他们准备分走两条路，一是先走海南岛，继续进行特务活动；一是陈某等主要头目，在必要时逃港。

敌人阵脚已乱，总局调甘肃邮管局局长劳杰明来广州接替黎仪燊为广东局局长。劳是粤人，与莫子静也有多年旧谊。接任之后，莫时到劳家拜访，探其思想动态。当时劳自叹"临危受命"，感到进退维谷。他既要苦撑危局，等待解放，又怕共产党来后对他不利，更怕职工逼他要钱，而且如局中受到损失破坏，难向共产党交代，所以彷徨无计，问计于莫。莫知劳可以争取，乘机抓紧策反。莫、邓、陈密商后，并得到陈宏文的赞同，由莫亲自出马，针对劳杰明的思想，逐步向劳介绍解放战争的形势，并根据地下党散发的传单解说共产党的政策，阐明如劳能保存企业，可立功受奖，何去何从，应早做决定。莫既动以旧雨之情，复以设计员的身份，恳切陈词，为劳打算，劳终于推心置腹，与莫研究两全之计，既要保全企业，又要不受工会特务的威胁、阻挠。莫见时机成熟，即提出恢复黎仪燊任内拟订的"职工保邮互助方案"，请以行政名义密令各部门迅速执行，使工会内特务分子们忙于筹划逃走之时，来不及干扰。同时莫暗示可以通知前"保邮互助会"的人员配合行动，劳完全同意。

策反工作初步奏效，即由莫、邓、陈分头暗中知会各联系骨干，做好准备。岂料事隔一星期，劳杰明未实施计划，莫知其仍有顾虑。到9月下旬，风声更紧，职工鼓噪，莫再催劳，劳答俟适当时机即下密令。再过几天，工会头子们一部分分批先逃海南，陈某等仍在穗，一面虚张声势要"破釜沉舟"，破坏邮局，一面却加紧布置逃港之计。经莫再催，劳即密令各部门立即执行保邮互助方案。莫、邓、陈等即分头发动职工，一切按原定计划进行：职工日夜轮值巡逻，公物档案每晚入库保管，消防设施随时待用，汽油仓库日夜有人看守，晚上各处紧闭门户。由于防守严密，随时准备应急，特务们无从下手。10月14日解放大军开入广州，宣告广州解放，陈某等连夜登船逃港，广州邮局得以安然无恙。

## 迎接广州解放

广州解放前几天，陈宏文布置莫子静等与广州邮政储汇局蔡浩强（蔡是1943年入盟的老盟员）联系，共同做好迎接广州解放的准备工作。广州解放的当天，邮局内职工纷纷攘攘，行政领导彷徨无主。莫子静等立即召集骨干开会，组成职工临时组织——广州邮局工会临时筹备委员会，安定群众情绪，并与劳杰明局长交涉，在共产党接管人员未到时仍继续进行行政工作，立即通知全市各级邮政继续营业，一切工作照常。所以全市邮政业务未曾一日停顿。同时，按照陈宏文的意见，组织全局职工在邮局内外张贴标语，庆祝解放，并筹备欢迎解放军入城。解放后10天左右，广州军管会军事代表率领人员到局接管，劳杰明以完整的企业移交。劳在解放后一段时间继续担任局长职务。莫、邓、陈等则向市总工会接管工作组黄惠等同志汇报解放前后的工作情况，并将有关材料送给接管同志处理。

（本文选自《天地存肝胆·广州市民主党派史料专辑》，广东人民出版社1999年版。）

# 凌璆*：迎接广州解放的回忆

## 一份神秘的文件

1949 年 10 月 13 日的清晨，一位神秘的客人——农工民主党地下工作人员叶志良，来到"广州市警察局前鉴分局局长"的办公室，环顾左右无人之后，向我递送了一份藏得很好的"机密"文件。我看文件的标题后，作会心的微笑，要叶下午 6 时再来。

客人走后，我仔细地研究文件。这是一份广州绥靖主任公署的撤退计划。我知道这文件的来源是可靠的。我是中国农工民主党党员，在吸收"广州绥靖主任公署第三处作战科长"何兆康加入农工民主党组织时，我是提赞成意见的一人。这计划正是由他手里来的。该计划明确规定：蒋军将于明（14）日撤退完毕。广州市大型建筑物如海珠桥等将遭到破坏。广州市的警察因居民的请求被批准，大部分不作撤退。

---

* 作者时任国民政府广州市警察局前鉴分局局长，中国农工民主党党员。

210

## 广州市警察撤退计划

自动电话铃声响了。"值日官"报告：总局定于本（13）日上午9时，召开全市分局长、消防大队长会议。我依时参加。会上到任不到10天的"广州警察总局长"吉章简，宣布了广州市警察撤退计划：指定一部分保警随同撤退，其余的人，悉听自愿。撤退时将鸣汽笛为号。我回到分局，向全体员警"传达"了会议情况；并说明上海、武汉的不撤退的员警，人民解放军入城后，均予留用。因此，该局的全体员警均愿意留下来。只有行政局员黄志忠，私下对我说，他非走不可。我问他为什么？黄说不出真实理由。其实我早就知道，黄是国民党特务组织的一员。我说："你还是留下来罢，解放军不会杀害和污辱留用人员。"

13日下午，我用电话约集了"保警第四、第六、第八等中队长"陈元正、王冠豪等来谈。他们原是中国农工民主党联系的人，向归"广州警察局保警总队长"农工党员钟岱领导的。10月6日钟被迫离穗赴港，转归我领导。会谈决定：明（14）日"警察总局"在响了撤退的汽笛后，各中队，除第六中队王冠豪仍以加强排守卫五仙门电厂外，全部立即向大沙头方面集结，以维持广州部分市区的治安。必要时向蒋军撤退部队袭击，配合解放军进城。至于各中队集结后所必需的粮饷，我早已经向居民征募了主食米和副食品，足够1000人左右的10天供给。

家人来电话说：接到岭南大学附小通知：征求是否将正钧——我的大儿子送回家中。我回答说，让正钧留校罢。因为我知道，正钧在岭大附小，虽不一定安全，但总比放在东山郊外家中，而自己又常照顾不及的情况下好得多了。

下午6时，叶志良准时到来。我对他详细说明当前情况，和对各保警中队的使用，请他转报在香港有关的组织，及时和入城解放军取得联系，并送给他赴港的火车票。

## 乱象与维护治安的努力

14 日上午，广州是在纷扰的状态中度过的。由于人民解放军以异乎寻常的行军速度南下，广州已开始出现"紧急"状态。下午 1 时，我坐了一部小汽车去看王冠豪、陈元正等的部队。当时"保警第八中队"已被"警察总局"调往沙面，押运军械被服准备向中山撤退。我道经泰康路时，顺往海珠桥看看。这时桥的两端，有蒋军"国防部技术兵团"守卫。桥的中心堆满了 TNT 炸药。我想挽救这桥，拟派调往沙面的第八中队在沙面落船，渡过河南经同福路至海珠桥南端，解除守卫海珠桥的国防部武装，夺除其炸药。但到沙面后遍找第八中队长不见，问他的队伍，才知道该中队长在领了警察局所发的经费后，个人脱离队伍逃跑了。我在归途中，进入五仙门电厂，告诉王冠豪中队长应认真保卫，如有人来破坏，不管其是否"上峰"，应严予制止，必要时可格杀勿论。

14 日下午 4 时起，广州市东北郊陆续传来飞机库、军械库的爆炸声。听说蒋军沿惠爱路狼狈撤退时，有些士兵走上行人道，抢走女人的手表和手提包。我坐在局长办公室内，准备应付事变。5 时许传来发自市区内的延续了长时间的巨响，局内屋宇为之震动。原来海珠桥已给蒋军"国防技术兵团"炸毁了。我听到爆炸声时，想到自己没有保护好人民财产，心中感到非常难过。

入夜后，市电厂已不发电，全市在黑暗中。我命令加强戒备，并通知陈元正中队和王冠豪中队的一部，改在前鉴分局集结。陈元正中队的大队长，本想率整个大队逃往中山为土匪。由于陈元正中队，已向前鉴集中，该大队长曾派队追截，企图保存整个大队实力。但因陈元正意志坚决，没有屈服。当王冠豪和陈元正的中队到达前鉴区时，群众惶恐情绪为之消失，争相购买食物慰劳。9 时许，居民报告，有无数手持电筒的人，自东华东车站，向前鉴区前进。我当即率队，在东华东铁路界上布防，那批手持电筒想趁机捣乱打劫的人，因见有备，纷纷退去。这时不断传来惠爱路、大东门等地发生抢劫的报告；万福路珠江河面又有枪声，但前鉴区安然无事。当夜 12 时许，我领着王冠豪、陈元正和前鉴分局的部分局员、巡官，赴区内巡视。到广九路东站时，站内空无一人。我恐这车站被歹徒破坏，即亲找车站工作人员回去看守，静候人民解放军到来接管。旋闻人民解放军进入沙河，我立即命令警察通知居民悬灯结彩迎接，自己率随行人员，由东站折回，出东川路至百子路候迎。但刚到东川路和东华西路的十字路口，后面响了几声枪声，回头一望，见有数十名解放军向我们进击，并大呼："举手缴枪。"我和随行人员，情不自禁举起手来，入城解放军立即趋前，将我和随行人员所佩戴的武器弹药解除。我找入城部队指挥员，告知自己身份。指挥员立即命令交回我们所戴的武器弹药。我迎接入城部队指导员刘星华同志到前鉴分局，愉快地彻夜畅谈，并把"广州绥靖主任公署撤退计划"面交刘同志转报上级，作为追击蒋军的部署参考。

## 迎接新广州

天亮了！广州解放了。这时，稍有爱国心的人们，都欢天喜地迎接解放。但看热闹的人群中，也有的放射出忧虑、怀疑、恐惧眼光。当然也有极少数采用冷淡态度甚至憎恨的。

我和刘星华指导员，漫谈到天亮，没有休息，就继续协助解放军收缴（即接收人员和收缴武器，当时是用这词句的）在前鉴区内的一些杂牌部队（如局员丘谓林组织"民主联军"）。10 月 15 日，对全市留下来的伪警察人员，除前鉴区外，一律收缴完毕。前鉴区警察和保警中队，一直延至 16 日下午，方才收缴。计有伪警官兵 331 人，轻机 5 挺，步枪 236 支，卡宾 2 支，手枪 31 支。

由于人民解放军的迅速推进，由于广九铁路火车中断通行。我和香港有关组织的联系中断。而广州市接管人员 10 月底才到达，全市处于军事管制状态中。旧社会遗留的污浊，不是立刻能够扫清：街上堆满了秽物，赌摊到处都有，"剃刀门楣"大做生意，抢劫的案件，仍时有发生。在所谓来接管的警察总局的人们中，的确也有个别类似垃圾的人。后来军事代表正式到位，这些垃圾，才一扫而清。

（本文选自《广州文史资料（选辑）》第 20 辑，广东人民出版社 1980 年版，标题为本书编者加。）

# 劳永全*：在广州造币厂的斗争

## 打入造币厂，开展护厂斗争

我是广东省立高级工业职业学校（省高工）地下学联负责人。1949年5月，学校提前考毕业试。我毕业后，经地下学联研究，决定派我设法打入国民党政府新开办的广东省第一造币厂，开展护厂斗争。

我通过有关渠道，打了进去，当了一名杂工。于是，我从原来由地下党员谢乾双单线联系转为由地下党员张连品单线联系。而省高工地下学联改由李基负责，由谢乾双单线领导。

## 调查情况，准备接管材料

进厂后第一个任务是调查情况，为迎接解放配合接管做好准备。我以杂工的公开身份，白天通过各种机会，串走各个部门，查看设备，观察和偷阅办公室台上资料、抽屉文件及人事资料，并注意在有关人员谈话中取得情况，晚上回家把

---

* 作者时为广东省立高级工业职业学校（省高工）地下学联负责人。

工厂有关的组织机构、人员名单及其政治情况以及机器设备、生产情况密写下来，按时交给地下党组织。

造币厂对外是秘密的，厂门口没有挂牌，坐落在广州长堤新堤二横路，厂房不大，200 余工人。机构有生产、财务、总务、材料、技术、化验、监工等股室。车间分为熔炼部（熔银的车间），轧延部（轧成银片的车间），撞饼部（撞压成银饼的车间），光洗部（把银饼变光泽的车间），印花部（把光泽的银饼压印成孙中山头像及帆船图案的银圆），滚边部（滚压银圆边缘牙纹，是最后一道工序）。工厂经常加班加点，赶制银圆。大约日产银圆 3 万多元，月产 100 多万元。

监工股不但巡场监视工人生产，还设男、女监工，站在门口，对出入工厂的男、女工人执行检查搜身制度。这工厂监视检查制度甚严。我们就是在这种被严密监视的环境下，开展地下工作不但搞经济情报和政治情报，还对敌情及反动人物进行调查监视工作。

## 开展宣传活动，发展革命队伍

如何与工人交上知心朋友？从哪里突破开展革命宣传活动？经调查了解，工厂里，劳动强度最大、温度最高、条件最差、劳动保护最差和反抗性最强的，是熔炼部（车间）和轧延部（车间）的工人。这里熟练工人多，老工人多，而且是制银圆的第一、二道工序。工厂没有什么工作服，工人经常只穿一条短内裤在高温下光着身子干重活。我也只穿一条底裤光着身子和他们一起干。老工人家庭负担重，工厂却用种种借口欠薪、拖薪，使工人生活更加困难，我通过和工人交朋友谈家常，揭露国民党的黑暗腐败和剥削压迫工人的罪行，提高工人斗争觉悟，并以传播"听闻传说"的方式向工人宣传解放战争的胜利形势、革命道理和党的方针政策，启发教育工人不要为反动政府卖命，起来斗争。

轧延部青工李渊镜，撞饼部青工赵燮康，对政治较敏感，工作积极灵活，听老工人的话，和老工人联系密切。我便把他们培养为地下活动积极分子。曾经通过这两名青年工人，去发动熔炼、轧延部的老工人，以厂方欠薪、拖薪为理由，出面请监工股长邓寿如向厂长提出交涉。准备先礼后兵，再欠薪我们就停工。还发动过窝工、怠工等初步的斗争，提高了工人的政治觉悟。经过对李渊镜、赵燮康的谈心、培养、考察，他两人申请参加地下工协，经地下党审查批准，举行了秘密入会宣誓仪式。以后便以我们三个人为核心，团结了大多数工人，为护工斗争打下了基础。

## "分地沙"的斗争

造币厂工人收入主要靠两个方面，一是工资，二是"地沙"。"地沙"就是生产过程中散落在地上的银碎、银粉。平日打扫起来，每月折钱，大家分账。工人占40%，其余按一定比例分给职员，厂长占大头。本来，工人最辛苦，人多而占分配比例少已不合理，厂方还经常拖欠"地沙"钱，这就更激起工人愤慨。

我们掌握时机，串联熔炼部和轧延部工人，酝酿向厂方提出抗议，展开合法斗争，并发动其他部门的工人响应。我们准备两手，第一手是力争工人占40%改为占60%，估计这厂方可能不同意；第二手是起码这40%要立即发放，再拖欠我们就停工，这一手坚持不让步。方法是见监工股长邓寿如一来，大家都向他提意见，特别是老工人，提得更激烈，采取人人见邓寿如就提，避免厂方抓重点人物。但提了多日，仍不见效果。于是就在一天上午上班后，大家议论对策，先在熔炼部和轧延部停工。因为这里是生产的第一、二道工序，这里一停工，其他的工序也跟着停工了，急得邓寿如团团转。当天下午，邓寿如在车间召开大会，高高站在一张桌子上面，高声讲话，并故意不扣衫纽，腰间露出左轮手枪，气势汹汹地向工人示威，说共产党破坏生产搞罢工，声言要抓共产党，叫工人不要受骗。结果却被工人你一言我一语的质问，弄得他哑口无言。工人纷纷质问说，为什么厂方不按规定发"地沙"，邓支支吾吾无话可对。由于道理在工人这边，我们隐居二三线，他们抓不到人，最后迫得邓寿如代表厂方答应立即发"地沙"，要求大家开工。这次斗争的胜利，使工人认识到团结就是力量的道理。

我们还通过积极分子，秘密进行破坏产品的非法斗争，阻止国民党搜刮民脂赶制银圆逃跑的阴谋。如在轧延部故意多出废品轧歪银片，在撞饼部故意拧歪螺丝使工作母机对不正"公母"件，撞坏"公模"，或故意多出不合格的银饼等，这样以合法斗争掩盖非法斗争，把两者有机地结合起来。

## 护厂斗争，迎接解放

1949 年 9 月，国民党面临全面崩溃。造币厂向工人职员发出公告，说什么"非常时期""国难当头"，准备"迁厂"去海南岛，并提出不随厂去的无遣散费，愿随厂去的给予两三倍的工资待遇，还优待愿携家眷参加工作的人员。10 月又提出要拆机器装箱运去海南。一场迁厂与护厂的斗争展开了。

我们在地下党组织的领导下，及时秘密散发了中国人民解放军布告和地下市委以地下工协名义为迎接解放致全市工人的公开信等宣传资料，揭发国民党的阴谋，号召工人团结起来，保护工厂，开展斗争，迎接解放。散发方法是一方面通过邮寄渠道，把油印宣传品寄到厂里，上到厂长，下到大多数工人；另一方面由我秘密带进少量宣传品，通过积极分子，秘密放在各部门的机器暗处。工人秘密争阅地下党的宣传材料，邓寿如急得向上告状，厂长也没什么对策。

我们通过积极分子串联，向工人揭穿厂方以高薪招人去海南是骗局，号召工人不要继续为国民党卖命。另方面发动工人抗拒拆机器迁厂，首先抗拒和尽量拖延拆机器，讲清无机器就停手，工人停手就停口、生活无着的道理，发动工人保护工厂设备。因为这是最符合工人群众切身利益的，故容易为工人所接受。我们三人为核心，组织护厂小组，团结广大工人，天天上班照常开工。结果没有人报名去海南。我们的口号是：拖延拆机器就是胜利。厂方没有估计到解放战争发展如此迅速，匆忙中，他们打算先拆印花部、滚边部和光洗部的机器，让熔炼部、轧延部、撞饼部继续生产，妄图带不了银圆成品，多带几块银饼半成品也好。解放前夕，印花部的两部大机器虽在武装监督下拆卸，但由于工人尽量拖延拆机的时间，也只拆了几口螺丝吊下几个大零件，还来不及装箱，广州就解放了。

解放后第一天，工人大部分回厂观看情况，军代表还未来接管。我们地下工协护厂小组值班保护工厂，把部分工人组织起来，宣布要保护工厂一切设备，等候军管代表接管。工人特别齐心协力，查点物资和设备等候接管，其他的工人职员也陆续回厂上班了。

解放当天上午，邓寿如鬼鬼祟祟来工厂一转便溜走了，我们十分注意这一重要情况。军代表进驻工厂后，对工人进行个别谈话，了解情况。我以该厂地下工协负责人的身份，协助军代表接管，并首先向军代表反映，监工股长身怀手枪潜伏下来的重要情况，并提供了他的住址，要求缴他的枪。结果由军管代表派武装人员到西区下九路邓寿如住家搜查，在邓家井底下搜出左轮手枪一支，在美国制造的薯仔牛肉大罐头内，搜出用凡士林封口的子弹一大罐，当即把他逮捕归案。

地下工协协助军代表清点物资设备，协助军代表组织工人进行政治学习，开展文娱活动。关于恢复生产问题，经过发动工人讨论，认为我们保存了工厂机器，但没有制银圆的生产任务，建议改装机器，转行制小五金产品，恢复生产，减轻人民政府负担，这一建议被采纳了。

*（本文选自《解放战争时期广州的地下斗争》，1984 年版。）*

# 陈宏文 *：我在解放前夕参加广州市民盟活动片断

广州市民盟是在日本投降后（1945 年 11 月间），为适应形势发展的迫切需要，配合中共地下党在为华南重镇的广州开展民主运动，进行反内战、反独裁斗争而建立起来的。它从成立之日起，就投入尖锐激烈的斗争，为民主运动、为解放战争做出了贡献……

## 临胜受命

我原在民盟澳门分部工作，于 1949 年春，解放大军快要横渡长江的时候，奉调广州参加广州市盟的活动。应该说，我这一来，是属于"临胜受命"。但在当时，我还是认为，来广州任务重，而且愈接近解放，斗争就将愈加尖锐激烈。老盟员又多已进入游击区或转去香港，留下来的很少；新盟员有一批，但互不熟悉。而且当时我又家无隔宿之粮，妻子怀孕在身。就是说，我到广州来，无论工作上和生活上的困难，都将是不少的。但组织有命令，死且不避，我的上述困难，连提也不敢提。接到通知后，我随即把工作交代好，同当时共同斗争的同志互道珍重后，就偕妻子匆匆上道。

---

* 作者时为广州市民盟成员。

当时的广州，是国民党反动派决心死守的，用来作为反共中心的战略要地，国民党中央机关已开始迁来。但我们估计，解放军在渡长江、下南京、克上海之后，还要在武汉、长沙、衡阳、韶关各打一场大仗后，才能攻到广州来。因此，华南解放至少还要两年。于是我便做了苦斗两年的准备。组织上也嘱咐我，要提高警惕，要做较长期的打算。

## 组织交给我的任务

当时组织交给我的任务是：一、把在广州的盟员重新组织起来；二、把广州市盟的领导机构改为临时工作委员会，加强领导；三、带领全市盟员及其所联系的群众，配合地下党，为解放华南、解放广州进行斗争（包括宣传、情报、策反、民运等）。

我到达广州后，稍微安顿了一下，就开始工作，首先同一直在广州坚持斗争的老同志龙劲风、戴慕、廖景夏三位取得联系。我同他们三位同志，过去不认识，但在地下工作，一经联系上，就比自己的亲人还亲。我想人世间的感情，恐怕没有比这更深厚、更亲切、更可贵的了。

当时就是我们四个，从第一次见面时起，就把广州市盟的工作共同抓起来，分头同在穗的新老盟员进行联系，逐个逐个地向他们传达盟省委的决定和交代任务。对广州市的大街小巷，在我一生中，就是这一时期走得最多。

出于保密的需要，当时都是单线联系。盟员与盟员间，没有横的关系。我改名为吴江，我的住址，只有龙劲风同志知道。当时劲风同志除了在工作上给我以支持和帮助之外，还在生活费方面为我开源，通过他的关系，给港报写特约稿。这样做，一方面缓解了我的经济困难；另一方面又为革命做了宣传，一举两得。

5月初旬，钟平同志自香港来，同我共同研究广州民盟的工作问题。他还告诉我，即将到南路游击区去，解放后再见。当时适有国民党特务凌德明来找我的叔父。他一转身，我就告诉钟平："他是特务，是我叔父在黄埔第七期读书时的同学，但用不着理他，黄牛过河，各（角）行各路。"钟平知我穷，行前交了30元港币给我。

6月中旬，工作告一段落，于是我便抽空到香港去，见到叶春和李世浩。随后又到九龙钦州街去向当时省盟的实际负责同志郭翘然请示汇报。他除了对今后工作做了详细指示外，还交了一批盟组织内外的关系给我去联系。最后，我又到港支去找方干（孔静之），他请我到一间经济饭店去吃了一顿便饭。他也很关心广州民盟的工作，并交了当时在广州邮局工作的盟员莫子静、邓业燊、陈宝贤等同志的关系给我。他们虽是新进盟的，但后来他们同老盟员蔡浩强一起，在邮务系统同国民党特务的破坏活动做斗争中，在护邮、通邮斗争中，都做出了可喜的贡献。类似这样的情况表明，当时我对新盟员的积极性和作用的估计是不足的。

## 交通站和开会地点

我自澳门分部回广州后，我家就一直成为民盟港、穗和澳、穗间的交通站。李世浩、苏翰彦等都来过。来得最多和最经常的，则是李世浩的交通员小黄（名字已忘记）。我得来的情报，几乎全是交由小黄带到香港去转送给郭翘然的。小黄人很机灵，有一套密藏情报的办法。但到底是什么办法，他没有告诉我，而我也没有问他。我书写情报的办法，则是郭老教给我的，这个办法简便易行，即先将情报内容，用盐水写在白纸上，待干了后，再用墨笔或铅笔书写可以公开的书信。收受情报的人收到后，用火一烘，原先用盐水写的字，就是焦黄色显示出来。所以直到现在，对于盐水，我还有一种特殊感情。

西华路廖景夏家，是当年我和劲风、戴慕、景夏共商盟务的地点。每次开会，景夏妻子陈历（盟员）同志都在。

景夏夫妇俩都是穷教师，他们的家也是穷教师的家。但我们很爱这个家，当时市盟活动的每一个决定，都是出自这个"家"。

## 同陈长青联系

崔府街井头巷何中行家，是当时广州市盟的据点之一。许多关系，都经由何中行家中转。在当时，何家是我到得较多的地方。

6月底的一个中午，我在何家同国民党广州市警察局警察总队第一大队长陈长青首次见面。他身材高大，穿一套标准的国民党军装，腰间还佩有进口马担箭三号左轮手枪一支。

当时何中行已去湛江参加策反，行前匆匆忙忙把陈长青的关系交给我，要我策动他起义。

我和陈长青相见之后，便并排坐在客厅里的长沙发上，我在右边，靠内进。由于是何中行交来的关系，因而我是完全放心的。但谈了两句之后，他却移动了一下座位，并同时伸手去摸他佩在腰间的手枪。我一惊，随即起身，见他的手已经放回原处之后，我才故意去倒茶给他，并改坐在他的左边靠近门口的一张单人靠背椅上，准备他万一有什么动作，我就拔腿跑出去。好在继续谈下去之后，证明我的警惕完全是多余的。谈到最后，他怀着一种深沉的愧悔的心情紧握着我的手，向我保证到时起义。我立即深情地向他表示欢迎，并鼓励他。自此之后，我还同他联系过好几次，地点都是在何家。

到10月14日夜炮声一响时，陈长青果然率队宣布起义。10月15日在锣鼓喧天的庆祝声中第一个向我汇报的就是他。

## 在郑彦棻的办公室里

7月初旬，我到文德南国民党两广盐运使署去找李世安。当时这个机关的第一号人物是郑彦棻，李世安是他的主任秘书。

我找李世安，是凭郭老交给我的关系去的。李世安见到我时，我一讲郭翘然的名字，他就引我上二楼直到他的办公室里去。这个办公室，只有两张拼成四方形的大办公台，其中一张是李世安的，同他打对面的另一张是郑彦棻的。室内左右两旁各摆着一套四件头的高级沙发，李安排我坐在左边那套沙发中间那张长椅上，他反而坐在我的侧边，并亲自奉茶递烟，好像故意要突出我并非一般来客似的。其间郑彦棻曾先后两次在办公室进出。我傲然连头也没有向他点一下。我来时特意穿一套米黄色的麻葛西装，打黑领带，足蹬白狼皮鞋，使人一看就知道我并非等闲人物。

当时李世安向我谈了两个问题，一是要我转告郭老，关于保护市内土地资料这个任务，已托人去完成，保证解放后全部完好献出。他还说，接受这个任务的人，郭老也是认识的，请郭老放心。二是交了一个策反关系给我，并详细地向我介绍了这位策反对象的历史情况和现状。

其后，李世安还及时地给我提供了一些特有的情报，对我帮助很大。

李世安做了好事，但解放后我同他仅见过一次面，以后就再不知道他的情况了。想起当年，我怀念他。

## 到佛山去

7月中旬的一天，我乘广三车到佛山去。及晚，我便按照李世安事先给我约定的时间去国民党佛山市警察局。到达时，该局局长李耀华已先在门口候我。彼此互通姓名之后，他立即引我到局长室坐下。谈了一段非谈不可的话之后，我就郑重地向他表示："从现在起，我对你负责！"我的话音一落，他就立即欠身向我鞠了一躬。当时他兴奋极了，好像在黑暗中见到了光明。他年不过 30 岁，举止谈吐都很斯文，眼睛里也没有国民党警界中人的那道凶光。

我向他交代了任务，要他切实掌握好自己的武装，充分做好思想上和组织上的准备。平日不动声色，等到解放军临城时，就宣布起义，确保人民生命财产，切实维持市内治安。到时如有其他起义武装同你协同行动，当另行通知。

我离开时，他又送我出到门口。

当夜，我先在旅店里开了一个房，办好登记手续后，我就以外出吃饭为名，转到何中行交来的另一策反对象饶某（名已忘记）家里去投宿。当时饶某是国民党佛山市民众自卫大队的大队附。我就是利用这个夜晚，向饶进行策动。饶既是何中行的老朋友，又是我的同乡，而且他已久蓄弃暗投明之志，所以对他的策动，进行得很顺利。

其后，我还先后两次到佛山去和李、饶联系。

## 准备迎接解放

9 月中旬，李世浩又从香港来，向我传达了南总和省支的指示。次日我即根据这个指示，同劲风、戴慕、景夏在西华路廖家开会，把护厂、护校、护本单位，坚决反对敌特破坏，反对迁移，反对分散的任务布置下去，为迎接解放做好准备。当时大家都很兴奋，共庆形势的发展比我们预期的要快得多和好得多，当时我们好像已经听到南下大军进城的威武的脚步声。但同时我们又强调要格外提高警惕，更加注意隐蔽。有情报说，国民党反动派准备在退出广州前，来一次大屠杀、大破坏，首先把所有在狱的"政治犯"全部杀害。

我把上述任务和情况逐个地传达给我所联系的盟员之后，又到佛山去同李耀华、饶某联系，具体布置起义工作，并要他们到时各凭预先约定的暗号互取联系，协同行动。

由于形势发展得出乎意外的快，以致由香港交来的好几宗策反关系都还来不及去联系。

## 在白云茶楼

10 月初，由南京逃来广州的国民党中央机关，实际上已经搬迁一空。驻在现在解放北路迎宾馆的"总统府"，亦只留下一块空招牌，由单岗卫兵看守着，入夜灯火暗淡，更显出一片败亡景象。地方党政机关则纷纷在搞所谓"应变"工作，实则是"各自找寻各自门"。就在此时，国民党特务已把大屠杀、大破坏的罪恶行动布置下去。据有的盟员反映，有的单位破坏与反破坏的斗争，正在暗中短兵相接，进行着尖锐激烈的斗争。

当时我为使民盟的斗争能更密切地与地下党相配合，特同龙劲风同志到沙河白云茶楼去同一位地下党负责同志联系，我向他汇报了广州民盟的斗争部署，受到他的热情鼓励和支持，并预约了下次联系的时间。但战争的进程表明，当时我们的估计还是远远落在形势后面。约定的时间未到，广州已经解放了。

## 在解放那一天

广州于 1949 年 10 月 14 日夜解放。当时的兴奋之情，是我一生中未曾有过的。

市盟的地下机关，设在越华路华宁里 50 号，配有干部职工各一人，干部是罗力（已谢世）、职工是吴少威。欢迎解放军进城的标语传单，就是由罗力和吴少威事先在这里准备好的。从 10 月 15 日起，广州市盟临时工作委员会就在这里公开活动。

这一天，我从早到晚都在市内各大街小巷里奔走，为广州解放向盟员同志登门道贺。

接着，就有许多盟员同志前来汇报工作，佛山的李耀华和饶某也来了。他们的任务都完成得很好。

遗憾的是，当时的市盟由于能力所限，对所有参加地下活动的同志政治上和工作上的照顾，都很不理想。

（本文选自《广东文史资料精编·下编第 1 卷·民国时期政治篇（上）》，中国文史出版社 2008 年版，收入本书时有删减。）

# 谢日平 *：收集广州企业接管材料的一些情况

1949 年四、五月，我解放大军渡江南下前后，我还未离开广雅中学，地下党布置我们迎接解放，准备接管、保护学校、输送干部、壮大队伍等任务。

我的表兄（即地下党派来和我联系的黄蒄华同志，我们约好，在学校遇到师生时，我们表兄弟称呼，在家见到亲人，则说是高低班同学）说："要想方设法了解校内外一些重要单位的人事、设备、物资、资金、动产、不动产等情况，以便解放后顺利接管，使人民财产尽可能不致遭受损失。"

接受这个任务后，我在广雅中学所联系的地下学联成员内做了布置。由于我们在广雅中学学习生活时间较长，平时已较熟悉学校的人事、物资、财力等情况，很快便同当时广雅中学地下学联另一负责人邵源堃同志一道，通过地下学联的成员、同学、教职员的关系和我们自己的统计调查，完成了校内的调查任务。

但是，校外的工作怎样开展呢？如果个别的工厂，例如西村水厂、广东饮料厂，我们还可以在附近通过个别的关系了解一些表面情况，至于其他的工厂企业就很难收集了。我想，如果通过一些能够出入领导企业机关的关系，也许可以找到一些资料。

那时已是 6 月，1949 年的毕业班已提前放假。有一天，我在家里和经常来

---

* 作者时为广州广雅中学学生，地下学联成员。

探访我姐姐谢漱珠，在侨二师毕业的同学曾锐成和朋友江克明谈心。他们当时是《建国日报》的记者，又是《光华通讯社》记者（还兼《香港大公报》驻穗记者）。我们相叙中，他们谈到了我毕业后的出路，我于是想到可以利用他们的关系去收集社会、工厂企业的情报。我说："我现在也想找些事做，将来入经济这一行，你们能想些办法吗？"曾和江同我说："你可以同我们一起去看些经济资料。"过了几天，我约了曾、江和我去找这些资料，他们便带我去晏公街工业同业公会和商业同业公会（是资本家组织，解放后是工商联），由他们找那里的熟人拿了几份工商业注册材料，主要是一些企业的经理、厂长负责人名单，设备资金状况和职工人员等。后来，我觉得光通过他们去不方便，资料也少，就向曾说："这样老麻烦你们不好意思，倒不如你们设法给我一个证明，我自己去借阅好吗？"曾说："这样也好，我可以给你一枚《光华通讯社》的胸章，你去那里就方便多了。"结果，我就以通讯社记者的身份出现，名正言顺地去取档案资料，记得楼下到二楼都有他们的办公地方，我就向他们索取了这些资料，当时一共有几百份，数量很大，借阅的时间也很紧迫，内容包括有大中小型的官僚资本（那时叫公营企业）、私营企业，例如西村水泥厂、增埗水厂、西村电厂、广东饮料厂、广东纺织厂、公共汽车、广州自动电话所、码头公路等企业的历史沿革、生产能力、经营方向、人事组织、设备动力、资金财务等。由于时间太紧，就转给邵源塈同志，由他组织力量抄写。以后，我将这批材料还给了工业同业公会和商业同业公会。

解放后，据一些参加接管的同志反映，在接管时见到了我们抄写的材料，对协助接管工作是很有帮助的。可见，地下学联的组织，就是在地下党的直接领导下，发挥了迎接解放，做好接管准备工作任务的作用。

（本文选自《解放战争时期广州的地下斗争》，1984 年版。）

# 谭林海<sup>*</sup>：迎接广州解放二三事

## 毛主席巨幅画像

1949 年 10 月 1 日毛主席在天安门城楼庄严地向全世界宣布："中国人民站起来了！"毛主席的话，代表了中国人民的最强音，毛主席的话，体现了我国人民推翻了压在我们头上的三座大山，结束黑暗苦难的日子，迎接一个新时代的到来。

10 月初，为庆祝广州解放和迎接解放军进城仪式，由我的老师阳太阳、关山月、廖冰兄等一批画家，以"中国人民站起来了"为题，赶画了高 30 米、宽 10 米的毛主席大幅画像，毛主席挥手高呼："中国人民站起来了。"于 11 月初，悬挂在广州市当时最高的爱群大厦，作为庆祝的礼物，当人们走过，无不为之欢欣鼓舞。

我有幸参加画像的搬运工作，虽事隔 60 年，但至今还未遗忘。11 月 6 日，我校（广东省艺专，后改为华南人民文学艺术学院）接到市军管会文艺处的通知，组织 100 多人，分成 13 个小组，每组 8 人，共抬一小段的大布画，（每小段 2.3 米 × 10 米）用步行的办法，把画像抬到爱群大厦门前，供安装人员安装，我所

---

＊ 作者时为广东省立艺术专科学校学生。

在的 8 人小组仅抬起主席的一双大皮鞋，足见画像之大，正象征中国这个巨人，从此屹立在世界的东方。

## 广州市解放大游行

1949 年 10 月初，我就读的广东省立艺术专科学校（简称省艺专）在接管学校的军管会代表领导下，通过刚公开的"地下学联"，具体组织我们赶制大标语、横幅、宣传画、彩旗和秧歌队等，作为庆祝广州解放和迎接解放军进城的游行活动。我参加了秧歌队，各人自报化装成工人、农民、战士、妇女、学生等各阶层人士，由于秧歌易学，很快熟练，每天在学校周围进行彩排，吸引不少群众观看。

11 月 11 日和 13 日分别是庆祝广州解放和迎接解放军进城仪式，我校均准时参加，游行队伍从学校（光孝寺）出发，途经中山六路、五路、四路经永汉、长堤等马路，万人空巷，到处欢声笑语，像一片欢乐的海洋。

## 扫清广州市地下钱庄

解放前，国民党的钞票天天贬值，民不聊生，群众不愿持有和使用，纷纷换成港币。于是，兑换港币的地下钱庄应运而生。解放后，这些钱庄又演变成兑换人民币、港币的活动。买入卖出均受钱庄的差价剥削，群众称为"剃刀门楣"，意思是出又刮，入又刮。钱庄最多是在上下九路、中山路等一带，经营者在骑楼底或马路旁摆上一张桌子便可开档。

为了稳定物价，提高人民币的威信，广州市军管会决定取缔和打击金融黑市的活动，组织解放军、公安及部分大学生等有关人员共 2000 多人，分一组 3 人，在全市组织突击扫荡活动。1949 年 12 月 5 日，我分配在中山四路其中一个小组，人人穿上便衣，上午 9 时前守候在各地下钱庄附近，9 时整，全市统一行动，人人戴上军管会发的袖章，手持军管会的决定，宣读决定后，把钱庄所有钱币、算盘、资料等进行封存，接着挂上红旗标志，军管会的吉普车开来，逐一收缴，带回军管会进行处理。这次行动，仅用半小时，就胜利完成任务，解决了国民党长期无法解决的问题。

从此，人民币的威信大大提高，物价稳定，群众个个拍掌称快。

（本文选自《广州文史》第 71 辑，广州出版社 2009 年版。）

# 方文瑜 *：广州解放时我初次接触解放军的一件事

广州解放前夕，国民党军队狼狈逃离时，竟炸毁了海珠桥，造成了市民伤亡惨剧。广州市民对此悲愤交集，惶恐不安。不少人一方面既担心广州处于真空状态，会出现混乱局面，希望共产党早日到来；而另一方面又顾虑共产党来了会有什么变化。心情矛盾，度日如年。好在这种日子并没有多久。

## 睡在路旁的军队

1949 年 10 月 14 日，广州解放了。

人们早上起来，看到好像飞将军从天而降，许许多多解放军战士在街上路旁休息。可能是由于长途急行军，十分疲倦，不少已经睡着了。显然，这些部队昨天半夜已经进城了。可是他们却不声不响，没有干扰民居。这对于在沦陷时期，饱受日本侵略军穷凶极恶之灾；日本投降后，见惯国民党军队蛮横跋扈之苦的广州市民来说，看到共产党军队的状况，确实是啧啧称奇，恍然是放下了心头大石，觉得有了安全感。

---

* 作者时为广州锦泰栈油粮土产行副经理。

当时，我在天成路 21 号锦泰栈油粮土产行任职副经理。知道解放军已经进城，连忙赶回店里看看情况。来到店前，也有解放军在门前休息。看见我敲门，他们给我让路，其中一位还对我说："对不起！耽搁你了。"我几乎不敢相信自己的耳朵，大兵对老百姓说对不起，我还是第一次亲耳听到，连忙回答："没关系、没关系。"接着不期而然地也说："对不起！对不起！"

回到店里，同事们都说昨夜还不知道军队已经进城。一会儿，经理范老先生也回店了。大家议论起今后的业务问题，都认为，由于前些时候，商户居民害怕治安混乱，纷纷在街头巷尾设置了栅栏路障，业务停顿已久。现在看来，治安应无问题。生意总是要做下去的，迟开门不如早开门，不如早日恢复营业，也表示欢迎解放。就这样决定了隔天开门营业，成为左邻右里商店中较早开门的一家。翌日，虽说开门，但实际上还没有业务可谈。大家只是闲聊，说的主要都集中两个话题，一是国民党军队逃走时炸了海珠桥；二是解放军进城后秋毫无犯。很自然地做了比较。有位同事还说："不怕不识货，只怕货比货。"

## 与解放军做生意

临吃午饭前，邻近晏公街的市商会有人来通知我们，说是"解放军需要收购棉花，你们有棉花存货，下午派人到市商会与解放军接洽"。我们店里的棉花，是曾任香港旅港冀鲁同乡会副会长、日信公司总经理李绍周先生（已故）委托代销的。那时，他的代表赵明清先生驻居店里。接到通知后，我们就和赵先生商量如何处理？大家研究下来，认为解放军要收购，没有理由不卖。货主的意见，是希望价格不低于市值，还有用什么货币支付货款是个问题。当时广州用的是港币，估计解放军不可能用港币支付。大家推举我前去接洽。出乎意料，想不到解放后恢复营业的第一宗交易，对象竟是解放军。结果如何难以估计，生怕谈不拢会惹起麻烦。

下午，我到市商会见到解放军，他们先问我是否愿意将棉花卖给部队。我答复我们是代客销售，货主愿意出售，并提出了价格和用什么货币交易的问题。解放军同志说，具体问题可以商量，是否先让我们看看货样。于是一同去到货仓看货。由于这批棉花是三 A 级长绒棉，自然符合要求。大家回到店里，我把货主代表赵先生请来和解放军当面商谈，免得中间转折。我们拿出了最近报纸上刊登棉花行情的报道和我们最近卖出的账本记载及发票留底给解放军同志参考。他们斟酌了一下，对我们说，他们还要回去研究一下，希望我们能够等候他们明天午饭前再来具体谈，棉花暂时不要卖掉。我们表示同意。解放军同志走后，我们交谈认为，照当前情况，最好是能用银圆支付货款。不过当时的银圆情况也相当复杂，通常最流行吃香的是袁世凯头像的所谓袁大头，接着是孙中山头像的，还有龙洋、鹰洋。尚有重量成色不足的如洗版、挖补、锉边、哑版等等，价值都有不同，计算也很麻烦。那只能明天再议了。

隔天上午 10 时左右，解放军同志来了，告诉我们，他们研究过了，决定收购这批棉花。价格按照我们最近那次卖出的价格计算。因为当时售价是港币，可以按当日市场行情折合银圆计算，以银圆支付货款。听了后我们都喜出望外，但是也提出了银圆的复杂问题。他们商量了一下，很干脆地回答："我们可以多带一些银圆来给你们挑拣，重量成色不足的，你们可以不要。至于什么大头、孙头的就不要区分了。"这样可以说我们认为的难题基本得到解决。下午，解放军便来提货付款。果然他们带来了银圆让我们挑拣。一时间，店堂里响起了一阵阵银圆的叮当响声，似乎奏起了交易完满成功的音乐。解放军同志临别时还说："谢谢你们对部队的支持。"事后，我们都认为这是一笔出乎意料的合情合理的公平交易。我们清点银圆的结果，袁大头约有八成。这件事情，李、赵两位常常向同业和朋友津津乐道。我觉得，这件事同解放军接管广州后，在清匪反霸，镇压反革命，建立和巩固革命政权和秩序；没收官僚资本，平抑物价，统一财经政策，恢复发展生产，保障人民生活等各方各面的工作与贡献比较而言，只是一件小事，但是见微知著，解放军的优良传统和作风，于此可见。特别是对于刚刚解放，初次接触共产党领导的人民军队的我来说，印象是非常深刻的，其启发和教育意义是很大的，所以至今记忆犹新。

（本文选自《曙光耀羊城》，广东人民出版社 2000 年版，标题为本书编者加。）

# 第 五 章

## 重生：广州城的接管与重建

# 吴富善<sup>*</sup>：十月的广州

## 四十四军进驻广州

1949 年 10 月 11 日，我四十四军一三二师以连续两昼夜奔袭，解放了广州以北的佛冈；12 日解放从化。13 日，我们根据中央军委给进攻广东部队的作战指示和广州守敌的情况，命令部队克服长途奔袭、极度疲劳的困难，迅速夺取广州。当日四十三军一二七师解放了花县，主力由西向东沿广（州）花（县）公路向广州市区攻击前进。我四十四军分两路：一三二师沿广（州）从（化）公路前进，迅速逼近广州；一三一师向新（塘）增（城）公路南进，消灭增城之敌，切断广九铁路。一三〇师配合一三一师作战，封锁珠江水面。14 日下午，我一三二师三九六团进至广州沙河镇，在敌对广州进行疯狂破坏的关键时刻，不待后续部队到达，一面向上级报告，一面迅速展开，由沙河经黄花岗向市中心惠爱路一带发起多路猛攻，迅速夺取了国民党总统府、行政院、国防部、省政府、警察总署等重要机关，并夺取控制了海珠桥。同时我们命令一三二师主力迅速跟进接应。至 15 日拂晓前，全市主要街道均被我军占领，祖国中南的第一重镇——广州宣告

---

＊ 作者时任中国人民解放军第四野战军四十四军政委。

解放。

我当时任四十四军政委。15 日在一三二师政治部副主任蒋润观等同志的接应下，我带领军指挥机关和朱光同志带领的 200 余名地方同志一起进驻广州。军指挥机关暂驻于德政路的原国民党广州保安司令部内，开始了肃清残敌、实行军事管制、建立革命秩序等工作。

## 收拾烂摊子，建设新广州

广州解放了，但国民党反动派留给我们的却是一个千疮百孔、充满混乱的烂摊子。广州是国民党反动派在南方的一个重要巢穴，也是其统治时间最长的城市之一。长期的黑暗统治，造成了腐败贪污、土匪、特务、流氓、赌棍遍地充斥。加上敌人在撤退前，对海珠桥等一些市内重要目标进行了疯狂的破坏，给人民的生命财产造成了严重损失。敌有意识潜伏下的大量土匪特务正在猖狂活动，敌遗弃的伤残兵和散兵游勇满街皆是，对社会安全造成了极大危害。港澳黑社会势力也蠢蠢欲动、趁火打劫。如何稳定局面、强化治安，成为我们解放广州后面临的首要任务。

面对严峻的现实，军党委清醒地认识到，要建设一个人民的新广州，部队首先要做到进得去、站得住，使人民群众真正从内心中感到我们是正义之师，是人民的子弟兵。因此在部队进城的同时，我们根据部队解放锦州、天津等城市的经验教训，对部队再次进行严格的城市纪律教育。入城部队在千里征战、极度疲乏，后勤、生活保障十分困难的情况下，不入民宅，不扰民，全部宿在街道两边的屋檐和偏厦下。人民解放军的严明纪律与国民党反动派残兵撤退前的疯狂破坏，形成了鲜明的对照，很快得到了人民群众的普遍赞扬和信任。与此同时，为了控制局面，我们迅速采取了以下措施：

一、在部队入城同时，公布毛主席、朱总司令签署的解放文告，广泛宣传张贴以"保护全体人民生命财产，保护民族工商业，没收官僚资本"等为主要内容的人民解放军约法八章。取缔一切危害社会秩序的行为，查封社会上所有公开的赌馆、妓院，销毁一切反动宣传品和淫秽书画。

二、命令部队迅速对全市银行、监狱、电台、机场、车站、码头、仓库等所有重要目标和关系人民生产生活的电厂、水厂等实行军事管制；并派部队驻守警戒。

三、对领事馆和外侨居住区实行保护，对治安情况比较混乱的街区实行局部戒严、临时宵禁和突击搜查。

四、收容散兵游勇。广州解放时，街头到处都是被打乱的敌散兵游勇和敌残废伤兵，部分还藏有武器，成为引起社会动乱的一大因素。对此我们宣布："为确保城市治安，一切散兵游勇均应向当地人民解放军或人民政府投诚报到，并将所有武器交出，再不追究。其有不报到或隐藏武器者，即予逮捕查究，窝藏资匪者，亦受相应处分。"同时派出部队，发动群众，使数千名流落街头的游兵散勇和伤残兵迅速得到了收容安置。

根根中共中央华南分局9月赣州会议关于"广州解放后，四十四军负责广州警备"的决定，10月18日即广州解放后的第四天，奉中央军事委员会令，宣布广州警备司令部成立，并以警字第一号布告宣布：邓华任警备司令部司令员（后因故未到职），赖传珠任政委，方强任副司令员，我担任副政治委员，谭甫仁为副政委兼政治部主任，黄忠诚任参谋长。广州警备司令部的组成，使广州的治安工作开始有计划地全面展开。

警备司令部成立后，虽经过收容伤残散兵、明令严禁赌博、取缔卖淫和黄色书画等措施及行动，社会秩序得到一定改观，但仍然很紊乱。最突出的是：广州解放后，街头出现了挂有各种牌子和打着各种旗号的上百个社会组织。这些组织大都以共产党组织的身份进行活动。"约法八章"发布后，国民党反动派潜伏下来的一些特务分子也乘机假借各种名义、组织各种非法团体进行破坏，借口接收，对商人、企业和群众进行敲诈、勒索，甚至公开组织反动武装，收缴枪支和网罗游兵散勇。一些地痞流氓和无业人员也纷纷活动。他们有的打出广州地下党的招牌，有的打着两广纵队的旗号，有的以琼崖纵队的名义，甚至有的公然以中共中央华南分局的名义进行活动。一时间鱼龙混杂、泥沙俱下。很多厂矿和部分中小企业被这些组织"接管"控制，甚至有的发生火并。面对这意想不到的复杂局面，要对名目繁多的各种组织，如一一进行甄别，时间上不允许。于是我们经过反复研究，一方面对明显扰乱社会治安、公开进行破坏的组织，实行坚决的捕捉和镇压；另一方面迅速电告中共中央华南分局，请求提供有关地下党组织名单及处理意见。华南分局迅速回电我部："华南分局已与地下党组织取得联系，对社会上的各种非法组织一律先取缔，后甄别。"根据华南分局的指示，为减少社会影响，我们研究决定：取缔所有非法组织。在未查清之前，先对各组织的主要头目进行软禁拘留。18 日，我们以警备司令部的名义同各组织发出请柬，邀请其主要领导人19 日到警备司令部商谈。同时命令司令部警卫营预做准备，防备可能发生的反抗和骚乱。19 日晚，社会上各不明组织的头目，大部应邀来到警备司令部，总人数百余人。时间一到，我当众宣布了遵照华南分局决定、警备司令部关于取消各种非法组织的公告，并决定对各组织领导人实行临时拘留审查，交出其"接收"控制的厂矿企业和单位。第二天，警备司令部关于取缔各类非法组织的公告贴满全城。在中共华南分局的指示下，这一棘手的问题迅速得到解决。至此，广州的局势已牢牢控制在我人民手中。

10 月 21 日，广州市军管会宣告成立。我和方强等警备司令部的同志及朱光等地方同志一起，前往沙河镇迎接军管会主任叶剑英、副主任赖传珠、华南分局书记方方、古大存和十五兵团司令员邓华及其他领导同志进城。军管会的办公地点设在东山。军管会的正式成立，标志着我人民政权对原国民党市政府及四大家族所控制的银行、报社、工厂等的接管工作正式展开。

## 发动军民，清匪反特

经过我们几次大的行动，到广州市军管会成立时，广州的社会秩序已经得到初步治理，但是广州的社会治安问题仍然十分严重，敌特和各种坏分子的公开敌对行为大为减少，但地下的和隐蔽的破坏行为却一刻也未停止。斗争形势更加复杂。为了进一步搞好治安工作，军管会成立当天，我和方强同志就广州的社会治安情况向叶剑英主任、方方书记及邓华司令员等领导同志做了详细汇报，并提出了我们下一步的计划。叶剑英等领导同志指出：要发动部队，发动群众，依靠群众，建立协调一致的治安机构；要重点打击敌特的破坏活动和各种反革命行为，根据叶剑英等领导同志的指示，在市军管会的领导下，迅速成立了广州市治安委员会，委员由我和警备司令部副司令员方强、市公安局长陈泊、人民纠察总队负责人廖似光及军管会委员朱光等同志组成，常务工作由我负责。

治安委员会成立后，我们对广州的匪特敌情做了分析和研究。

广州的匪特情况复杂，不仅由于广州是华南地区最大的城市和开放口岸，毗邻港澳，社会情况复杂，匪特活动具有社会基础；而且，特务来源及成分的复杂性更是远远超出内地其他各大城市。一些职业特务，大部分是由港澳的国民党特务机关派遣潜入内地，乘机进行各种破坏活动。他们活动方式隐蔽、诡秘，手段狡猾阴险。第二部分是国民党军队在溃退时，有意识地潜留下来的政治土匪。我军解放广州以来，他们时而集中、时而分散、时而秘密、时而公开地到处流窜，抢劫物资，扩大组织，甚至攻打乡、区、县政府，杀害干部群众，危害社会安全，是当时对社会治安威胁最大的部分。第三部分是一部分寄生阶级、流氓、强盗、骗子，这部分人在解放后活动比较消沉，但却与港澳黑社会有着千丝万缕的联系。根据这种情况，我们研究决定，对担任广州市区守备任务的一三二师进行重新调整。确定该师三九四团、三九六团专门负责看守全市工厂、仓库、机关和各重要目标。三九五团分散配备，以连为单位，专门配合各公安分局，负责市内治安任务，严厉打击各种匪特和坏分子，保证军管会各项接管工作的顺利进行。

为了扎扎实实搞好城市的治安警备工作，我们一方面针对部队中存在的不习惯城市生活，执行任务的临时观念，特别是部分同志存在的"革命到底，想解甲归田"的想法，对部队进行思想教育，宣传警备广州对国民经济建设的重要意义，并向部队和全体党员提出"做好警备工作、执行政策、遵守纪律，保持和发扬人民军队的优良传统"的号召，使大多数干部战士的思想稳定了下来。另一方面，根据部队所面临的如何做好大城市警备这一新的课题，针对大城市市面宽广，街道纵横、环境生疏等特点，对如何配备警戒，如何组织巡逻，以及警备部队的分工，高大楼房的搜查，隐蔽哨的设伏等，发动群众，出主意、想办法，集思广益。

在警卫部队的组织分工上，我们根据守备地区的复杂情况，除设置大量固定警戒外，在各区和主要警戒支撑点日夜均指定巡逻和值班兵力，并将其值班兵力划分为搜查组、警戒组、看管组，以能应付各种临时情况的发生。在警戒巡逻方法上，我们采取了大胆猛进、杀回马枪、声东击西、分工合击、打时间差、设隐蔽哨、便衣人员与巡逻分队相结合等多种办法，收到了显著的效果。一次，我三九五团八连在德政中路巡逻，前部巡逻分队过后不久，暗藏敌特认为有机可乘，指使一伙土匪对我军车进行抢劫。岂知敌特一经暴露，我后部巡逻分队即迅速赶到，前部巡逻分队又杀了一个回马枪，一次就捕获匪特十余人，缴获枪支一部。针对城区内匪特往往居住在有毗邻的高大楼房内，惯于从屋顶阳台上逃走的特点，我们还对部队突击进行了对高大楼房搜查的训练。在搜查中注意了适当扩大包围圈、占领制高点，从地面和屋顶同时接近目标，控制阳台，防敌逃掉。三九五团利用此方法破获了数处敌特巢穴和联络点。

广州人口稠密，大街小巷相互交织，为匪特的活动创造了条件。但魔高一尺，道高一丈。在解放初期，我们多次采取时间突然、动作迅速的局部戒严和有重点目标的突击检查，收到了显著的成效，成为当时捕捉匪特的有效手段。三九五团六连在上九路、太平路进行了几次不规律的突击检查，重点检查汽车和三轮车，次次有收获。这种检查对交通和街道营业均无大的影响。检查时警戒组负责周围警戒，搜查组负责搜查，查完后用粉笔标注事先规定好的搜查记号，避免先后重查，看管组负责检查记号，扣留或放行。在 10 月下旬的一次突击检查中，三九六团五连在市北一辆轿车中查出女特务两名、手枪两支和其他一批军火；三九五团六连在太平路地区先后从公共汽车和三轮车上查出特务五人，炸药 200

余斤及一批枪支，在一辆黑色小汽车中查出白银 150 余斤。

在大规模的清匪反特中，我们深深体会到，广泛发动群众、密切军民关系是捕捉匪特最有效的手段。广州解放时，由于敌人的长期统治，群众对我解放军不了解。加上我军社情不熟、语言不通，因此未能得到群众的普遍支持，匪特活动也比较猖獗。我们命令各公安分局和部队，在各自防区和警戒范围内，召开群众大会，宣传我军的宗旨和捉拿匪特的政策；用实际行动帮助群众解决实际困难、打扫街道，开展义务劳动，加深群众对我军的了解；一旦出现匪情，迅速采取果断行动，消除群众对我不信任的思想顾虑；加强与人民纠察队等组织相互配合和联系，和群众建立联防公约，定以锣鼓声为发现匪特的信号。经过我们的艰苦工作和几次大的行动，较快地破获了一批案件。我们的行动开始得到群众的支持，匪特活动逐渐陷于孤立。一次，我三九五团二连在四川饭店破获一案件，抓获匪特数名。在押解过程中，行至长堤二马路附近，匪特依靠地形熟悉，利用人多嘈杂逃脱。一特务逃到老百姓家中，要求躲藏，结果群众奋起，手持木棍把特务打出，协助我部队将敌捕获。逃到太平南路的匪特，则被群众抓住，自动捆起送到连部。

在发动群众的同时，我们还采取了"以匪治匪"的办法。广州的匪特虽多，但根据我们的调查分析认为，其政治成分也参差不齐，悬殊极大，有国民党派遣的特务，有黑社会的铁杆匪徒，也有为生活所迫者。我们本着"胁从不问"的精神，对归案的不法之徒分别予以审查，对部分人员宣传我党我军的有关政策，促其戴罪立功，利用其提供的线索，扩大清匪反特战果。三九五团二连曾利用此法在潮州会馆，逮捕了重要匪首杨飞。六连派人化装与被擒匪特一同上街，一次捉到先后前来联系的敌特四名。

清匪反特工作的深入开展，收到了显著的战果。在近一个月的时间里，共捕获特务及重大嫌疑分子 169 人，重大盗窃分子和土匪 260 余人，保证了市人民政府的成立、港九观光团在穗的活动及庆祝广州解放大游行等重大活动的安全，受到了军管会主任叶剑英等领导同志的赞扬。

## 查封赌馆妓院，重建社会秩序

10 月 28 日，广州市人民政府宣告成立。

广州市人民政府的成立，标志着广州建设将进入一个崭新的历史时期。作为当时治安委员会和广州警备司令部的主要负责人之一，我深深感到，广州的社会秩序还远远不能适应广州市人民政府提出的："安定秩序、团结人民恢复生产、建设新广州"的需要。广州虽解放半个多月了，但社会秩序还不能说已从根本上得到彻底治理。国民党反动派二十多年的反动统治，不仅形成了政治上的黑暗和独裁，而且造成了整个社会风气的极端腐败。加上广州特殊的地理环境，使广州的社会秩序问题十分严重。各种赌博场所遍布街头，流氓赌棍多如牛毛，淫书淫画充斥市场，明娼暗妓到处可见，各种盗窃案件屡禁不绝。

在广州解放至广州市人民政府成立这十几天日子里，我们主要把力量放在配合军管会对全市实行军事管制、开展清匪反特、镇压反革命，扫除市面上各种腐败现象等工作上，使社会治安有了较大的改善。市政府成立前，治安委员会曾就如何进一步整顿广州的社会秩序问题进行研究。

10 月 29 日，即市人民政府成立后的第二天，我和朱光同志与市公安局长陈泊、副局长孙乐宜及负责人民纠察队的廖似光等同志一起，再次研究广州治安问题，一致认为，要从根本上改变广州市社会秩序的混乱局面，在推翻国民党反动统治的基础上，还必须彻底割除赌馆、妓院这一社会毒瘤，彻底扫除地下淫书、淫画及各种毒害人民、毒害社会的丑恶现象。广州的各种赌馆、妓院，多少年来一直毒害影响着社会。解放后，虽张贴布告宣布取缔，并已采取过数次较大规模的行动，但还未从根本上予以彻底扫除。加之其与广州及港澳的各种黑社会力量有着密切联系，因此彻底查封赌馆、妓院等，不仅会从根本上改变广州的社会秩序，而且还会严重打击各种黑社会势力，使其失掉一大批落脚点和联络点。我们研究决定，由公安局和工人纠察队负责对全市各类明暗赌馆、妓院和黄色书画集散点的名称、位置、主管人及其活动进行调查，掌握其证据，对重点人物预先实施监视，迅速掌握了情况，制订了行动方案并报市人民政府。

11月初的一天，各公安分局和部队及部分人民纠察队在全市各区统一行动。各行动组根据已掌握的情况和分工，迅速扑向各自目标。部队主要负责警戒，公安局和纠察队的同志负责查封的具体工作。一举查封各类赌馆妓院和黄色书画集散点100余处，收缴大量的赌资、赌具和黄色书画。赌资、赌具由公安局当场宣布予以没收，清点后上交市人民政府；大量黄色书画由我们用卡车集中后，运到郊外销毁。数百名妓女集中后，由市政府派出医疗队为她们诊治疾病，进行教育，并对其生活和工作问题做出了具体安排。两天后，我们根据掌握的确凿证据，对几十名罪大恶极的首恶分子进行了突击审讯和宣判，游行示众后押往白云山机场附近予以镇压。此次行动，广大群众拍手称赞，社会风气和秩序也为之一新。

在这种大好形势下，我们派出部队分散到各条街道和居民点，协助各公安分局的同志，建立居民治安小组和其他基层组织。很短时间内，在全市成立了7000多个居民治安小组，并完善了6000多人的人民纠察队组织，形成了治安小组、人民纠察队、公安局这样较系统的群众治安体系。

要让社会秩序真正走向健康发展的正常轨道，必须尽快恢复生产。我和朱光等同志根据形势发展，清醒地认识到这一点。于是我们把协助恢复生产作为部队的一项重要任务，一边组织部队继续抓好广州的社会治安，一边派出部队协助广州各界群众修路筑桥，抢修市政设施。我们命三九六团抽一个连零两个班的兵力，护守粤汉铁路广州至江村段；另以一连兵力分散于各处关卡，掩保海关人员工作；后又派一个连去中山县江面上分散，担任水上警戒和缉私。三九四团以一个连兵力担任广九路列车的乘警工作。其余部队在完成好警戒任务的同时，协助各厂矿纠察队具体完成好护厂护矿和防空工作，对广州各业的恢复和生产发挥了积极的作用。

在广州解放后一个月的时间里，我们接管了敌伪的治安机关，肃清了敌伪在解放初期冒牌活动的各种非法组织和武装，收缴流散武器枪支数千件，查禁了赌博、卖淫等腐败现象，破获各种破坏治安案件 561 件，捕获特务、土匪、惯偷 1000 余人，收容国民党散兵游勇、伤病残兵达 8000 余人，收缴销毁各种黄色书画 6000 余件，初步整顿了交通、防空、消防、卫生等工作。广州人民在共产党领导下，与人民政府及解放军通力合作，工厂复业、学校复课、商店开市、内地通车、内河通航，广州人民生活基本上是稳定的。广州这一南国花城显现出她的绚丽风采。

11 月 11 日，20 多万广州人民举行盛大游行，热烈庆祝广州的解放和新生，庆祝广州市人民政府的成立。全市人民掀起了空前的劳军热潮。11 月 18 日，警备司令部宣布处理国民党散兵游勇工作告一段落。11 月 27 日，广州市第一届人民代表大会隆重开幕。会上，我代表治安委员会做了"关于肃清匪特巩固治安"的报告。叶剑英等领导同志出席了会议。第一届人民代表大会胜利闭幕以后，广州人民在党的领导下，开始走上了全面建设新广州的历史新阶段。

（本文选自《广州的解放》，广东人民出版社 1989 年版，标题为本书编者加。）

# 苏青*：广州解放初期的社会治安工作

1949 年 10 月 14 日，广州解放，我随叶帅、朱光等率领的干部大队由江西赣州南下接管广州。10 月 18 日，中国人民解放军广州军事管制委员会公安组成立。10 月 23 日，由军代表陈泊（原江西省公安厅长）、孙乐宜（原大连市公安局长）率领南下干部大队公安系统工作队 156 人，内有胡毅、陈恭、李金锡、陈子广、庄敬民和我等党员骨干 50 人，接管国民党广州市警察局。10 月 27 日，广州市军管会公布成立广州市人民政府公安局，隶属中共广州市委和市人民政府（市长叶剑英、副市长朱光）、华南分局社会部（部长谭政文）及中南行政区公安部（部长卜盛光）领导。首任局长陈泊，不久，局长由谭政文兼，副局长有陈泊、孙乐宜、朱明、陈坤。我任治安处副处长，主管社会治安工作。

广州解放后的头三年，治安部门在局党委的统一领导下，围绕市委提出的"接管、治安、金融"三大任务，发动和依靠广大人民群众，会同有关部门做好接管工作，摧毁反动的国民党警察机构，改造旧警员，建立人民公安机关，大张旗鼓地打击帝国主义、国民党反动派的特务、间谍、土匪和其他严重刑事犯罪分子的现行破坏活动，扫除国民党反动派的残渣余孽和社会上的丑恶现象，建立革命新秩序，对特务、反动党团、反动会道门进行登记，开展镇压反革命、民主改革、

* 作者时任中共广州市人民政府公安局治安处处长。

"三反""五反"运动，维护社会治安，保卫广州市人民生命财产的安全，巩固新生的人民民主政权，保障恢复国民经济任务的顺利进行，为社会主义革命的三大改造创造了有利条件。

## 清理旧警察，建设新公安

这项工作由于有人民解放军的支持，有原打入警察局国民党情报部门地下党员（如陈超、何琼玉等）的协助，特别是市委、市政府领导的重视，不断加强接管力量，故进展比较顺利。加上警察局内部的档案资料和装备保存基本完好，对人员又进行了分批集训审查、严厉打击帝国主义、国民党反动派的特务间谍、土匪武装、反革命和严重刑事犯罪分子的现行破坏活动。

重点是打击爆炸、暗害、凶杀、抢劫、制造恐怖等严重罪犯。如 1950 年 3 月，广九铁路西铁桥先后两次发现敌人埋藏炸药（均未爆炸），经市局侦查破案，7 月逮捕敌"广东突击军第二纵队第二十三支队副兼十七队队长"吴国雄等案犯 13 名，缴获短枪 11 支，黄色炸药 1 罐。吴勾结惯匪抢劫 15 次，与香港潜入的国民党少校行动队长、黑社会分子黄文策划劫持"华贵"轮。主犯吴国雄、要犯吴波等 10 名罪犯被依法处决。又如 1950 年 5 月 31 日和 6 月 1 日，市军管会和省政府围墙内接连发生特务投入的土制炸弹爆炸事件（幸无伤亡），我和张强同志到现场勘查，认定是同一案犯所为，并发现了军管会斜对面小巷口某某号房二楼屋顶有敌特电台的天线，从而破获此案，逮捕了敌"广东三角洲反共救国军自卫军第九独立支队长兼中统局华南办事处杨山站第四组组长"戴天仇（陈正）等案犯 23 名，缴获电台一部，武器弹药一批。戴天仇、冯启凌、吴福荫三主犯被先后处决。此外，还破获并处决了一批谋财害命的重大刑事罪犯。对披着宗教外衣进行反革命破坏活动的帝国主义间谍特务和"圣母军"也进行了打击取缔。压下了敌人的嚣张气焰，稳定了社会秩序。

## 扫除残渣余孽，净化社会风气

一、收容散兵游勇，收缴非法枪支弹药和电台。1949 年 11 月至 1950 年 9 月，共收容国民党散兵游勇 5130 人，至 1950 年底共收容游民乞丐 11880 人，收缴长枪 2309 支，短枪 2676 支，重机枪 59 挺，轻机枪 42 挺，子弹 122595 发，手榴弹 748 枚，炸药 1 万斤，电台 52 部。

二、扫荡"地下钱庄""剃刀门楣"，打击破坏金融的犯罪活动。1949 年 12 月 5 日，在市政府的统一领导下，动员工人、学生、机关干部、警司武装及公安干警五六千人，编成八个大队，扫荡了地下钱庄 130 家，"剃刀门楣"549 档，拘留审查 1000 多人，按情节轻重分别给予惩处。第二天，组织 2 万多人的宣传队伍，在全市主要街道，揭露"地下钱庄""剃刀门楣"祸国殃民的罪行，反对帝国主义的经济侵略，反对犯罪分子破坏金融，捣乱市场。

三、扫荡淫秽物品，取缔暗娼妓女。1949 年 11 月 19 日，市公安局治安处干警与市学联动员部分学生，会同有关的七个分局的干警，组成七个分队，同时出动，对印刷、贩卖淫秽书画的店铺摊档进行搜查扫荡，共查获春宫画 14230 张，春宫连环画 10511 册，裸女相片 540 张，逮捕淫书作者陆某和印刷淫秽物品商聂松等 11 名犯罪分子。接着连续大量收容娼妓，逮捕龟公龟婆。仅 9 月下旬一次统一行动就收容妓女 246 名，1953 年 9 月 14 日的统一行动，又收容妓女 141 名，逮捕罪犯龟公龟婆 13 名。使妓女暗娼活动基本绝迹，一大批深受凌辱的妇女在妇女教养所里获得新生。

四、扫荡赌档，严禁赌博。1949 年 11 月 3 日，广州市人民政府发出"公字第一号命令"，决定"严格取缔赌博，如有持械反抗者必须严厉镇压"。市公安局会同警司，在人民群众的支持配合下，采取公密结合，突击检查，反复扫荡办法查禁赌博。1949 年底，共破聚众赌博案 424 宗，逮捕赌头赌棍窝主等案犯 283 名。1950 年破案 912 宗，捕案犯 162 名。1951 年破案 681 宗，逮捕案犯 1933 名。

1952 年破案 3630 宗，捕案犯 1155 名。经过连续三年的坚决取缔、严厉打击，1953 年后，聚赌案件逐步下降，至 1956 年，全年只发生赌案 12 宗，逮捕案犯 4 名，赌博活动基本禁绝。

五、大张旗鼓开展禁烟禁毒运动。解放初期，广州市有鸦片烟档 1900 多档，呈"烟档多于米铺"之状，不少群众受到毒害。广州市公安机关在广大群众的积极支持下，1949 年 11、12 月破获烟毒案 167 宗，到 1951 年底，共破烟毒案 3857 宗，拘捕烟毒案犯 2113 名，缴获鸦片及烟具一大批。1951 年 6 月 3 日，市人民政府召开万人群众大会，公开宣判了一批烟毒犯。并将缴获的鸦片烟 19508 两、海洛因 267 两、红丸 80 两又 30 包；罂粟壳 27806 两、烟灯 1.3 万多盏、烟枪 1.25 万支、烟秤 1244 把，当众焚烧。会后群众冒雨游行，高呼禁毒口号。接着在做好调查研究和充分准备的基础上，于 1952 年 8 月，大张旗鼓地开展了禁烟禁毒运动，搞了两次统一清查行动，开了两次万人以上公开宣判大会，判处了一批毒犯，其中 5 名罪大恶极的判处死刑。禁烟禁毒运动从 1952 年 8 月中旬普遍展开，至 10 月底结束，共逮捕案犯 1104 名，缴获烟土 4636 两、烟膏 268 两、吗啡 1182 两、白面 123 两、红丸 3754 粒、烟具 4179 件，还缴获手枪 188 支，冲锋枪 1 支，子弹 73 发，雷管 2 根。有力地把烟毒犯的嚣张气焰镇压了下去。

六、进行特务分子自新登记。市军管会布告规定，自 1950 年 9 月 11 日至 10 月 31 日为特务分子自新登记时间。市公安局公布"关于特务分子进行自新登记实施办法""检举特务奖励办法"。社会上有 2450 名特务前来自新登记，内部单位有 629 名特务前来自新登记，自新登记特务分子总共有 3079 名。

七、进行反动党团分子登记。1950 年 12 月 15 日，市军管会发布关于反动党团分子限期登记自新的布告，规定：反动党团分子必须在 1950 年 12 月 20 日至 1951 年 2 月 5 日到市公安局悔过自新，后延期到 2 月 28 日结束。登记的范围：国民党、三青团、青年党、民社党区分部委员以上或小队长以上人员，以及在国民党军政机关中任同等职位的党团分子。一般党团分子不履行登记手续。前来登记的反动党团分子共 33325 人。

八、取缔反动会道门。广州市的反动会道门主要有一贯道、先天道、同善社、吕祖道、真空道、天德道、黄大仙道、归根道八种，他们表面上披着封建迷信的外衣，实际上受匪特控制，用以迷惑道徒，欺骗群众，是进行反革命活动的反动组织。1953 年 4 月 14 日，广州市人民政府发出布告，宣布一贯道、先天道、吕祖道、同善社、真空道及其分支组织各派均为非法组织，坚决予以取缔。市公安局接着公布了"关于一贯道等反动会道门道首履行登记及其道徒退道办法"施行，通过电台广播，放映《一贯害人道》电影，举办反动会道门"罪恶展览会"，召开"三才"现身说法控诉会、公开宣判大会和街道大、小群众会，广泛向群众展开宣传活动，受教育群众达 75.6 万人次。在取缔反动会道门斗争中，共杀罪大恶极的道首 11 名，逮捕判刑的 170 名，公开管制的 126 名，查封道坛（堂）199 个，缴获手枪 1 支，子弹 854 发，刀剑 3 把，旧中国国旗 21 面以及反动道具一批。有 457 名反动会道门分子自新登记……

（本文选自《曙光耀羊城》，广东人民出版社 2000 年版，标题为本书编者加。）

# 黄毅<sup>*</sup>：南下广州军事接管的回忆

## 赣州会议与接管部署

1949 年 9 月间，中共中央华南分局在江西省赣州市举行扩大会议，向广东进军的第四、第十五兵团和广东游击纵队的指挥员也到达赣州，会上做出了向广东进军的军事部署，安排了接管广东省和广州市的工作，全国各地调来的干部，汇聚在赣州，组成了"两广干部大队"，配备了接管广东省和广州市的各部门领导班子和干部队伍。我们从中国人民解放军第四野战军南下工作团调来的 200 多名干部，组成"华南工作团"，8 月下旬离开武汉市，9 月初到达赣州市。200 多名干部按照接管广东省和广州市的工作需要，分别编入省、市两个干部大队。我分配到广州市干部大队，大队驻在赣州市郊水西村的一间小学校。华南分局委托朱光同志向会聚在赣州待命入粤的干部做形势报告，分析了当时的形势，介绍了广东、广州的情况，讲明了军事接管的政策和工作要求，还发给了一些材料。我们进行了学习，做好参加军事接管广州的工作准备。

在赣州市，我们迎接了中国历史上划时代的喜庆日子。10 月 1 日，北京天安

---

＊ 作者时任广州市工商接管组成员。

门城楼上，举行中华人民共和国开国大典。广播中传来了毛泽东主席庄严地向全世界宣告："中国人民从此站起来了！"这是多么令人鼓舞和欢欣的时刻。这一年的中秋节，恰好与人民共和国的国庆日相连接。驻在赣州的党、政、军领导人叶剑英、张云逸、方方、朱光等与广大干部同在一座大花园中举行了一次盛大的游园晚会。当晚，天高云淡，月明如镜，秋风送爽，景色宜人。近千人欢聚在一起，尽情地欢乐，度过了戎马倥偬中的中秋佳节，分享了革命大家庭中的温暖和欢欣。

## 行军路上的干部大队

人民解放军向广东胜利推进，参加军事接管的干部紧随着分批入粤。有一部分是乘汽车，大部分是徒步行军。我们这支接管广州市的干部大队 200 多人，从赣州出发时是徒步行军，途中经过龙南、定南、虔南地区，迈上了大庾岭。我在这次行军中却遇到了麻烦，患上了疟疾，一路上"打摆子"，隔天发作一次，一阵发冷，一阵发热，冷到牙齿发抖，热时烧到 39℃。我过去曾患过疟疾，只要服用"金鸡纳霜"就能止住。在当时行军路上，药品奇缺，没有这种药，只得咬着牙关，经受病痛的折磨，随着队伍前进。大队领导见我行走艰难，劝说我留在当地治病。我急得几乎流出眼泪，千里行军，半途而止，实在是无法接受。我恳求随队继续南下，大队领导接受了我的请求。为了不影响队伍的行进，雇请了当地农民用一辆手推车推着我走。山路上向上走，推行很不容易，我坚持要求步行。同伴们替我背上背包，我挂着一支竹棍，发冷时披上一床毯子，一步一步地往前走。大队长刘旭光，山东人，是抗日战争中入伍的老干部，年近 50 岁。他嘱咐警卫员把马让给我和另一位病号轮流骑坐，自己却跟着队伍步行。战争年代里，领导与群众之间的诚挚感情，令人感动，更不会被人忘记。

解放军逼近广州城，参加接管的干部要赶紧跟上，及时赶到。大队领导决定，在途中截住几辆空驶的商用汽车，用银圆支付昂贵的费用，大家换乘汽车驶向广州。这种商车，用竹席棚子封顶，四周用木板围住，车厢内密不通风。白天打开后门透光通气，晚上没有灯照明，漆黑一团。40 多人挤在一个车厢内，像沙丁鱼罐头一样，动弹不得。江西往广东的公路是沙土路，坑坑洼洼，汽车一路颠簸，行车不快。有些路段，一边是悬崖，另一边是陡坡，遇到对面来车，要停车，单边放行。我们从汽车上看到从公路上翻倒在深沟里的吉普车和大卡车。汽车越过南岭，顺坡势向下行，车速稍为加快，驶到广东翁源县城。大军南下中，翁源县城成为重要的物资补给站。我们在县城宿营，休息了一晚，第二天天亮开车离开县城，经从化县驶到广州市郊沙河镇。在这里接到通知，到广州市政府大楼报到。汽车驶向市中心的中央公园，大队派人到市政府大楼报到联系后，继续驶到长堤爱群大厦。广州市是 10 月 14 日解放，我们是 10 月 21 日到达，已经是迟到了一个星期。

## 初到广州，饮马珠江

参加接管广州市政府的干部，集中住在爱群大厦这座灰色的十多层高楼里。数百名干部来自四面八方，住在一起，互相不认识，人进人出，站岗的警卫战士只能凭人们戴着的"广州军管会"臂章放行。大厦 11 楼是间大餐厅，整天供应膳食，凭军管会发给的餐券用餐，随到随吃。当时那种乱哄哄情况，活像后来看到苏联电影《列宁在十月》中那种情景。我们第一次乘上电梯到 11 楼餐厅用膳时，走向南边的窗口，眺望珠江，岸边停靠着无数的小艇，江中行驶着不少的各种船只。我们回想起 6 月初从河北省正定县城出发，经过四个月，行军千里，跨过黄河、长江，到达珠江边，来到了目的地，情不自禁欢呼："饮马珠江！"

南下工作团到广州参加接管市政府的干部 200 多人，被分派到各单位，主要是到公安、税务和财经部门。我们被派到广州军管会工商小组的有五个人，我和王道东派到接管"广州市物资配售处"军管小组工作。配售处在沙面复兴路一号，办公楼后边有一个大院，有一批来自东北各地的老干部住在一起。他们担负着组建国营商业公司的工作任务。"广州市物资配售处"是国民党政府南逃到广州时新成立的，隶属"广州市政府"管辖，担负组织粮食和主要民生日用品的配售工作。

国民党政府伪装"公正"，欺骗舆论，聘请"社会名流"担任该处领导职务，处长麦蕴瑜是位知名的土木工程专家，同时兼任"建设局长"；副处长张仲新是国民党政府驻苏联海参崴的总领事，精通英语和俄语。广州解放时，他们没有随同国民党政府一道跳跑，留在该处，等候人民政府接管。军事接管工作结束后，按照"量才录用"的政策，麦被派到广东省水利厅任总工程师，张被派到中山大学任俄语教授。军管会各单位接管工作告一段落后，干部分派到广州市人民政府各部门工作。我和王道东一道离开沙面复兴路 1 号，背着背包，走向教育路 74 号，向刚成立的市人民政府工商局报到。

## 维护治安，稳定秩序

　　广州市军管会的军事接管工作，是在极为复杂的情况下进行的，经过艰巨的斗争。中国人民解放军广州市军事管制委员会是在 1949 年 10 月 21 日正式成立的，与随后成立的广州市人民政府合署办公。军管会主任叶剑英，兼任广东省人民政府主席和广州市人民政府市长，解放军十五兵团政治委员兼任军管会副主任。广州市军管会从国民党政府手里接管了一个千疮百孔的烂摊子。当时，贪污腐败成风，特务土匪"大天二"活动猖獗，流氓恶棍横行，散兵游勇到处都有，烟赌娼寮遍布各处，社会治安非常混乱，金融投机十分盛行，市场物价极不稳定。国民党政府在溃逃前，周密布置破坏活动计划，还凭着当时的"空中优势"派飞机轰炸和骚扰。广州鸣放空袭警报时，地面暗藏的敌特就向空中发射信号弹，指示轰炸目标；暗地打黑枪袭击解放军和军管会单个活动的工作人员，还散布谣言，蛊惑人心。1950 年 3 月 3 日，敌机轰炸黄沙码头，炸毁附近一批民房，死伤平民数百人。军管会面对这种局面，针锋相对地采取一系列严厉措施。

　　维护社会治安，保障顺利接管，是当时的首要任务。人民解放军进广州后的第三天，即 1949 年 10 月 16 日，成立广州警备司令部，四十二军担负广州警备任务。当时广州社会上出现有 100 多个面目不清的组织，打着各种旗号，假借名义，招摇撞骗，到处敲诈。有些还冒称共产党、解放军，强行接管企业、团体；有的更趁机组织非法武装，到处捣乱。这种鱼龙混杂、真伪难辨的局面，在市民群众中造成混乱和极坏的影响。广州警备司令部奉华南分局之命，先从这方面开刀、整顿。10月18日发出书面通知，"邀请"各个组织的主要领导人到警备司令部开会，"商讨工作"；19日晚上，对到会的各个组织主要领导人全部实行扣留，责令其交出已经接管的单位，然后分别情况进行审查、清理。随后即发布取缔各种非法组织的公告。10月25日，发布公告，宣布原国民党和其他反动组织为非法，予以解散，禁止活动。10月28日，查封国民党军统、中统特务机关。在摧毁国民党政权机构的同时，广州市人民政府于10月28日正式成立，迅速建立各级人民政权机构。在短期内，全市各条街道建立起办事处和公安派出所，组织起7000多个居民小组，还组建7000人的人民纠察队，形成了比较系统的社会治安组织。市公安机关会同解放军部队和人民纠察队，开展了一系列巩固治安、建立新的社会秩序的工作。11月初，统一部署和行动，一举扫荡了各种赌场、妓院100多处；随后进行了多次查禁活动，破获烟赌案有750多宗，扫荡赌档1000多处。全市当时有妓女近2万人，先后进行收容，组织劳动就业。同时收容、遣送流民、乞丐近2000人，遣送原籍的有1000多人；收容、遣送回原籍的国民党遗弃官兵及家属达4万多人。清匪反特是一项重要的斗争任务。先后扣押反革命分子960多人，收缴各种枪支3900多支。对社会上出现的抢劫、盗窃及各种刑事犯罪活动进行了严厉的打击。经过艰苦的斗争，广州市社会治安趋于稳定，建立起新的社会秩序，保障了接管工作顺利进行和人民群众生活安定。

## 打一场经济、金融战役

广州市接管之后，恢复经济，稳定金融，保障供给，是一项复杂的任务。广州市毗邻香港、澳门，金融市场深受港澳的影响。国民党政府在崩溃时滥发金圆券，货币贬值，港币占领了市场。在市场交易中不论批发、零售都以港币计价成交。广州军管会成立后即宣布：人民币为全国统一流通的货币，市场交易和商品流通中均应以人民币为本位计算；外币、港币可以向人民银行按牌价兑换。当时，全国处在解放战争期间，投入市场流通的人民币货币量很大，外地游资涌向广州市场，物价波动，金融投机商趁机兴风作浪。广州十三行路是金融投机商的大本营，这里的私营钱庄林立，秘密交易活动盛行，有些金融投机商还私设电台，与香港和内地各地联络。散布在大街小巷的金融炒卖分子，从事炒买炒卖外币活动，无论购进卖出都要刮一笔，老百姓称他们为"剃刀门楣"。金融投机活动，促成市场物价直线上升。市内商店出售商品时，都以港币标价，有的虽同时标有人民币价格，却随时变动，甚至拒收人民币。有些投机商人竟称人民币为"杂币"。广州市军管会针对这一状况，决定采取紧急措施，打击金融投机活动。广州市人民政府出面，组织各方面力量，统一布置和行动，查封、取缔地下钱庄，扫荡"剃刀门楣"。12月5日下午2时，公安机关会同解放军部分和人民纠察队统一行动，仅用四个小时，以迅雷不及掩耳之势，查获地下钱庄170家，扫除"剃刀门楣"470档，收留金融炒卖分子1016人。猎獾活动在金融市场上的"害人虫"，被一扫而光，市民群众拍手称快。

在打击金融投机活动的同时，采取了紧缩银根，稳定金融和市场物价的工作措施。机关、团体和公营企事业单位厉行节约，减少费用开支。同时向全市工商界开展了支援前线的借款工作。11月间，市人民政府召集全市工商界141个行业同业公会的代表1000多人，在市政府礼堂开会，动员支前借款工作。这次向工商界借款人民币150亿元（旧币）。借款数额分配到各行业同业公会，自行商议分配到各工商企业户，随纳税时缴交，我们派到各同业公会组织进行借款工作，实现按照借款数额依期入库。市人民政府组织大批工人、学生走上街头，运用各种形式，宣传政府稳定金融的措施，要求各工商业户使用人民币，拒用港币，提高人民币在市场的信任感。广州市军管会于1950年2月发出通告，命令禁止港币在市场上流通、使用，从而终结了港币统治广州市场的局面。

恢复、发展生产，繁荣经济是接管城市后的中心任务。全市各部门都围绕着这一中心任务开展工作。市工商局更担负着重要的工作任务。广州市原是一个商业较发达的中心城市，工业基础却比较薄弱。从国民党政府手中接管的工业企业为数甚少，大多数是属于自来水、电力、邮电、交通等公用事业企业。当时比较大型的官僚资本工业企业，如士敏土（水泥）厂、纺织厂、兵工厂，由省人民政府接管。市工商局接管的只有东亚烟厂、大生铜厂、兴业机器厂等几间中小工厂。私营工业多属中、小型工厂，基础薄弱，且处于停工、半停工状态；为数众多的手工业，由于资金短缺，市场不畅，产、供、销失调，处于勉强维持状态。我们都深入各工业企业中去调查了解情况，帮助它们解决生产、经营中的困难问题。贯彻"发展生产，繁荣经济""公私兼顾，劳资两利"的方针、政策，依靠各部门的支持、协作，大力扶助生产。银行对急需资金的予以贷款。税务局调整税负，合理负担。劳动局组织劳资协商，改善劳资关系，搞好工厂的生产、经营。对于当时由于停工、半停工而出现的失业工人，办理登记，给予社会救济，组织工赈和生产自救，辅导就业。全市通过各方面的努力工作，采取各种措施，工业生产逐步恢复，走向发展。城市经济出现生机。

在组织恢复、发展生产的同时，搞好物资交流，促进市场商品流通，保障主要商品供应，安定人民生活。市工商局在接管官僚资本企业之后，组建国营商业和外贸企业。1949 年底，首先组织了粮食、百货、信托贸易和零售等四个公司，随后又建立了工业器材、花纱布等商业公司，开展采购、供应物资的工作，掌握关系国计民生的重要商品，调节市场供求。成立"广州市合作货栈"，沟通城乡、地区间的物资交流；市内普遍建立消费合作社，供应市民日常消费用品。粮食是关系全局的重要物资，人民政府派出工作队下乡，组织征购粮食的工作，掌握粮源。抓紧抢修铁路、公路，疏通航道，恢复交通，促进物资流通，保障商品供应，安定人民生活，组织供应急需的军用品支援前线作战。广州市在军事接管之后，随着政治、经济情况的变化，工业生产得到恢复。逐步走向发展，市场日渐活跃，物价渐渐稳定，经济趋向繁荣。工商业主在经营中有利可得，增强了信心，一些人把原已外调到香港的资金调回来，投入企业的生产、经营。

## 艰苦朴素，纪律严明

军事接管时期，党、政、军干部队伍的生活艰苦，作风朴实，纪律严明，廉洁奉公，深受人民群众的拥护。进入广州时，干部按照解放军的制度，一律实行供给制。地（师）级干部吃"小灶"，县（团）级干部吃"中灶"，一般干部吃"大灶"，各有不同的伙食标准和生活待遇。我们每月领得的生活津贴费只够用来寄信和买点零碎用品。在南下途中，因行军需要，一律"轻装"，到广州时，只有两套粗布军制服。进入冬天，渐渐寒冷，临近 1950 年春节时，才领到补给的生活用品。除了一双胶鞋和两对棉线袜子外，仅发给一件蓝色棉衣和一床 3 斤重的蓝布套棉被。在严冬季节，遇到寒潮来临，冻得发抖。各单位都有接收的物资，其中有不少是吃、穿、用品，都按照"一切缴获归公"的纪律，造册登记，听候处理，不准私自动用。我们接管广州市物资配售处的物品中，也有一批棉被和生活用品，登记后存放在仓库里。我们宁愿在床上挨冻，也自觉地不动用这些物品。当时规定发给的伙食费标准很低，且物价猛涨，不够开支，食堂到月底就没钱买菜，大家只能吃白粥加上一点盐。干部的生活虽然很苦，但怀着争取革命战争胜利这一目标，甘愿吃苦，严于律己。共产党和人民政府在人民群众中的威信增强，得到支持和信任，造成良好的政治气氛。我那时 20 岁，刚离开学校不久，缺乏社会经验，更不懂管理工业生产的知识，但确实有一股子"天不怕、地不怕"的热情和勇气，敢于到实际工作中去锻炼。我在市工商局工业科工作时，经常要到各工业同业公会和工厂企业中去工作，自己不懂广州话，语言不通，有时交谈工作还得借助于笔谈才能沟通，遇到过不少困难。我参加同业公会的集会时，往往要作为人民政府的代表应邀做即席讲话，宣传政策和工作措施，鼓励工商业者恢复生产。我从工作实践中渐渐地增长了知识，增加了工作经验，且逐步结识了一些工商界的朋友。这正如鲁迅先生讲的：路是人走出来的。我终于在困难中走向成熟。

（本文选自《曙光耀羊城》，广东人民出版社 2000 年版，标题为本书编者加。）

# 林克泽*：回忆解放初在中共广州市委工作的日子

我于 1949 年 10 月到广州市工作至 1950 年中，前后不过几个月时间，然而当年的情景仍历历在目，抚今追昔，令人不胜感慨。

## 千里迢迢回广东

1949 年，我在中共哈尔滨市委任组织部长。这时东北已解放三周年，在反奸除霸、土地改革、建立新政权、改造城市、恢复经济、发展生产等方面已积累了一定经验，取得较好的效果，一切工作已走上正轨。1949 年 8 月，中华人民共和国正在筹建之中。当时广东已有约三分之一的地区初步建立了人民政权和民兵、农会组织，约 40% 的人口获得解放。为解决好各地新解放区的干部问题，中共中央早在 1949 年 6 月 11 日就决定，抽调 3.8 万名干部到"粤、桂、滇、川、黔、宁、青等七省"。其中"粤、桂、滇三省约需干部 1.7 万人"，"由东北局调派 400 个老干部（县级以上干部 200 人）"，并要求"各地在调派干部时，应尽可能抽选粤、桂、滇、川、黔各省籍的干部"。[①]

---

　＊ 作者时为广州市接管工作委员会委员，广州市委常委、秘书长。

　① 见《中共中央文件选集》（1948—1949 年），中共中央党校出版社 1987 年版，第 659—660 页。

1949年8月的一天，作为粤籍干部，我接到命令，与朱光同志等一道，带领一批干部回广东工作。我们很快集合起南下干部的队伍，离开工作过四年的东北大地，直奔广东。一路上，我们时而坐车，时而行军，渡黄河，跨长江，于9月中抵达江西赣州。在赣州，我参加了中共中央华南分局召开的扩大会议（通称赣州会议）。会议的主要议程是制订解放广东全省的作战计划，支前工作以及城市接管中的政策、外交方针等问题，确定广东解放后华南党政军各级领导机构的设置及干部配备等问题，尤其是广州的接管班子及党政领导机构的干部配备等。会议还强调了抓好党的建设、搞好与群众的关系等等。出席会议的有叶剑英、方方、陈赓等领导人。10月6日，中共中央华南分局决定成立广州市接管工作委员会，该机构由12名委员组成，我是其中之一，朱光同志为委员会书记，云青（云广英）、肖桂昌两位同志为副书记。

赣州会议后，广州于1949年10月14日解放。我们从赣州到南昌后，再乘车到河源。从河源至广州，则是凭两条腿行军。约在10月23日，我们终于进入广州。那时两毛钱能买到一大堆香蕉，能吃到家乡的水果，我们高兴极了。一些北方籍的同志一买到香蕉，不知要剥皮，放进嘴里就咬，结果叫苦不迭："你们说香蕉很好吃，怎么是这种味道？"广东籍的同志听了都哈哈大笑，继而是手把手地教他们剥香蕉皮。回到广州后，我们集中住在长堤一带的酒店，准备参加接管工作。

## 在市委工作的日子里

1949年10月24日，即我们进入广州的第二天，中共中央华南分局做出了重建中共广州市委员会的决定。10月28日，中共广州市委成立，由叶剑英任市委书记，朱光、钟明、廖似光任副书记。我任市委常委、秘书长。于是，我们这批干部便进驻市委市府（市委在现在儿童公园后面的榕园，市府与现在的市府地点同），开始接管工作。

解放初期的广州，千疮百孔，百废待兴。国民党撤走时炸毁了海珠桥，带走了金银财宝，留下的是停产的工厂、失业的工人，以及大批国民党散兵游勇和潜伏特务，致使广州经济瘫痪，人民生活困难，社会秩序混乱。中共广州市委面对国民党留下的这个烂摊子，紧紧依靠人民群众，按照中共中央以及赣州会议上制定的方针政策，卓有成效地开展了工作。根据各大城市的接管经验，我们的接管政策是很明确的，即"接就为着管，一面接，一面管"。具体操作上，接管工作分开各条战线进行，每条战线都有一个领导人负责。在接的过程中，将国民党政府留下的人员、档案、物资财产全部接下来，紧接着建立我们的新机构。对国民党旧工作人员，按照中共中央于 1949 年 9 月 24 日发出的《关于旧人员处理问题的指示》："除作恶多端严重贪污及依靠门子吃饭的分子等，而为群众所十分不满者，应予撤职并依法办理外，一般均应予以留用。"当时留在广州的旧人员，多是中下级职员，我们组织这批人学习，进行思想改造教育后继续使用。接管工作开始后，各部门有什么问题都及时向市委报告，市委也马上研究解决。当时整个社会秩序还很乱，国民党不时派飞机来广州轰炸，1950 年 3 月 3 日，就曾将广州黄沙一带炸成一片火海。为安全起见，我们市委开会常常要到石牌的中山大学校园去。在那里，我协助叶帅，听取各条战线的工作汇报，出主意，解决一些实际问题。至12 月初，接管工作基本结束。各战线一共接管了 534 个单位，旧人员 4310 人。

其次，做好对党员的思想教育工作。1950 年 1 月，根据中共中央中南局《关于在职干部学习的决定》，市委开始组织全市县团级以下干部进行为期三个月的学习，以提高党员的思想政治水平，为公开党组织做准备。2 月，广州市还成立了各级机关总学委会，以及学委总分会，加强对干部学习的领导管理。

解放初期广州给我印象最深的还有市军管会、市人民政府对社会治安的整治。主要从三个方面入手：一、收容遣送散兵游勇，逮捕特务、盗匪，收缴非法武器。这些工作由市公安局组织工人纠察队、民政等部门配合，经过一段时间的整治，情况大为好转，解放初频繁发生的抢劫、杀人越货，甚至冒充接管人员进行洗劫的案件大大减少。为巩固成果，还组织了工人纠察队等武装队伍进行巡逻。人民群众无不拍手称快。二、对旧社会遗留下来的污泥浊水，如赌馆、烟馆，进行清理。组织人力到十三行、上下九路一带，封赌馆、抓赌徒，收缴淫书淫画、烟枪鸦片，后来还提出禁烟、禁娼。在市委、市政府、市军管会的正确领导下，由于措施得当，旧中国遗留下来的这些丑恶现象得到有效遏制。三、整顿金融秩序，扫荡地下钱庄。解放初的广州市面上流通的几乎都是港币，人民币刚开始流通时，币值受多种因素影响，还不很稳定。金融投机分子见状，乘机兴风作浪，从中大捞一把。街边兑换钱币的点档、钱庄于是被人们称为"剃刀门楣"，即进出都要被刮上一刀。人民币的币值不稳，物价又暴涨，严重影响国计民生。为此，市军管会和市人民政府下定决心，统一行动，扫荡"剃刀门楣"，打击金融投机分子。在 1949 年 12 月的一天，全市采取统一行动，由公安、解放军、工人、学生组成的几千人的队伍扫荡了街上的地下钱庄、拘留了一批金融投机分子。同时，向广大市民宣传政府制定的货币金融流通政策。以后，物价慢慢回落，人民币的信用逐渐建立。

　　1950 年 5 月 1 日，海南全境解放。随后我被党中央派往海南工作，离开了广州。

杨苗丽 / 记录整理

（本文选自《曙光耀羊城》，广东人民出版社 2000 年版。）

# 黄莶华 *：输送干部，大力支援城市接管

## 冒牌的接管者

广州一解放，我们党面临的主要任务就是接管城市、恢复和发展生产。

当时在广州的国民党政权已崩溃，政权的骨干分子亦树倒猢狲散了，自知干了对不住人民的事的人已匿藏、逃跑；一般成员在偷偷观望，也不管事了。城市政权在不少地方存在着真空状态。在这样的情况下，一些政治面目不清、不三不四的人就浑水摸鱼，上蹿下跳，很是活跃，有的公然打着中共华南分局的旗号去接管旧政权中的一些机构，真是肆无忌惮，无法无天。如有一个自称鲍鹏的人，纠合了一伙人，以华南分局的名义去接管国民党广州市党部（在今北京路儿童公园内）。他们开着汽车，车上扯起大旗横额，进进出出，好不威风，类似的事件不止一起。

由于地下党与部队一时联系不上，对这些人的胡作非为也无法予以取缔，只好任其招摇过市。他们究竟要干什么，局外人谁也无法知晓。面对这种复杂而危险的情况，接管城市的任务更为迫切，我们决不能让居心叵测的人有可乘之机。

---

* 作者时在广州团市工委工作。

## 干部成了首要问题

当时组织已决定把我调到团市工委工作，在长堤爱群大厦开过几次会。团市工委的牌子虽然未挂上，但我们不久就集中到当时永汉北路 238 号（后来的团市工委）开展工作。我在解放战争期间一直在广州从事地下斗争，对地下党、地下学联的情况有一些了解，加上这时又搞团的工作，不少接管城市的事情都有过接触。青年团是党的助手和后备军，有责任协助党组织贯彻执行中央接管城市的政策，并要尽力为党输送干部。

政策是中央下达的，问题在于干部要认真学习、领会，使之能正确贯彻下去，不走样，不打折扣；而干部除上级向每个单位派来很少数负责人或骨干外，大部分都要自行解决，真说得上是要自己招兵买马了。这两个主要接管的问题即政策和干部都归结到干部问题上。简言之，接管问题首先就是干部问题。

当时广州的干部来自三个方面：一是叶剑英同志是中央派来准备担任华南分局书记兼省委书记、市委书记、市长的，他带来一批干部，多是地方的主要领导；二是由香港（香港分局、华南分局前后都设在香港）转去游击区再回广州参加接管的，如东江教导营、华南工作团等，其中东江教导营就有 500 多地下学联成员撤退到香港的；三是在广州坚持地下斗争到解放的。但这几部分同志远远满足不了形势和任务的需要。当时各个部门需要骨干的都来团市工委联系，需要一般干部就到社会上（具体来说是学校）去招了。有些单位甚至到学校借张桌子，挂上牌子，让报名的学生填个表格，做简单的谈话了解，就算手续完成。

不论由党团输送的或采取招生形式招来的，他们对组织上的要求都不熟悉。招收单位多举办学习班、训练班进行了解、培训，才派出工作。当然，军政大学等的招生，多达千人，南方大学则是数千人，他们是学校，就不用另作训练了。

要求输送骨干的，多是通过市委组织部来找我们。他们要求抽调党员、地下学联成员为骨干，带领一些条件较好的进步群众。这也有许多批，在解放战争期间，全市学校发展的党员有 170 余人，地下学联成员有 1400 多人，其中相当大部分因斗争需要撤退到香港和游击区，但留下的还有一批，可作支援。四十四军一解放广州市，就要求调给他们一批骨干，有 40 多人；广州市军事管制委员会要成立，这是为将来市政府搭架子的，也必须支援；南方大学要办，也要求抽一批骨干去做启动的工作；后来支援广西工作，由华南团委组成广西工作团（均广西籍），我们又输送 50 多人，均是地下学联和进步学生，总数有千余人。

## 向公安部门输送干部

在这里，我只回忆一段输送干部到市公安部门的情况。

1949 年 10 月下旬的一天，市委组织部副部长余美庆同志通知我去见他，我即奉命前往。那天余副部长还是一身深色唐装（唐装就是当时老百姓穿的便装，上装企领，有四个不带掩的口袋）。我坐下后，他说："目下接管城市最重要，但要搞好接管，就要有干部。旧人员有一批，但素质很不理想，需要先补充一批骨干；接管机关又首先以公安部门为重点，城市秩序不好，坏人呼风唤雨，要恢复和发展生产也难。"我领会他的意思，是要求我们输送一批骨干去公安部门。

我问要多少人，如何具体进行？他说："我叫你来谈，这件事就是组织部部署的了。你们先物色一批，数目不说得太死，五六十、七八十都可以，但要能逐步当骨干的，由你们审查、决定。下午你到市公安局找孙乐宜同志。他是副局长，调人的事由他负责，你同他联系就晓得了。他人很诙谐，很好相处。"

当天下午，我按指定时间到市公安局见到孙乐宜同志。他只要求快些送干部来，要骨干。不论他的谈吐还是面部表情，的确都很风趣，边谈边逗你笑，使人感到随着谈话的进行出现阵阵愉快。他还说："人员由你们审定，先送名单，人也要快点来，工作等不了。"

我立即回到团市工委，向副书记兼组织部长胡泽群同志汇报。他从输送干部的总体布置中知道了要输送干部到公安部门。我们简单研究了下，认为这个任务十分重要，主要的人要从中山大学抽调，也可以从其他大学和中学选一些，以党员和地下学联成员为主，较成熟而又有能力的群众，也配一些。先找下面的党员和地下学联骨干谈一谈，搞出个名单，再由胡泽群同志和组织部研究确定。

于是我们便分头联系，从中大抽的由胡泽群同志亲自负责，他担负的是大头。名单定了之后，由党和地下学联组织同本人谈话。一个星期之后，这一批去公安部门的共 87 人的任务就完成了。他们中的不少人后来都成了市公安局的骨干，如沙才盛曾任局长，余荣超、杨荣琨任处长等。

余美庆同志还从其他方面抽调干部去加强公安工作。如他从地下党员中抽了蔡文炯、陈友、陈超、陈焯岳等，又从香港、游击区回广州的队伍中抽调了杨资元、高件奎等。这些同志后来也成了公安部门的主要领导或骨干。余美庆同志对这个任务十分重视，是做出了成绩的。

以上是我所知道的输送干部，支援接管广州的一些情况。为了配合接管，我们还做了不少工作，如配合市军管会查封武馆（主要是里面的反动会道门组织和潜伏特务）、取缔扰乱金融秩序的非法地下钱庄等等。

（本文选自《曙光耀羊城》，广东人民出版社 2000 年版，标题为本书编者加。）

# 王若*：扫荡十三行地下钱庄

以迅雷不及掩耳之势，取缔十三行地下钱庄，扫荡"剃刀门楣"，这是广州市刚诞生的人民政权于非常时期，用非常手段，在金融斗争方面打的一个漂亮仗。

## 制造麻烦的投机者

金融问题，是当时从国民党政府接管过来这个烂摊子存在的三大突出问题之一（另两个是治安和供应）。

为了打击黑市，稳定金融局面，确定人民币的合法地位，1949年11月3日，广州市军管会发布通告：以中国人民银行发行的人民币为法定货币，并从当日起，人民银行开始挂牌收兑港币、美钞、英镑和黄金等等。11月18日，市军管会又颁布金字第1号布告，宣布"人民币为全国统一流通之合法货币"，禁止一切外币流通使用，"但准许外币持有人，向本市中国人民银行，及其指定机构，办理原币存款或按牌价兑换人民币"。

这时，广州市的金融行市依然为十三行所操纵，他们兴风作浪，进行金融投机，还利用一批流氓或失业者在街上设兑换摊档，人们称之为"剃刀门楣"（意思

---

* 作者时任军管会纠察大队第四中队副中队长。

是人们去兑出换进钱币，都被刮一刮，雁过拔毛）十三行及投机商人，还私设地下钱庄，非法印发金融行情单，他们称人民币为杂币，故意压低人民币比值，加上特务造谣，扰乱市场，以致人民币大大贬值，物价上涨。人民币与港币的比值，银行牌价是一元港币兑换 600 元人民币，但黑市却是二三千人民币兑换一元港币。显而易见，上述问题如不迅速加以解决，势必对国计民生和社会安定带来严重后果，只有对金融投机不法之徒加以打击，才能稳定金融秩序，扭转被动局面。

## 迅雷般的扫荡行动

在取缔十三行地下钱庄行动的几天前，这时我任市军管会纠察大队第四中队的副中队长，上级通知我马上到维新路（即现在的起义路）市公安局参加紧急会议，没有告诉会议的内容，只说是有要紧的事。参加这次会议只有十多人，都是纠察大队各中队的领导。会议由市公安局副局长孙乐宜主持，也许是因为劳累的缘故，他额头围着白毛巾，声音有点沙哑，他讲了几句开场白后，便由一位穿唐装个子不高的中年男子（多年后我才知道他是地下党员余美庆）开门见山向与会者做情况介绍并布置任务，他在简要说明取缔十三行地下钱庄的必要性后，便宣布这次要加以取缔的具体名单，以及他们商号所在地的门牌号码，接着便对各中队负责进驻的商号做了分工，最后是交代纠察队员进驻这些商号后要注意的事项。这次会议开得简短、明确，不到两小时便散会，记得每个与会者临离开时还领了拟作查封地下钱庄金库用的印有市军管会字样的封条。会后回到队部，我们立即对负责进驻十三行钱庄商号做了分工，把任务落实到人，并要求他们分散前往十三行实地查看，熟识地形，弄清自己拟进驻商号的门户，有没有后门？以确保到时进驻行动不出差错。

12 月 5 日下午 2 时，所有参加扫荡金融投机行动的人在中山纪念堂集中，那么多人在一起，却听不见一点声响，大家都怀着激动而又紧张的心情，等待那个时刻的到来。朱光市长到会场动员，号召大家投入打击金融投机的战斗，会场没设扩音器，当孙乐宜响亮的声音发出"出发"的号令后，我们便迅速爬上停放在中山纪念堂大门口路边的大卡车，卡车顶架着轻机枪，卡车疾驰至太平南路（即现在的人民南路）与十三行的交叉路口便停了下来。轻机枪手下车后趴在街口做卧射状，纠察队员则跑步各自进入事先分工进驻的商号，当场对店里的人说明来意，并对金库加以查封看管，随后将金融投机人犯分批送北较场第一监狱收押受审。这次行动很顺利，仅两个小时便结束。由于广州刚解放不久，情况复杂，治安混乱，到了晚上，十三行实行戒严，纠察队员在街口放哨，进入十三行凭"口令"放行（每晚的"口令"不同）。

这次大扫荡，据有关资料说明，参加的武装人员、工人、学生等共2000多人，查获地下钱庄170多家，"剃刀门楣"498档，人犯1016人。事后审办结果，因证据确凿受处罚的计：钱庄87家，"剃刀门楣"377档。这次的扫荡行动，给投机倒把以严重打击，提高了人民币的信用，行动后半小时，人民币即开始上涨，第二天，黑市与牌价看齐。港币黑市从12月4日的3333元压低到10日的1540元，与牌价仅相差40元（银行12月5日把港币牌价调整为1500元）。这次行动，动员这么多人参加，事先不泄露消息，并取得立竿见影的效果，因而受到市民称赞和拥护，都说共产党有办法。

## 重忆燃情岁月

时光如流水，穿越时空回忆上述的经历，当年大多来自农村十七八岁的青年，如今已是七八十岁的老人，每当大家见面时，说起这段陈年往事，都为自己有机会参与这场斗争和接受考验感到欣慰。取缔十三行地下钱庄时，我们的队部驻队在越华路原省民政大院里，空荡荡一个大房子，没有任何设备，晚上大家挤在一起睡地下，进驻十三行队员每天的饭菜，全靠留守队员步行来回运送，虽然劳累，却没有一声怨言。

值得一说的是，进驻十三行钱庄的队员事后对我说，他们看管的金库，尽是

273

黄金、白银和外币等等，令人眼花缭乱，但大家没有产生丝毫贪念。在今天某些人看来，可能觉得这有点不可思议，但在那个激情燃烧年代的热血青年来说，他们的举止乃是时代的特点使然，这实在是难能可贵，值得一赞。

（本文选自《广州文史》第 71 辑，广州出版社 2009 年版，标题为本书编者加。）

# 林禧<sup>*</sup>：接管广州市自来水厂

## 迎接广州解放

1949 年 4 月，中国人民解放军百万雄师过大江，国民党反动政府由南京逃到广州。中共广州市委和广州工人协会先后发出通知和宣言，号召全市工人团结起来，反迫害、反饥饿，警惕国民党反动派垂死挣扎，严防盗走国家物资和破坏生产设备，保卫公用事业，特别是保卫水电两厂和交通邮电通信安全，协助中国人民解放军解放广州。自来水厂职工响应共产党的号召，当时在广州自来水管理处工作的中共地下党员赵式健、黎念勤等同志，在外勤装管工人中宣传党的政策，动员和组织抢修队，为防被敌人破坏，保护市内自来水主要管道，做好必要时抢修的准备工作。同时又与沙面水塔的黄玉生、观音山水掣室的黄志国、东山泵房的周灼尧、西关水塔的黄万、欧坤等工人同志取得了密切联系。另一方面，党又通过有关人士，发动当时在增埗水厂工作的李镜章工程师将自来水厂的主要情况、设备、物资材料等写成书面资料秘密带往香港转交地下党，还通过李镜章与当时的自来水管理处经理刘鞠可的关系，组织护厂队。

---

* 作者时为广州市军管会工会工作组成员。

1949 年 10 月 14 日，广州解放了。那天深夜，住在长寿路西关水塔的装管队汽车管理员、老汽车司机欧坤同志，应进城部队解放军的要求，主动积极地驾车协助解放军运送缴获国民党军队的枪支弹药，在战火硝烟未散、敌特冷枪犹鸣的情况下，欧坤同志奋不顾身、忘我地驾驶着一部自来水的工程卡车，奔驰往返于刚刚获得新生的广州市的马路上，直至翌日胜利完成任务。欧坤同志是解放广州时以实际行动协助解放军的第一位自来水工人。

广州解放的翌天早晨，赵式健同志会同装管队工人黄万、技术员叶继武等，赶往被国民党反动派撤退时炸毁的海珠桥现场，检查、抢修被炸坏的自来水管。在西村增埗水厂，广大工人同志们，尽管受到各种各样谣言的煽动和恐吓，受到爆炸海珠桥、爆炸石井仓库等冲击波的震动，但因为有了在水厂附近的海事专科学校的多位地下学联的同志，在解放前夕已深入水厂工作，深入水厂职工住宅宣传党的政策，散发解放军入城"约法八章"，动员工人保卫工厂，坚持生产的宣传教育影响，因此工人们还是照常上班，各人坚守工作岗位，保证正常供水，从而确保了广州市广大市民的饮用自来水没有中断，对稳定人心起了重大作用。对此，1949 年 12 月 29 日的《南方日报》曾以醒目的标题写上《工人护厂斗争，成绩辉煌，水电厂工人护卫队使广州水电供应无缺》，表扬了工人阶级对社会的无私奉献。

## 接管自来水厂

中国人民解放军解放广州时就立即进驻水厂，同时将原国民党政府派驻水厂的警察队伍，自来水管理处组建的武装"护卫队"集中，全部收缴武器设备，然后予以解散，以确保安全供水不受干扰。接着，广州市军管会公用事业局于 11 月 21 日派出尚警波、王炎、木萍为军代表和南下工作团干部许梅岭（女）、郑炳等到自来水管理处全面接管和领导工作。1949 年 11 月下旬，广州市军管会市总工会筹备会派出：霍德、刘家泽、林禧、廖德、余贵友、陈德友（以上除刘家泽是南下干部外，余属粤赣湘边纵队东江教导营干部）、潘宪仪（女）、王宗龄、魏宣宏、黄云龙（以上为广州地下党员、地下学联成员）组成的工会工作组，到自来水管理处接管旧工会和参与自来水企业的全面接管工作。原已在自来水厂工作的地下党员赵式健、黎念勤，地下妇联的王爱莲、许芷汀、张励志等同志除本身原有工作外还积极参与有关接管工作。此外上级部门又陆续派来地下学联和工协组织的一些同志。

接管水厂的军代表和工会工作组进厂后，当务之急是保卫工厂安全生产，确保正常供水。这是牵涉广州 100 多万市民生活的大事，牵涉新生的工人阶级领导的政权如何去安定民心的大事。为此，立即组织工人护卫，与驻厂解放军、当地政府部门和邻近的国有企业部门，如西村电厂、饮料厂、水泥厂、公共汽车等单位取得密切联系，联防警卫，确保安全生产，协助政府维护社会治安秩序。同时，积极组建工人纠察队。军代表将解放军进厂收缴的国民党警察和护厂队的全部武器移交给工会工作组，用以组建一支工人武装队伍——工人纠察队。

## 接管了个烂摊子

广州解放了，但回到人民手中的自来水企业，已是奄奄一息，濒临破产的烂摊子。接管时，库无现金，仓无材料，生产设备失修，最大供水能力只有 4000 吨时，即使全部设备昼夜不停投入运转，仍是缺水严重；自来水的水质不合规定标准，配水管网到处漏水，加上饮用"霸王水"的官僚、军、警、宪、土豪、恶霸不交水费，以致自来水的损耗率竟占供水量的 66.17%，全市供水范围只有18.17 平方公里，用水普及率才 37.10%，一河之隔的海珠区也无法供水，每月售水量仅为 119 万吨左右，连生产成本也不能维持。国民党政府的腐败无能，造成的严重恶果，一直延续影响到广州解放后的 12 月，使自来水企业还继续累亏达7.7 亿多元（旧币），造成连发放 11、12 月份职工工资也要向外贷款。

解放前的自来水企业，是官僚资本企业，它的领导和管理完全为国民党反动派所把持，它不仅生产落后、管理混乱，而且政治上十分反动，成为国民党的政客、党棍、特务、把头争权夺利、互相倾轧的地盘。1945年8月，抗日战争胜利后，它立即被当时的广州市商会主席董锡光插手"代管"。到广州市市长陈策上任，又先后委派中统特务郑声槎和陈鼎任经理。欧阳驹当市长后，就将刘鞠可安排上去直至广州解放。

自来水工会（广东省机器工会第十分会）一直为国民党党棍、中统特务、伪国大代表曹汉所把持。他横行霸道，欺压剥削工人，规定凡是技术工人都要参加工会，凡是工会会员都要参加国民党等等。

在增埗水厂，有"总工目"陈伯龄。他拉帮结派，培植私人势力，独霸一方，压迫剥削工人，凌辱女工，被称为"水厂皇帝"。还有混在职工队伍中的警备司令部特务暗探、黑社会和反动会道门的组织成员。他们除了直接、间接地欺压工人外，还有派别之间的斗争，其结果又更加加深了工人的灾难。1948年在增涉水厂先后发生的"开除八人事件""开除十四人事件"和计划中的"开除四十八人事件"就是他们之间的"狗咬狗骨"的一次大暴露。如果不是工人们奋起反抗，后果将是更加严重的。所以增埗水厂的工人们说："旧社会压在中国人民头上的有三座大山，但压在我们水厂工人头上的还多了刘、曹、陈三座大山。"

## 组织起来，工人当家做主

1949年10月24日下午，广州解放后自来水工人第一次派出自己的代表，参加由中共广州市委、市总工会筹备会、市军管会在广州市府礼堂召开的"广州工人座谈会"，到会的有自来水、电灯、电信、邮电、汽车、铁路等23个单位的工人代表共800多人。这是省港大罢工后20多年来广州市工人阶级的首次大团结集会。在会上，市军管代表朱光同志讲话。他要求工人阶级团结全体人民，以主人翁的身份去做好工作，当前主要要做好的是：一、协助人民解放军、人民政府把人民的财产从反动派手里完整地接收过来，并把它管好；二、努力恢复生产；

三、维护治安，肃清暗藏的敌特和坏分子。会上工人代表热烈发言，表示坚决拥护共产党，以实际行动保卫人民自己的政权。

10月29日，广州市总工会筹备会召开女工座谈会，参加的有市纺一厂、纺二厂、新华织布厂、南洋烟厂、水厂、电厂、公共汽车等50多个单位。会上，市总工会筹备会主任廖似光、市妇联主任曾珍做了讲话，与会女工代表（包括水厂女工代表梁娥）纷纷做了发言。

11月11日，广州150多万市民欢庆广州解放和欢迎解放军入城式，有20万人参加大游行。自来水工人组织了雄壮的游行队伍，红旗招展，腰鼓队、秧歌队锣鼓喧天，载歌载舞，跟随着用工程车装饰起来的两辆大彩车，参加如潮般的游行队伍。

11月24日，广州工人纠察队总部成立，并公布了纠察队组织条例。12月11日，广州自来水工人纠察队正式成立。于当天中午12时在西村增埗水厂礼堂举行成立典礼。自来水工人纠察队是在广州市工人纠察总队直接领导下的一个大队建制，属下有2个中队，5个小队，正式队员62人。纠察队装备有机枪、冲锋枪、卡宾枪、长短枪等武器。它的主要任务是保卫工厂安全生产，协助维护社会治安。大队长：廖德，中队长：黄兴、周升。

继工人纠察队成立后，1949年12月17日，在一德路自来水管理处召开职工代表大会，宣告自来水工人代表会正式成立，通过选举选出工会筹备会委员。1950年4月2日，自来水工会成立。是日在广州大华戏院（今南方戏院）召开大会，到会职工代表900多人。大会通过选举产生了第一届自来水工会常务委员会。

工会委员宣誓就职，市总工会筹备会主任廖似光做监督人并做了讲话。朱光副市长在会上讲话。他号召工人们团结起来，齐心合力把工会办好，保证行政上生产任务的完成。他希望工人要学会打算盘，懂得：一、节约物资；二、扩大用水户；三、减少浪费；四、改善收费手续；五、清理水霸；六、在最短期内与行政配合把生产管理委员会组织起来，以实现经营企业化，管理民主化。

1950 年 4 月 18 日，自来水管理处正式宣布成立工厂管理委员会。

同年 7 月 1 日，自来水管理处在广州西村广雅中学礼堂召开全体职工大会，公开宣布中国共产党自来水管理处党支部成立（这是广州市第一个公开党的单位），支部委员会成员为：木萍、赵式健、刘家泽、林衍、林禧。

1951 年 1 月 1 日，经市政府批准，将原自来水管理处改为广州市人民政府自来水公司。

（本文选自《曙光耀羊城》，广东人民出版社 2000 年版，收入本书时有删节。）

# 林榆*：接收剧院，管理与改革粤剧

1949年4月扭转乾坤的渡江炮火，一直打到上海、南京。解放华南指日可待。

## 南下广州

在北京以叶剑英为首的党政领导组成了接管广州的干部队伍。当时我在北京刚开完了全国青年代表大会和全国文代会，有幸接到通知参加队伍。7月间乘火车南下。其间在赣州停留，开了个干部大会，学习了党的七届二中全会的文件，告诫我们提防资产阶级的"糖衣炮弹"，继续保持谦虚、谨慎、不骄、不躁的作风。又学习接管城市的政策并研究了印发的《城市接管手册》。手册记载了广州各行各业，各条战线上的敌情和接管对象。当时我被分配到文艺战线，而手册关于这方面的资料很少，只有一条关于海珠戏院的，认为是敌产可以接管。

1949年10月14日广州解放，我们的接管队伍跟着入城，我参加了广州军管会工作，被分配到军管会文艺处任接管组组长，任务是接管有关文艺方面的所有敌产。

---

* 作者时任广州军管会文艺处接管组组长。

# 从接管剧院到粤剧改革

刚解放的广州还不是那么平静的，国民党潜伏下来的匪特残余武装常向我们开枪，街边还有赌档，破坏金融的"剃刀门楣"还很猖獗。

我参加了一轮扫荡工作之后即展开了有关文艺敌产的调查。由于刚刚入城，情况不甚了解。为谨慎起见，首先以海珠戏院为突破口，经过明察暗访，进一步确认海珠戏院是广州特务李彦良的据点。他经常在这戏院抽大烟，控制全市上座率最高的戏院以筹措特务经费。有此依据，我们便马上进行军事接管。广州军事接管委员会即派我为军事代表，带上军管会的接管布告和接管命令，把接管布告往戏院门前一贴，然后召集全戏院员工宣读军管会的接管命令，宣布自即日起戏院归人民所有，并派一干部常驻戏院作联络员，主持一切业务。由于调查敌产工作的进一步深入，我们相继接管了乐善戏院、大华电影院（后改为南方戏院）、九曜园和沙面的电影仓库等。

在所有的接管单位中，手尾最长工作量最大的可算海珠戏院和乐善戏院，因为这两所戏院，是专门上演粤剧的。当时广州很快就肃清敌人的残余势力，同时也扫荡了旧社会遗留下来的污垢，取缔了嫖、赌、吹，清除了三害。全市市民的娱乐消遣除了到电影院便是到大戏院，但电影上映的片子很少，只有少数的国产片和苏联片，因此观众都涌向大戏院。全市大戏院除了海珠、乐善，还有太平、东乐等戏院和大新公司天台、先施公司天台等六七个演粤剧的舞台，每天有成千上万观众进进出出。这些大戏院成了广州市民文化娱乐的中心，业余活动的主要场所。对于如此规模的文化现象和社会生活，怎能漠视呢！更何况戏院上演的剧目异常混乱，掺杂着不少迷信、仇杀、诲淫诲盗的内容。这些剧目天天在演，泛滥成灾，影响很坏。如何管理剧团的剧目，如何改革粤剧便成为当务之急。我们开始意识到改革粤剧是一件复杂长期的工作。因为它牵涉民族传统艺术和民族文化问题，其中有糟粕也有精华，不能简单粗暴行事。

因此对那些质量差的剧目不能一律作为糟粕禁止，对其中有民主性的精华要加以吸收。要认识粤剧中哪些是糟粕，哪些是精华，绝不是一蹴而就的事。特别是要继承和发展我国优秀戏曲传统艺术，要经过一代人以至几代人的努力。建国以后，国家很重视戏曲改革工作，把民族戏曲艺术视为社会主义文化事业的组成部分，意义重大。正因为这个原因，想不到我从接管戏院变成参与接管粤剧，更想不到我这个搞话剧的人，从此长达半个世纪之久，与粤剧结下了不解之缘。

入城以后，粤剧剧目的混乱情况引起有关领导的重视并决定由华南文联和广东省教育厅先后管了起来。跟着因工作的需要我就调到这些单位，参加了对粤剧进行较有计划的有步骤的管理和改革。

针对当时剧目乱编乱演的现象，首先抓演出剧目的管理。凡是在市内演出的剧团，必须向政府有关单位申报演出的剧本，经过审查批准才能上演。演出时审查单位有重点地派人临场审查，发现问题即对剧团进行批评着其改正。如不依法送审剧本演出，或弄虚作假的，即罚其停演。这一措施对剧目的混乱现象起了一定的遏制作用。这个办法当然不是积极的治本的好办法，故此执行了一个时期就停止了。

最积极的办法就是用健康的新剧目代替旧的有害的剧目。

广州解放之前，在香港地下党的领导下已组织过一些粤剧编剧者改编北方解放区的剧本，如现代剧《血泪仇》和古装剧《九件衣》等，作为解放广州的准备。广州解放之后，我们组织了由梁荫棠领头的胜利剧团公演《九件衣》。《九件衣》的演出，给粤剧带来较大的影响，因为这个演出观众既叫好，又叫座，给粤剧舞台带来了新的面貌。

## 编创"新粤剧"

一两个新剧本当然不能满足众多剧团的演出需求。因此我们跟着聘请了在广州有名的编剧者陈卓莹、杨子静、林仙根、傅伟生、李文申等，在华南文联的领导下组成了粤剧编剧组。任务是编写内容健康、主题积极的新粤剧，取代内容欠佳的旧粤剧。经过一年多的努力，先后创作、改编、移植了一批剧本。有《白毛女》《愁龙苦凤两翻身》《红娘子》《三打节妇碑》《花心萝卜坏心人》《刘永福》《珠江泪》《黑旋风》等。为了推广"新粤剧"，鼓励剧团上演，我们取得税收单位的支持，免收娱乐税，所以当时的"新粤剧"是颇受粤剧团欢迎的。1951 年春节永光明剧团在人民大戏院（原海珠戏院，是解放后华南分局书记叶剑英亲笔题字改名）上演新粤剧《红娘子》，场场满座，盛况空前。戏院的售票处，要用麻包袋装钞票，一时传为美谈。（解放初期每票 3 万元，相当于币制改革后的 3 元）。

与此同时，我们有重点地帮助一些剧团，带头上演新粤剧，并从思想作风和艺术业务上加以辅导。向剧团派出联络员，帮助剧团进行政治和文化学习，定期上课，讲解党和政府的政策，提高艺人的政治觉悟和翻身感。这些联络员深入剧团，调查研究，取得群众的信任，很快地帮助一些女演员脱离老板的压迫、剥削，恢复人身自由。

## 农村粤剧队

在广州市开展工作以后，我们即把眼睛投向农村。当时广大农村几乎没有粤剧演出。大剧团集中在城市，因四乡经济没有恢复，剧团不敢下乡。乡间也没有人出城市"买戏"，所以农村锣鼓弦丝停息了。我们便计划组织粤剧小分队下乡。据了解，有一批没有班组的艺人，仍然待业在家。我们用华南文联的名义发动他们参加演出队。为了便于深入，每队是 26 人的轻骑队。用民营公助的办法，由公家借出一笔钱作为开办费，购置布幕、灯光、道具等，这笔钱分期归还，队员工资由演出收入支付。华南文联还供应剧本，提供一面写着"华南文联农村粤剧队"的旗帜；派出一名驻队联络员，协助其筹组班子，选举队长，与领导单位联系以及联络演出等；更重要的还是帮助全队的政治文化学习，以提高演出队的质素。初期艺人对我们不了解，只有少数积极分子报名参加，组成了第一队。第一队出发不久，队员们便纷纷写信告诉同行和亲友，说他们下乡演出受到出乎意料的欢迎，不仅收入好，而且队内没有像在大剧团那样有大小老倌的等级之分，又没有班主的剥削；大家团结合作，很民主，没有上下之分，拉箱、装台、演出一齐动手，集体劳动，集体生活，虽然忙一点，但生活、工作都很愉快。这消息一传出，便马上有人报名，从一个队发展到两个队，从两个队又发展到 19 个队，后来调整、收缩为 12 个队，我们设立了一个农村粤剧团的团部来领导、管理这十多个演出队，并出版了一份《团讯》反映各队的情况，交流经验，奖励先进，树立典型。

这十多个演出队流动在东江、西江和北江几十个县的农村。它不仅丰富了农村的文娱生活，而且配合了土地改革做了很好的宣传鼓动工作。每到开展土改的乡村，即演出《白毛女》，农民观看以后带着对地主的仇恨连夜开斗争大会。所以粤剧队所到之处无不受到群众与土改干部的爱戴，把他们当作政府派来的宣传队，夹道欢迎。粤剧队员也自豪地穿着整齐的制服，扛着文联发给的队旗，雄赳赳地进村。粤剧农村演出队配合土改、活跃农村文娱活动，取得了显著的成效。这是演出队的第一点收获。

其次，他们除了演出还创作了一批反映农村生活的剧本，《木头女婿》就是这批剧本的代表作，它不仅在各个演出队演出，还为广州的大剧团所采用。

还有就是经过锻炼提高为我们提供了一批人才。1951 年至 1952 年间，计划组织一个专演现代戏的团队，试验粤剧是否适应反映现代生活。那年按计划把其中 7 个较好的农村粤剧队集中在广州举行会演，让他们演出自己创作的剧目和展示人才实力。终于在他们中间选拔了演员、乐手、舞美人员共 30 多人，得到上级的批准，成立了广东实验剧队，先后演出了大型现代粤剧《爱国丰产大歌舞》《罗汉钱》，以新的姿态，出现在粤剧舞台。

总的说来，农村粤剧队是有成绩的。当时虽然没有受到宣传媒介的重视，但广东文化艺术界却把这个经验带到武汉去，参加中南区第一次文化艺术代表大会，由我向大会做了专题汇报，受到大会的认可。

在这时期，华南文联主席欧阳山向粤剧提出了"好睇有益"的要求。"好睇"

就是让我们的戏为广大群众所接受和欢迎。"有益"就是向观众提供健康的好剧目。还要求贯彻在我们粤剧改革工作之中，推动粤剧改革。滥编滥演一时遏止了，舞台比较净化了，整个粤剧界的思想作风也有所提高。假如没有这个基础，很难想象 1952 年底举行的全国第一届戏曲观摩会演，我们粤剧能够如此顺利地组成粤剧代表团，由各大剧团的主要演员放弃演出的高收入到北京参加会演。

（本文选自《曙光耀羊城》，广东人民出版社 2000 年版，收入本书时有删节。）